省级精品课程教材

经管华信创优系列·经济学

商务谈判学

The Science of Business Negotiation

袁其刚　编著

電子工業出版社
Publishing House of Electronics Industry
北京·BEIJING

内 容 简 介

商务谈判是一门操作性强的整合性学科，是一门“艺术”。要真正掌握这门“艺术”，就必须掌握它的概念、理论、方法和技巧。因此，构建其完整的知识体系框架是首先要解决的问题。

本书构建了商务谈判学的知识体系框架，由五部分构成：理论篇阐述了其概念、类型和主要理论支撑；惯例篇阐述了一个完整的谈判过程；技巧篇讲述了谈判的策略和战术，谈判者手中的权力、时间和信息；增效篇系统阐述了谈判人员行为分析、语言和非语言沟通艺术及礼仪禁忌；跨文化比较篇对不同文化背景下谈判人员特征进行了分析，并对中国商务谈判人员特征和哈佛谈判法则做了专章论述。本书提供电子课件等教学资源，读者可登录华信教育资源网免费注册下载。

本书适合高等院校经济管理类师生作为教材使用，也可供社会广大经济管理人员阅读参考。

图书在版编目（CIP）数据

商务谈判学 / 袁其刚编著. —北京：电子工业出版社，2014.1
（华信经管创优系列）
ISBN 978-7-121-21938-2

I. ①商… II. ①袁… III. ①商务谈判－高等学校－教材 IV. ①F715.4

中国版本图书馆 CIP 数据核字（2013）第 277237 号

策划编辑：王志宇
责任编辑：王志宇
印　　刷：北京虎彩文化传播有限公司
装　　订：北京虎彩文化传播有限公司
出版发行：电子工业出版社
　　　　　北京市海淀区万寿路 173 信箱　　邮编：100036
开　　本：787×1 092　1/16　印张：16　插页：1　字数：419 千字
印　　次：2018 年 8 月第 2 次印刷
定　　价：35.00 元

凡所购买电子工业出版社图书有缺损问题，请向购买书店调换。若书店售缺，请与本社发行部联系，联系及邮购电话：（010）88254888，88258888。

质量投诉请发邮件至 zlts@phei.com.cn，盗版侵权举报请发邮件至 dbqq@phei.com.cn。

本书咨询联系方式：（010）88254523，wangzy@phei.com.cn。

前　言

社会分工既是人类文明的标志之一，也是商品经济发展的基础。社会分工是在自然分工的基础上，随着生产力发展而逐步形成的。科技革命加速了劳动分工步伐；分工产生专业化并带来交换行为。在生产、分配、交换和消费四个相互联系的环节中，生产起决定作用；分配和交换是连接生产与消费的纽带和桥梁。

商务谈判是研究交换行为的一门学科。从微观视角分析，交易创造外推了交易各方的福利曲线。每一项特定的交易就是具体的商务活动，这些具体的商务活动要从谈判（既包括传统的谈判，也包括在线电子商务谈判）开始，它是达成一项交易的重要环节。从交易的全过程来看，一项交易的成本大体包括以下部分：信息收集成本、谈判成本、物流成本和履约成本（狭义上的）。所有这些成本几乎都与谈判有关。信息搜集就是甄别信息的过程；物流过程是众多人、财、物、组织的协调，几乎每个环节都是谈判的结果；谈判过程和狭义的履约过程也都是在具体商务协调中完成的。有效的商务谈判是降低交易成本、顺利完成交易、实现交易创新必不可缺的内容，它是交易各方信号显示的平台。人们将烦琐的、具体的，花费了大量时间、精力、金钱的商务活动抽象为一般的理念和规则，就构成了商务谈判的学问。商务谈判作为一门综合性、实用性很强的学科，其理论支撑既来自社会科学（如历史学、法学、社会学、心理学，乃至控制论、普通语义学等）研究成果，又得益于抽象数学（博弈论）的深入探索。

改革开放以来，我们在商务谈判理论和实务研究上走过了三个阶段。第一个阶段是引进期（20世纪80年代初到90年代初）。此阶段，我国处于计划经济向商品经济的转轨期，企业商务实践迫切要求给以理论指导。国内学者开始从西方引进、翻译商务谈判方面的著作，影响比较大的如英国比尔·斯各特的《商务谈判技巧》、美国哈佛大学尤里和费希尔教授的《哈佛谈判法则》、法国克里斯托弗的《谈判艺术》、美国谈判协会会长赫伯·考恩的《人生与谈判》，等等。在此期间，国内少数高校开设了商务谈判或国际商务谈判课程[①]。第二个阶段是消化吸收期（20世纪90年代初至21世纪初）。随着改革开放向纵深发展，建设有中国特色的社会主义市场经济方针被确立下来。这一时期，国内学者把西方商务谈判理论与中国实践相结合，出版了一系列具有中国特色的谈判方面的著作和教材。国内经济管理类高等院校陆续开设了与商务谈判有关的课程。第三个阶段是创新期。进入21世纪，中国以前所未有的胸怀，全方位、多领域实施对外开放战略。在此形势下，我们急需在商务谈判的研究上进行创新，把商务谈判理论和实务研究推向一个新高潮。这种创新应体现在三个方面：作为一门独立学科，商务谈判具有整合学科（interdisciplinary）的性质，它有自足（self-contained）、完备的体系；它的研究对象是开展商务谈判活动人员的行为，具有特定的概念和规律；其学科知识的生产方

---

① 1979年美国大学的商学院和法学院开设谈判课程。原山东经济学院于1987年开设了国际商务谈判选修课。

法具有多样性[①]。纵观国内相关研究，虽然在商务谈判独立学科体系、概念规律上取得了可喜成绩，但在研究方法上尚不足。

笔者从事商务谈判教学和研究近24年，总有些冲动想把商务谈判这门学科的知识框架和对它的理解总结出来。有幸认识电子工业出版社的王志宇编辑，在其大力支持下，发扬钉子精神，奋战一年有余，终于完成书稿。张伟、朱学昌、李小龙、樊娜娜、商辉、李璐、李花刚、赵斌、郑立鹏在编写书稿过程中也提供了帮助。在研究和写作过程中，本着努力细化出该学科的知识框架，努力把读者当作共同的学习者和互动参与者的思想来行文。虽如此，限于个人学识水平，难免有不足之处。请读者批评指正，提出宝贵意见。

在写作过程中，参阅了国内外大量相关研究，并将其中绝大部分列于书后，在此表示感谢！

最后，感谢我的家人给我的支持！

袁其刚

2013年12月

① 商务谈判研究方法具有多样性，如使用数学建模、计算机模拟、实验室技术、行为编码、跨文化比较研究、调查问卷、马尔科夫链分析方法、时间序列分析、实际案例研究、专题研究、比较案例分析，等等。

目　　录

第一篇　商务谈判理论

第二篇　商务谈判惯例

第三篇　商务谈判技巧

第四篇　商务谈判的增效艺术

第五篇　商务谈判的跨文化比较

第一篇　商务谈判理论

中国之地，宜于农桑，其时男务耕耘，女勤蚕织，以为衣食之源，而用以互相交换，农有余粟，则以易布，女有余布，则以易粟，此交易之始也。

——王孝通《中国商业史》

早在 4000 年前，黄河流域的部落首领“契”因协助大禹治水有功，受封领地为商，今河南商丘。契的六世孙王亥会做生意，商朝商业繁荣，有“商葩翼翼，四方之极”之称，商民善经商，周朝初将这些经商的人通称为“商人”。商人的工作离不开商务谈判。商务谈判是来自不同区域，代表自己或组织利益的商人之间通过协商、沟通分歧、达成互利共赢的一种社会活动。商务谈判的理论体系有两个支撑；一是抽象的数学学科中的博弈论；二是更接近现实生活的社会科学。本篇详细论述了商人起源、商业活动在经济生活中的作用，商务谈判的类型和特征，商务谈判的需要理论、博弈论在谈判中的运用，以及商务谈判学习的必要性，为以后各章的学习打下基础。

第一章

商务谈判的概念、类型和作用

第一节 商人的来源

《史记·殷本纪》记载，“殷契，母曰简狄，有娀[①]氏之女，为帝喾次妃。三人行浴，见玄鸟堕其卵，简狄取吞之，因孕生契。契长而佐禹治水有功。”契受封领地为商。《诗经·商颂》有两句诗：“生命玄鸟，降而生商。”这是成语“玄鸟生商”的由来。契为商人始祖，是商族由母系氏族社会向父系氏族社会过渡的第一位男性首领。契死后，他的孙子相土继承了他的事业任火正[②]。相土发明了马车，契的六世孙王亥发明了牛车，开始驯牛，史书上记载的“立皂牢，服马牛，以为民利”就是这件事。随着农业和畜牧业的发展，商部落便强大起来，部落生产的东西便有了剩余，王亥就用牛车拉着货物，赶着“牛帮”、“马帮”远足到“有易”之地去“贾”，进行交易，外部落的人因他们居住的地方叫“商”而称他们为“商人”，他们大规模以物换物的“易”地，成为贸易之“易”的专用名词。“商人”、“贸易”等名词便源于此，一直沿袭至今，因而王亥被后人尊为“商祖”。

从“玄鸟生商”揭示出商部族先人契和燕子崇拜部族起始，到契后裔王亥远程赴有易之地（即今天河北省易水流域）进行规模性以物易物交易，创造出了我国古代商业业态与文化，迈出中华商业文明的第一步，再经王亥的七世孙成汤发展商业，繁荣经济，壮大商部族的实力，从而推翻夏朝，建立中国历史上的第二个朝代——商朝，我们从“三商之源”的历史影响，找寻到了“商人”、“商业”、“商品”概念的由来。

商业在现代社会中的作用无须多言。我们对世界贸易组织（WTO）宗旨的解析有助于加深对商业的理解。WTO“以提高生活水平，保证充分就业和实际收入与有效需求的巨大持续增长，扩大商品与服务业方面的生产和贸易为目的。期望通过达成互惠互利安排，实质性削减关税和其他贸易壁垒，消除国际贸易关系中的歧视待遇，从而为实现这些目标做出贡献”[③]。

生产、分配、交换和消费是社会扩大再生产紧密联系的四个环节。从WTO宗旨不难看出，要提高全世界人民生活水平，就必须保障人民实际收入的增长，而保障收入增长的前提是保证充分就业；保障充分就业的基础是社会生产环节的顺利进行，而生产顺利进行需要交换环节的通畅给予保障，所以 WTO 的宗旨就是要促进商品和服务领域的生产和贸易开展。WTO 宗旨

① 有娀（yǒu sōng）。

② 火正是古代掌火的官职，有两大任务，一是祭祀火星，二是观测火星。

③《乌拉圭回合多边贸易谈判结果》法律文本，法律出版社，2000年10月第1版，第4页。

是促进世界贸易的顺利进行。事实上，在日常生活中，交换行为已经和空气、水一样成为我们所必需。社会扩大再生产能否顺利进行的必要条件是产品通过交换行为能顺利地送到消费者手中，唯如此，社会分工才能不断深化，生产才能得以实现；唯如此，经济可持续发展才能实现。

第二节 商务谈判的概念与特征

一、商务谈判的概念

美国南加利福尼亚大学派勒德（Lisa Hope Pelled）教授曾对谈判下过定义①："Negotiation is a process of joint decision making between people with different preferences. It has been studied by game theorists using an abstract mathematical approach and by other social scientists using a more real-life-orentated approach. The findings of both research streams have contributed to current knowledge about negotiation skills. Each stage of the negotiation process-exploration, bidding and bargaining, and settling-calls for a distinctive set of skills. The exploration stage calls for information-gathering and planning skills. Binding and bargaining call for using either competitive tactics or collaborative tactics, depending on the negotiation game plan. Key skills in the settling stage include recognizing when it is time to move towards agreement and controlling the drafting of the documents. Future work on the topics of negotiation skills is likely to include further investigation of how negotiation expertise is gained, how information processing influences negotiations, and how the effectiveness of various negotiation skills differs across cultures."

派勒德教授对谈判的理论基础、谈判的阶段性进行了总结，对谈判学研究的方向做了展望。那么，什么是商务谈判呢？商务谈判是利益相关的两个或两个以上的个人之间、组织和团体之间，为解决特定贸易问题，沟通歧见，而各自提出方案，就特定议题或范围进行磋商讨论，最终达成一项双方满意协议的一个不断协调的过程。

既然商务谈判是谈判双方通过磋商讨论方式解决彼此间的商务问题，并争取其最大利益或避免损失；那么在"扩大利益，减少损失的理性"（MinMax Rationality）的原则下，谈判当事双方只有在一定的需求上限和需求下限间才愿意达成协议。如图 1-1 所示，X 和 Y 轴分别代表甲、乙双方对特定谈判议题结果所持的态度，其两端分别表示其对特定结果正面或负面评价。在 X—Y 平面我们可以获得一条谈判曲线 $A'B'$，由 A（代表甲方）最大需求 A' 到 B 方（代表乙方）最大需求 B'。而谈判的过程便是双方在其可接受的曲线上所形成的拉锯战，A''、B'' 分别代表 B、A 双方的最小需求。由于双方都极力争取本身利益，在保证己身利益前提下，为达成协议，尽量满足对方的需求；或者为达

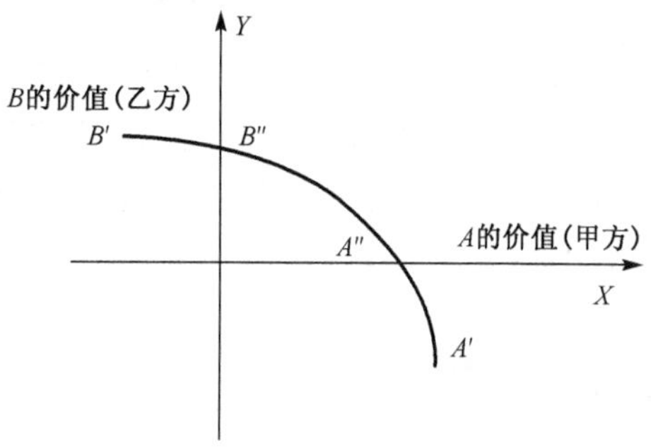

图 1-1 谈判曲线

① Edited By Malcolm Warner <THE POCKET INTERNATIONAL ENCYCLOPEDIA OF BUSINESS & MANAGEMENT> International Thomson Publishing Inc. 1998: 211.

成协议，谈判一方改变对方对谈判结果的评价标准，使双方得到同时的满足或同时的不满足；有时也会存在着谈判一方牺牲他方的利益来取得已方的胜利，虽然达成这种输赢谈判会为以后双方关系的维持或协议的履行带来麻烦。

可见，在商务谈判中，谈判结果将视双方基本立场、谈判实力、是否了解对方的需要（或价值与期望）以及是否有良好的谈判技巧等而定。

二、商务谈判的特征

商务谈判是谈判双方为满足各自的经济利益，解决贸易问题的手段，在谈判过程中谈判双方均力求获得对己方最有利的协议。商务谈判具有下列特性。

（一）它以经济利益为目的，以价格谈判为核心

商务谈判的目的明确，谈判者以获取经济利益为其基本目的，不追求经济效益的商务谈判就失去了它的价值和意义。双方经过谈判达成的利益划分可直接通过价格高低表现出来，因此在达成协议的过程中，核心部分是价格谈判。谈判的核心是将有价值的东西（对方看来）与另一种有价值的东西（己方看来）交换。

（二）它是双方不断协调的过程

商务谈判是一个通过调整各自需求，最终使各谈判方需求得以调和，从而达成一致意见的过程，在此过程中，双方需要协调和做出妥协。需要指出的是，利益上的平衡不等于利益上的平均，而是双方各自在内心里所能承受的平衡。任何单方面的“让”或“取”都不能被看成谈判。

（三）它同时含有“合作”与“冲突”两种成分

谈判双方为获得利益而坐在一起，因此为了达成协议均须显示积极的合作性，须相互妥协、相互合作；但同时，谈判双方的目标是自身利益的最大化，双方又势必会在谈判中进行讨价还价，为了各自利益表现出一定的冲突性。通常情况下，谈判过程都不可避免地含有一定程度的合作与冲突，但由于影响双方合作冲突的因素不同，谈判中的合作与冲突程度不尽相同。

（四）它是“互惠的”，但却不是“绝对平等的”

商务谈判如果不是“互惠的”，谈判就无从谈起；但是互惠的结果不一定是绝对平等的。由于谈判双方拥有的地位、实力以及谈判技巧各不相同，谈判的结果难以达到完全平等，各方取得的利益也不会完全相同。只要参与谈判的各方对谈判结果具有否决权，则不论谈判结果是多么“不平等”，这样的谈判都是“公平的”。

阅读材料 1-1

分苹果的两种方法

两个孩子为分吃一个苹果发生了争执，两人都坚持要一块大的。于是，有人提议，一个孩子先切苹果，另一个孩子则可以先挑自己想要的那一块。这个建议双方都觉得公正。于是，两人愉快地分完了苹果，都觉得自己得到了公平的待遇。

同样还是两个孩子分苹果，这次是一个男孩和一个女孩间谈判，苹果是烟台国光苹果，1/4

是红颜色的，3/4 是青颜色的。男孩子在谈判前确定的目标是以多得为原则。于是，他采取了一系列劝说工作，告诉女孩子如果得到苹果的红色部分将是非常幸运的事。假设女孩认同了男孩子所做的劝说工作，二人在 1/4 是红颜色的和 3/4 是青颜色的地方把苹果分开。两个孩子同样觉得得到了公平的待遇。

由此看来，商务谈判的结果是“绝对的不平等”，但又是“相对的平等”。“公平交易”的标准应是使双方彼此都得到了平等的满足，或者是平等的不满足。商务谈判结果的“平等”与“不平等”取决于谈判双方对它的看法或评价标准。现代谈判理论认为：一场成功谈判的双方都是胜利者。

（五）它是一项创造性工作

所有谈判都是一项创造性工作。创造性工作需要具备独立思考的能力，在边“谈”边“判”和边“判”边“谈”中发挥主观能动性。创造性工作的属性使得每次谈判变得富有挑战性和戏剧性。

阅读材料 1-2

中美建交谈判中的创造性工作

1971 年 7 月 9—11 日，周恩来总理同基辛格进行了 6 次会谈。根据 6 次会谈结果，中美双方各自提出了一个公告草案。中方的稿子说基辛格来中国同中方进行了会谈，尼克松总统准备来中国访问。美方的稿子渲染了基辛格同中国的会谈，说明会谈涉及亚洲和世界和平的基本问题，是以诚挚、建设性的方式进行的。

最关键的争议出在关于尼克松访华的措辞上，美方强调是“受中国邀请”，中方认为是“同意邀请”，基辛格认为中方的稿子含义很像尼克松自己邀请自己访华。

双方谈判在此表述上陷入僵局。涉及中美建交大事，中方谈判人员立即向毛泽东主席进行汇报，主席了解细节后，同意了美方希望修改的要求。

如何改？我们的广播、新闻报纸天天播送“全世界人民团结起来，打败美帝国主义及其一切走狗”。显然，在此环境下主动邀请美国总统访华在逻辑上讲不通。

7 月 16 日双方发表的会谈《公告》表述：“获悉，尼克松总统曾表示希望访问中华人民共和国，周恩来总理代表中华人民共和国政府邀请尼克松总统于 1972 年 5 月前适当时间访问中国。尼克松总统愉快地接受了这一邀请。”

公报中的“获悉”一词，称之为周总理的“杰作”。这个词避开了谁主动提出访华的问题，基辛格因而在尼克松总统“接受了这一邀请”之前加上了“愉快地”这一副词，投桃报李。

第三节　商务谈判的类型

商务谈判涉及的内容复杂，根据谈判性质、特点等差异，商务谈判可分为不同类型。不同类型的谈判，其准备内容、采取的策略和技巧都是不相同的，因此，谈判者在谈判前首先须明确自己将要进行的是哪种类型的谈判。商务谈判者对谈判类型的恰当确认，是谈判成功的开始。一般而言，商务谈判类型可按以下标准进行划分。

一、按谈判议题展开方式分类

按谈判议题展开方式，可分为纵向谈判和横向谈判。

（一）纵向谈判

进行纵向谈判时，在确定谈判议题后，按照所确定的议题展开顺序进行谈判，直到谈判结束。例如，一项产品交易谈判，双方确定出价格、质量、运输、保险、索赔等几项内容后，开始就价格进行磋商。如果价格确定不下来，就不谈其他条款，只等价格谈妥后，才依次讨论其他议题。可以看出，这种谈判方式有些死板，容易出现僵局；但好处是困难的议题一旦解决，其他议题的谈判可以得到快速解决。

（二）横向谈判

这是较常使用的一种谈判方式。在横向谈判中，当确定谈判所涉及议题及议题展开顺序后，逐个讨论预先确定的议题，在某议题上有分歧时，可以把该议题放一放，讨论其他议题，直到所有内容都谈妥为止。与纵向谈判相比，横向谈判议程灵活，可以避免谈判过早陷入僵局。

二、按参加谈判人员多少分类

（一）“一对一”谈判

“一对一”谈判对谈判者要求高，因为双方谈判人员只能靠个人的力量。因此，要求谈判者具有高水平的独立作战能力。如果一方增加谈判人员时，另一方则要随机应变，以避免被动局面的出现。

该类谈判的优点表现为：谈判者可随时根据情况变化做出自己的判断，及时做出决策以捕获稍纵即逝的机遇；不必担心对方向自己一方较弱的成员发动攻势，以求个别突破。此外，一个人参加谈判独担责任，必然会一丝不苟，兢兢业业。“一对一”谈判只适于谈判内容比较简单的情况。涉及较复杂的商务谈判往往是以小组方式进行的。

（二）小组谈判

小组谈判是最常见的一种商务谈判类型，每一方由 3～5 人参与。小组成员间有明确的分工，相互协调，这样可以提高谈判效率。小组谈判最大的优点是发挥集体的智慧，但存在的问题是要支付一定的协调成本。

（三）大型谈判

重大项目的谈判，涉及内容广泛，有的会影响地方乃至国家经济发展。例如，中国加入 WTO 谈判。此类谈判准备内容广泛、谈判计划设计周详、谈判时间长。

三、按谈判参与者的国籍分类

按谈判参与者的国籍分类，商务谈判可以分为国内商务谈判和国际商务谈判。

（一）国内商务谈判

国内商务谈判是一国内的各类经济组织及个人之间进行的商务谈判。双方谈判人员来自相同的国家，处于相同背景下，文化、语言相同。

（二）国际商务谈判

在国际商务谈判中，谈判参与方来自不同的国家或地区。随着我国对外开放程度的不断加深，国际商务谈判日益重要。与国内商务谈判相比，国际商务谈判更加复杂和困难。由于谈判各方来自不同国家地区，有着不同的社会文化和政治经济背景，人们的价值观、思维方式、行为方式、语言及风俗习惯各不相同，这就要求谈判者必须有跨文化沟通和谈判的能力。

四、按谈判目的分类

按谈判的目的，商务谈判可分为接触性谈判、意向书谈判、准合同与合同的谈判、索赔谈判四类。

（一）接触性谈判

在商务谈判中，受时间、地点的局限性，谈判双方不能进行深入的探讨，只能交换双方联系方式，以利于进一步的商务往来。接触性谈判主要分为一般性会见、技术性交流和封门性会谈三种。接触性谈判因其表现形式不同而有不同特征。

1. 一般性会见

—般性会见常发生在谈判前或谈判的准备阶段，会见的级别或出席的人员没有限制。当会见是在高级行政管理人员之间进行时，会谈主要是确定谈判的方向，因此此类谈判的气氛友好，用以培养双方友谊；当会见是在中级管理人员之间进行时，则表现为较强的探询性，力求获得更多的信息；当谈判是在业务人员之间开展时，表现为注重商品服务特征的介绍，较少涉及具体的价格谈判。总之，无论哪种形式，都应给对方留下一个好的印象。

2. 技术性交流

此类谈判适于新产品推向市场的情况，多采取报告会、讨论会、演示或展示会等形式。技术性交流具有较强的“广告性”与“审视性”，即一方重在展示交易标的物的优点，而另一方则进行充分的提问。

3. 封门性会谈

封门性会谈是指意欲堵死同对方继续进行交往的谈判。在进行该种谈判时，坚持“买卖不成情义在”的宗旨，委婉地拒绝、礼貌地收场，最好不要惹怒对方或不给对方面子。

（二）意向书谈判

意向书（Statement）是双方当事人通过初步洽商，就各自的意愿达成一致认识而签订的书面文件，是双方为今后实质性谈判、签订协议的前奏。意向书的格式包括双方单位名称，谈判人员身份，洽商时间、地点及洽谈的主要事项；主题包括双方的意图，希望达成一致认识的条款；最后是双方代表签名和时间。

从法律角度讲，意向书本身并不具备合约的约束力，一般是列出一些主要条件的基本框架，通常起到展望未来的作用。

（三）准合同与合同谈判

合同（Contract）谈判是为实现某项交易而达成契约的谈判。准合同（Quasi-contract）谈判是带有先决条件的谈判。这些先决条件决定了合同能否成立。如 20 世纪 80 年代我国签订的设备进口合同中，受国家外汇审批的限制，往往规定以获得国家外汇批准作为生效条件。

从谈判角度讲，准合同谈判与合同谈判无本质区别，它们表现出的谈判特征也是相似的。但从法律上说，两者有根本的区别，准合同以先决条件丧失而自动失效，不必承担赔偿责任；但合同则必须执行，否则就是违约。

（四）索赔谈判

索赔谈判是在合同履行过程中，一方当事人由于不履行合同或履行不及时造成的违约，影响了另一方当事人权益，受损害方因此提出索赔要求而进行的谈判。

索赔谈判的特征主要在于划清违约责任。其特征表现为以合同为标准，在索赔时效内，以确凿的证据提出，索赔谈判时应注意处理好双方长期关系。

五、按参加者的性质分类

按谈判参加者的性质，商务谈判可分为买方谈判、卖方谈判、代理谈判三类。

（一）买方谈判

买方谈判是为得到所要购买的商品或服务进行的谈判。中国有句俗语“从南京到北京，买的不如卖的精”，体现了买卖谈判中的卖方通常具有一定的利润空间；因此，买方在谈判中应重视信息收集加工。在今天激烈的市场竞争中，顾客是上帝的理念未必保证买方在谈判中一定能达成满意的协议。

（二）卖方谈判

卖方谈判是指以供应者（出售商品、技术、服务、不动产、证券等）身份进行的谈判。卖方谈判的特点表现在其具有很强的主动性。

（三）代理谈判

代理谈判是指受人委托参与某项交易或合作的谈判，可以分为全权代理（有签约权）和一般代理（无签约权）两种。

在进行代理谈判时，代理人要在授权范围内参与谈判。代理谈判人应注意自己被授予的权限范围，因为一旦超越权限，签订的合同也就无法履行或兑现。有时这一特征被作为一种谈判策略（在第二篇将论及）。代理谈判中，对代理人的选择十分慎重；必要时，委托人应给予代理人明确的委托书。

六、按谈判地点分类

按进行商务谈判的所在地，可分为主场谈判、客场谈判、客主轮流谈判以及中立地点谈判。

（一）主场谈判

主场谈判是指对谈判的某一方而言，在其所在地进行的谈判。

主场谈判是指在东道主方所在地展开谈判。由于谈判准备及后勤保障等方便，从而会使东道主谈判人员产生一种安全感。同时，主场谈判可以给东道主方使用谈判技巧提供方便。

（二）客场谈判

客场谈判是指在谈判对手所在地进行的商务谈判，对于国际商务谈判而言，就是在国外开展谈判工作。

与主场谈判相比，客场谈判的准备工作要复杂得多。身处异乡会使客方谈判人员面临种种限制和拘束，如需要克服文化、语言等差异带来的困难。

（三）主客场轮流谈判

主客场轮流谈判是指谈判地点在主客场互换的谈判。主客场轮流谈判具有明确的阶段性及利益目标。在此类谈判中除非调整谈判策略，应尽量保证谈判过程中换地点不换帅。

（四）中立地点谈判

中立地点谈判是指在谈判双方所在地以外的其他地点进行谈判。这通常是源于地点限制而进行的谈判。涉及谈判签约地选择对合同法律管辖权可能存在争议的问题，中立地点谈判一般不会涉及商务合同的签订，而把签约地点选择在己方所在地。

七、按谈判内容的透明度分类

按谈判内容的透明度，商务谈判可分为公开谈判和秘密谈判两种。

（一）公开谈判

公开谈判是指对谈判本身不保密，可将其时间、地点、结果公布于众，在谈判时并不需要完全排除他人在场的谈判。公开谈判能引起谈判对手之间的竞争，从而达到预期目的。例如，招标中的公开招标方式、货物的拍卖，等等。

（二）秘密谈判

秘密谈判是指谈判双方为保守商业秘密，谈判过程不予公开的谈判。大部分商务谈判是秘密谈判。

八、按双方洽谈的方式分类

按谈判双方洽谈的方式，商务谈判可分为口头谈判、书面谈判和在线电子商务谈判三种。

（一）口头谈判

进行口头谈判时，谈判双方不提交任何书面形式的文件，通过面对面的洽谈协商，口头提出交易条件，商谈达成协议的谈判。口头谈判方式由于谈判者可直接面对对方，谈判人员可仔细观察对方情绪变化，随机应变做出调整，促成谈判达成。

（二）书面谈判

书面谈判是谈判双方利用文字或图表，比如通过信函、电报、电传等形式进行的谈判。书面谈判具有准备充分、谈判成本低及间接性等特征。作为口头谈判的辅助性谈判方式，商务谈判中书面方式用得越来越多。

（三）在线电子商务谈判

在线电子商务谈判是指利用互联网、视频会议等电子方式进行的谈判。借助电子信息技术，谈判者可以既协作又竞争地分享信息，从而可以高效地达成协议，这是商务谈判的一种新方式。

九、按谈判双方满意程度分类

按谈判过程中双方对谈判的满意程度，商务谈判可分为输赢谈判和双赢谈判两种。

（一）输赢谈判

输赢谈判中，双方冲突性大于合作性。参与谈判人员在谈判过程中不易改变立场做出妥协和让步，其主要特征在于只注重本身利益，而较少考虑对方的需求。谈判结果一方输，一方赢。这种谈判不利于双方业务关系的长期往来。

（二）双赢谈判

双赢谈判体现为合作性大于冲突性。其主要特征表现在谈判双方能从人的需要出发，找出解决双方需要的途径。例如哈佛谈判法则提倡谈判的原则是：对事不对人；双方关注点集中在利益上，而不是阵地上；充分谈论所有解决问题的可能性；就客观标准对解决方案进行选择。

第四节　商务谈判的原则及作用

一、商务谈判的基本原则

谈判的成功与否不仅取决于谈判技巧的运用，也要遵守一定的原则。商务谈判的基本原则是商务谈判的指导思想和行为准则。遵循谈判原则是取得商务谈判成功的基本保证。一般而言，商务谈判应遵循下列基本原则。

（一）平等互惠原则

平等互惠原则是双方开展商务谈判的基础。商务谈判中无论谈判各方的经济实力强弱、组织规模的大小，都应该坚持平等互惠的原则。贯彻平等原则要求相互尊重、以礼相待，任何一方都不能把自己的意志强加于别人。这有助于企业同外界建立良好的业务关系，是维持长期业务关系的保障。

（二）客观真诚原则

商务谈判要遵循客观真诚的原则就是要服从事实。在掌握第一手材料的前提下，用事实说话。诚实、信用是商务谈判取得成功的根本。要想对手能守信誉，谈判者自己应首先做到“言必信，行必果”，并让对方感到我方的信誉是至上的。

（三）求同存异原则

商务谈判双方在利益上存在一致处，也存在分歧。求同存异的原则要求谈判双方在面对利益分歧时，从大局着眼，努力寻求共同利益。双方要尽量把谈判的重点放在探求各自的利益上，而不是放在对立的立场和观点上。要在利益分歧中寻求相互补充的契合点。事实上，正是由于存在分歧，才能产生需求的互补和利益的契合，才能寻求共同利益。

（四）讲求经济效益原则

讲求经济效益是商务谈判必须遵循的一个原则。在谈判中，应当讲求经济效益，提高谈判的效率和节约谈判的成本。市场经济运行中的交易成本包括谈判成本、收集情报的成本、履约的成本和物流的成本。讲求经济效益就是要降低交易成本，获取尽量大的经济效益。

（五）人事有别原则

在谈判过程中要把人与事分开，坚持对事不对人。出现分歧时，控制个人情绪，就事论事，不要牵扯到谈判者私人问题。

除上述基本原则外，商务谈判还应遵循灵活的原则、入乡随俗的原则，等等。

阅读材料 1-3

日本工人罢工案

在一家由美国人投资经营的日本工厂，因为劳资纠纷，工人举行了罢工。罢工当天，双方经过协商达成了一致意见，罢工结束后，工人们主动打扫了示威场地，恢复了原来清洁的厂貌。第二天，工人们又自发地加班，完成了因罢工而拖欠的生产任务。美方对日本人的做法不解，就询问其中一位罢工工人，这位工人回答到：“我们对资方有些意见，是想让您知道我们对此事是极其严肃的，唯一的办法就是举行罢工；但这也是我们的公司，我们不愿让您认为我们对公司是不忠诚的。”

在谈判中对事不对人，如果对对方提出的条款有意见，谈判者不得不言辞犀利，那是因为希望对手知道己方对此事的重视程度，而非针对谈判对手，也不想搞僵双方的关系，进行谈判的目的在于谋求一种互利共赢的结局。

二、商务谈判的作用

在市场经济条件下，企业间的联系广泛而频繁，每个企业都通过与其他部门进行联系才能完成生产经营活动；伴随我国与世界其他各个国家（地区）间的经济、文化交流日益密切，国际商务谈判日益重要。

企业与客户间的沟通主要通过谈判人员来完成。在谈判过程中，谈判双方会得到多方面的信息资料，如产品设计、质量、竞争以及市场状况等，及时、准确的信息资料有利于企业调整经营方向、做出科学决策。

商务谈判关系企业的生存和发展，企业要实现长期发展目标，就要建立稳定的购销渠道。

了解巩固现有的客户很重要，发掘和培养新的客户更为重要，不开发潜在的市场，企业就没有发展潜力。

商务谈判是随着社会生产力的发展而出现的，它广泛应用于社会生产、生活的各个领域，促进了社会的文化繁荣和经济的发展。

三、商务谈判学在实践中不断丰富和发展

商务谈判学是一门综合性、实用性强的学科。

在商务谈判中，谈判对手经常会从谈判者个人专业知识水平、个人修养角度、谈判者所在公司的规模以及信誉来做出评价。从谈判这门学科性质看，商务谈判是科学和艺术的统一。谈判的规律体现其科学性特征，谈判对象不同、谈判效果会不同则体现了其艺术性。可见，商务谈判不仅是一项创造性工作，而且也是一个谈判者自身不断学习的过程。

案例讨论

美国商人在印尼的遭遇

美国商人马克在印尼谈判时，印尼谈判方暗示如果马克愿意帮他儿子进美国大学并愿意为他的家里建造一个游泳池的话，谈判涉及在印尼的生意是没有问题的。马克对此的反应可以有以下选择：①礼貌地告知对方，他很愿意帮助，但不幸的是这些要求超出了自己的责任范围，然后强调做成这笔交易将会对有关各方有什么好处。②立即忙于与美国大学联系，筹备建筑材料，然后签好合同。③帮助满足对方儿子上大学的要求，但是，关于建筑设施的要求，应与美国公司的法律人员进行联系。

问题：

对马克面对的三种选择，你认为他应选择哪一方案？谈谈你的理由。

提示：读者在分析此案例时，需要对印尼商业文化有所了解。

本章思考题

1. 什么是商务谈判？
2. 商务谈判的类型有哪些？
3. 谈谈你对商务谈判基本原则的理解。

第二章

商务谈判的“需要理论”

美国钢铁大王安德鲁·卡内基指出：成功的谈判要满足对方逻辑上的需要、情感上的需要和想赢的需要。这三个需要对任何成功的谈判而言就像板凳的三条腿，缺一不可。需要和对需要的满足构成谈判的基础。不同的个人、组织和团体之间能够彼此沟通分歧并交流观点进行磋商的原因是彼此有想要得到满足的需要。人的需要分多层次而且无止境，但却有规律。在商务谈判中，“需要理论”恰似一条主线、一个主旋律贯穿其中。本章介绍如何用需要层次理论分析人们的各种需要，如何去发现对方的需要，如何将需要理论应用到商务谈判的实践中。

第一节　需要的概念

一、需要是人类一切行动的原动力

人的行为是由需要产生的动机（Motive）所支配的。需要是人类一切行动的原动力。马克思在谈到人的本性时说：“由于他们的需要即他们的本性，以及他们求得满足的方式，把他们联系起来（两性关系，交换，分工等），所以他们必然要发生相互关系。”[①]所谓需要（Needs）是指客观刺激通过人体感官作用于大脑所引起的某种缺乏状态。人类为了生存和发展，不仅有物质需要，如衣、食、住、行等；还有精神需要，如文化生活、理想、荣誉等。满足各自的需要是谈判成功的关键。

人类行为中所表现出的需要十分复杂。商务谈判是一种具有明确商业性目的的行为，谈判人员需要的满足首先表现为利益的获取。满足利益的需要和对利益需要的满足是谈判的基石和动因。

在资源有限的条件下，谋求合作成为双方可得利益最大化的途径。商务谈判可将各方潜在的互补关系转化为正式的合作关系，从而减少或避免各方因冲突造成的经济损失，产生可分配利益的扩大效应。因此，寻求利益相关各方的合作成为满足需要利益的重要前提。

案例讨论

联合国秘书长在伊朗受挫

1980 年年初，联合国秘书长瓦尔德海姆为了解决人质问题飞到伊朗。伊朗国家电台、电视台用波斯语播出了他在德黑兰发表的讲话：“我不是作为一个干涉者而来的，我是作为一个

① 马克思恩格斯选集. 第 3 卷. 北京：人民出版社，1972:18.

调停者来的，此行要拟订出一个让步办法。”一个小时后，他的汽车遭到了愤怒的伊朗人投掷石块的袭击。秘书长之行之所以受到严重的挫折，原因是没有满足伊朗人要求获得尊重的需要。

问题：

秘书长的语言错在哪里？

提示：此案分析的关键是掌握伊朗文化对“调停者”（mediator）的理解。

二、马斯洛的“需求层次论”

人有哪些需要？各种需要之间关系如何？诸多需要又是如何形成人的动机体系？马斯洛[①]在1954年发表的代表作《动机与个性》中提出了人类的需求层次理论（Hierarchy of Needs），随后在1970年新版书中指出了人类基本要素的七种需要类型。

（一）生理需要

生理需要是指维持生命及延续种族的需要，是人类最原始、最基本的需要。对衣、食、住、行等需要都是生理需要，生理需要在于满足自然界所有成员的冲动和欲望。人无欲而无求，人无求而丧志。可以说，人类的发展史也是一部需要与满足的发展史，而生理需要是基本的需要。

（二）安全及保障的需要

人们在基本的生理需要得到满足之后，开始寻求安全需要，希望个人的生命财产、社会环境安全受到保障。作为一种保障机制，它影响人们对生活的全部看法。比如在危急环境中人们表现出的求生本能；为了保护个人在他人面前诽谤、诋毁第三者等。人类时常表现出的获得欲求、维持欲求和攻击欲求都属于安全及保障需要范畴。

（三）爱与归属的需要

在生理与安全需要得到满足后，追求爱与归属的需要占据了主导地位。它包括被人所接纳、爱护、关注、鼓励和支持等。这种对朋友、爱人和家庭的渴望，可以成为一个人战胜困难的力量。在马斯洛需要层次中，这一层次是与前两层次截然不同的。爱与归属的需要包括内容很多，例如人类依存需要、拒绝需要、服从需要、连带的需要、管理东西的需要、对相似性需要和保护弱者的需要等。

（四）保持自己本来面目的需要

爱与归属的需要满足后，再上一个层次就是获得尊重的需要。尊重需要既包括对成就或自我价值的个人感觉，也包括他人对自己的认可与尊重。希望人们认识到自己的能力，获得自己应有的地位和声誉，从而得到人们的尊重和对自己价值的满足。不能满足这类需要，就会使人感到沮丧。最健康的自尊感来自他人对自己应有的尊重，而不是来自徒有虚名的奉承。马斯洛认为，保持自己本来面目需要包括屈服的需要、回避非难需要、显示自己的欲求、追求不可侵犯、防御需要和支配的欲求等。

---

① 亚伯拉罕·哈罗德·马斯洛（Abraham. H. Maslow,1908－1970），美国著名社会心理学家、人格理论和比较心理学家、人本主义心理学的主要创建者之一、第三代心理学的开创者。

（五）自我实现的需要

自我实现的需要是指实现个人理想、抱负、发挥个人聪明才智的需要。满足这种需要的人能够接受自己或他人的建议和行为，善于独立处事，解决问题能力强，自觉性高，能够充分发挥自己的才能和智慧。自我实现需要包括自治需要和达成需要等。

（六）认知的需要

人类探索未知的需要是如此强大。基于认知的需要，寻求探知周围环境的好奇心激励着人们去尝试了解未知的事物。认识的需要必须以自由和安全为先决条件，只有在自由和安全的条件下，这种需要才可能得到实现。认知需要包括获得新知识的需要和夸耀知识的需要等。

（七）美的需要

上述需要得到满足后，人类还有审美需要。这种对美的渴求是人类与生俱来的。马斯洛把一个人“情不自禁地要把墙上的画挂正”的行为归结为对美的需要。

马斯洛认为，人类动机的发展和需要的满足有密切关系，需要的层次有高低之分，低层次需要满足或基本满足有助于高层动机的出现。只有低一级需要得到相对满足，高一级需要才会发生作用，成为支配人行为的动力。这种需要的跳跃性与需要的重叠性同时存在。有的人即使食不果腹，最基本需要得不到满足，但是心灵深处仍有着对美好梦想的追求。

总之，人生就是一场为满足需要而拼搏的一生。弗洛伊德认为，人有“生的本能”和“死的本能”。本能的目的是为了满足，人所追求的目标是各种需要的满足。因此，他认为，文明是对人的本能的压抑，人的历史就是人的本能被压抑的历史。我们在此无意进行哲学论战，只想通过对人需要的理解帮助谈判人员建立商务谈判需要理论的思维框架。

第二节 商务谈判的“需要理论”诠释

一、商务谈判的“需要理论”概述

商务谈判的契机源于满足彼此利益的需要，正确地理解和使用马斯洛的“需要层次论”，可以帮助商务谈判人员建立“需要理论”的思维框架。

商务谈判的“需要理论”引导谈判人员对驱动双方的各种需要加以重视，选择不同方法去顺应、抵制或改变对方对需要的评价标准。同时，“需要理论”还为谈判人员进行论证提供广泛的选择余地，使谈判人员能从双方需要的不同侧面、不同角度进行解释和评论。了解每一种需要的相应动力和作用，谈判者就能对症下药，选择最佳方法。在每一个场合下，采用的方法针对的需要越基本，就越可能获得成功。

二、商务谈判在三个层次上进行

按照谈判人员所满足需要的类型，谈判通常在以下三个层次上进行：

（1）个人之间的谈判；

（2）组织之间的谈判；

（3）国家间的谈判。

个人之间的谈判涉及谈判者个人的需要和利益；组织之间谈判时的需要可分为组织需要和谈判者个人需要，同时满足两种需要有利于谈判取得成功；国家间的谈判由于其特有的政治性，谈判的内容不是纯粹的商务问题，谈判双方更多地是把国家利益满足放在首位。

三、与需要有关的商务谈判方法

从谈判需要理论分析，任何谈判无论结果如何，都表现为六种与需要有关的谈判方法。美国谈判学会会长尼尔伦伯格在其著作《谈判的艺术》中，将这些方法分为六种类型，列举如下：

（1）谈判者顺从对方的需要；

（2）谈判者使对方服从其自身的需要；

（3）谈判者同时服从对方和自己的需要；

（4）谈判者违背自己的需要；

（5）谈判者损害对方的需要；

（6）谈判者同时损害对方和自己的需要。

商务谈判人员可以根据对双方需要的推测，选取一种或者几种类型方法来达到自己的目的。由于存在多种方法的选择和不断变化的方法应用，在商务谈判中，面对不断出现的新情况和新问题，务必牢记，只有抓住对方最基本的需要，才能有助于取得谈判的成功。

四、“需要理论”对谈判人员的影响

根据谈判的“需要理论”，从五个方面举例说明需要对谈判人员产生的影响。

（一）个人目标

1. 安全保证的需要

在工业产品购买中，为何买主多倾向于向原来的供货商订货，而不愿冒向新供应商购买的风险？原因是，在此类谈判中，满足对产品或服务安全保证的需要成为谈判双方人员的首要目标。

2. 通过创造性工作、达成协议赢得自尊

谈判人员需要从物质或精神两个角度获得他人的尊重。能否达成双赢谈判，并按照谈判内容落实彼此的承诺成为谈判人员获得尊重的体现。

3. 通过展示职业性的能力来赢得自尊

谈判不是目的，而是达到目的的一种手段。为了最大化总体利益，可能有意识地在某方面做出让步从而获得其他方面更大的利益。谈判人员为了自尊需要可能做出某些让步。

4. 求知的需要

人类的本能就有求知的需要，谈判人员借助对事实的生动描述和资料的充分准备，向顾客展示产品的优良性能，使对方产生好奇，从而自然地购买产品。通过这种方法建立双方关系取得他们的支持和帮助。谈判人员谈判时不仅是推销产品和服务，更重要的是在推销自己的气质、修养和有价值的思想。

（二）谈判动机上的冲突与协调

在商务谈判中，早日达成协议的要求与争取有利的合同条款是一对矛盾。换言之，要争取对方较大让步，就要花费较长时间。事实上，谈判人员需要在甘冒丧失交易风险而坚持有利的条款或者即使条款不利也要尽快达成协议之间取舍。从谈判的实践经验中大致可总结出下列两条规律。

（1）提供商品、劳务、技术一方的谈判人员在谈判初期尽全力争取最有利的条款。通常，他们认为在近期丧失交易的风险是很小的。

（2）就谈判议题的主要方面达成协议后，对剩下的一些项目讨价还价会引起买方强烈反对，此时，卖方就变得不愿争执。这时惧怕丧失交易机会的想法会占主导地位。

（三）谈判人员的信念模式

商务谈判参与者对双方人员、组织结构和谈判议题等都有自己的看法，这些看法对谈判人员初始姿态和对于对方所提倡议的反应都会产生强烈的影响。

对于对方谈判人员的看法是这样形成的：

（1）过去有无直接接触的经验；

（2）从与对方打交道的其他公司中获得有关对方谈判人员的情报；

（3）对于对方谈判人员的性格、社会阶层、文化背景等所做的主观判断。

当然，上述看法往往带有偏见的成分，而偏见会影响双方在谈判中的关系。

（四）谈判人员个人之间的相互影响

成功谈判来自于谈判双方关系的建立，同时，以下因素有利于推动谈判成功：

（1）审慎而细微地制订谈判计划；

（2）随着谈判计划付诸实施，随时给予必要的补充和修改；

（3）商务谈判双方之间的相互关系、相互影响对谈判成败具有很大的重要性，只有具备了良好的个人关系，才能有助于谈判达成，并在谈判计划和其他因素影响下获得成功，如图 2-1 所示。

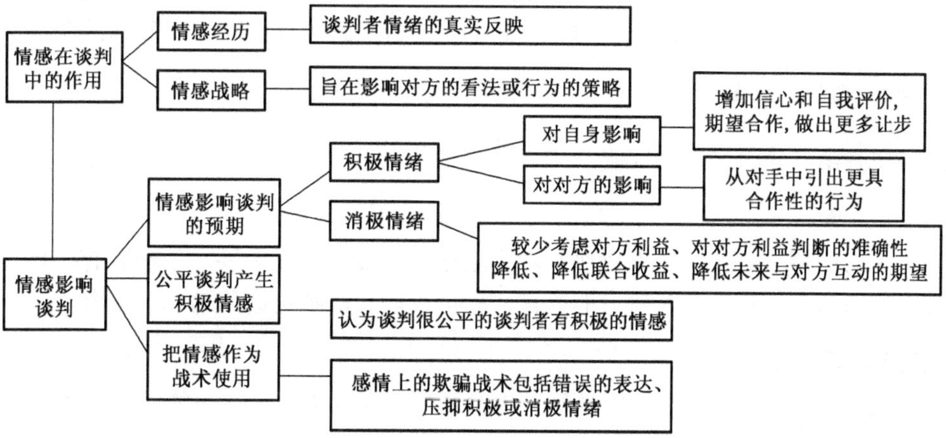

图 2-1　谈判人员情感对谈判的影响

（五）谈判心理对谈判计划的影响

心理因素对谈判计划的影响可归纳如下：

（1）影响谈判目标的确定；

（2）影响谈判策略的选择；

（3）影响最初报价的高低。

谈判小组的建立应考虑由不同风险偏好和动机抱负的谈判人员组成。

第三节　发现谈判对方的需要

在对商务谈判的需要理论及其在谈判实践中的应用进行分析后，如何发现谈判对方的需要成为我们所关注的重心。本节就如何发现谈判对方的需要展开讨论。通常，谈判人员可以运用倾听、提问、肯定的陈述和无言的信息等四种方法来发现对方的需要。

一、倾听

（一）倾听的作用

有效的倾听是发现对方需要，从谈判中了解有价值信息的手段。通过倾听可以理解对方的本意，发现细微差异的信息，了解对方某些情感和动机的变化。有效的倾听需要听到和听懂对方的言语，并归纳出有用的结论。在跨文化国际商务谈判沟通中，需要谈判者更加积极主动地倾听。相对于美国文化而言，东亚地区属于上下文联系程度高的文化。

认真、积极倾听还具有鼓励对方说出想法的作用。谈判中需要以明确的态度表明自己充分了解了对方讲话的本意，谈判者可以确认地说："我把你所说的归纳起来，你的意思是不是……。"谈判者积极地表述已经理解对方的本意，如果对方的主张合理，就清楚地表示认同，强调肯定；如果对对方的表述不清楚，应及时进行确认；如果对方的主张不合理，就清楚明白地表述自己的看法。

了解并不就表示同意，谈判人员可能充分了解了对方的主张，但却完全不赞成。可是，无论如何都必须让对方确信你已充分了解对方的主张，否则就难以向对方表明你的观点。

（二）妨碍倾听的因素

在商务谈判中，妨碍倾听的因素有许多。

1. 听者方面

谈判者应该保持积极倾听的态度倾听对方阐述的观点、意见和要求。不要有选择地倾听，错误理解对方的本意。常常打断对方的语言、抢话说等做法都会妨碍信息的获取。

2. 说者方面

谈判是双向活动，影响积极倾听的原因也常常来自说话人。说话人的地位、声望和职务等都会影响听者的态度，如果说话人传递的信息量过大，超出听者所能接受的限度，会影响听者的兴趣。同时说话人应该避免语无伦次、声音微小、语意不明或讲话缺乏激情等。

3. 说者与听者的关系

在商务谈判中，谈判主体间的关系也会对倾听造成影响。如果彼此间缺乏良好的人际关系，那么会影响倾听效率。

4. 环境方面

在商务谈判中，倾听还涉及谈判的环境因素。实验证明，有利的环境能增加谈判主体“听”和“说”的积极性。一般而言，在“本国”，无须分心去熟悉或适应环境；而在“异国他乡”，谈判人员往往会变得无所适从，进而影响谈判效果。所以说，陌生的环境、极不舒适的座位、谈判房间的湿度、照明、布置等都会影响听者的注意力。

上述几个方面都不同程度地影响谈判人员的倾听效果，因此，要根据具体情况合理调节倾听方式，以求达到预期目的。

（三）如何有效地倾听

在商务谈判中善于捕捉信息，抓住对方讲话要领，需要做到以下几点。

1. 积极主动

谈判双方在谈判开始阶段，就要想方设法摸清对方底细，发现对方的需要。最有效的方式是让对方知道你在全神贯注地倾听对方的谈话，保持积极的态度有利于获取更多的有用信息。通过“对不起，你所说的是不是……”的方式让对方知道你在认真地倾听。在倾听对方说话时，不必去考虑该如何回答，而要试着站在对方的立场，去了解对方所说的，体会他的愿望、想法和顾虑。

2. 专注

谈判过程是非常紧张的，稍不留心会让大量信息溜走。因此，谈判者在倾听中要全神贯注，不做干扰视听的无关动作。今天我们处在嘈杂的外部环境下，有意识地练习倾听能力十分重要。专注来自日常的训练。

3. 要有耐心

在商务谈判中，对方的谈话有时可能含糊不清，或难以理解，甚至可能说出谈判者不愿听的话。这时不可打断对方的讲话或离席而去，要耐心听下去，有可能对方在故意引诱你，使你感情用事，做出错误判断。通常情况下，谈判中轻易打断对方是不礼貌的行为。对表达不清、模糊的问题，应及时追问，比如说：“对不起，打扰一下，您那句话的意思是……”，这样可减少理解的偏差。

4. 及时反馈

反馈是指在倾听过程中适度进行语言或者非语言的表达，使对方知道你在积极倾听，并从你的反馈中了解你对其主张的肯定或否定。有效的反馈有利于建立融洽的气氛，促进谈判深入进行。反馈的语言形式包括使用肯定回答，如“对，我明白”等；也包括非语言形式，如点头、摇头、摆手和微笑等。

5. 要注意对方的措辞、表达方式和语气语调

在商务谈判中不但要听到，还要听懂，知道对方的真正需要。关键不在于对方说什么，而是他如何说。比如，谈判者往往说一些：“顺便说一句……”“顺便提一下……”等，这在表面上给人一种印象，似乎他要说的事刚被想起来。这在很大程度上可能是谈判者故作姿态。他要

说的事也许是非常重要的，为了迷惑人而露出漫不经心的神态。谈判中常有人说："老实讲""说真的""坦诚地说"，等等。当然，有的人确是如此，但有的人既不坦率也不诚实，只是用这些辞句加以掩饰而已。

6. 做必要的记录

俗话说"好记性不如烂笔头"，一个人的记忆力毕竟是有限的。特别是谈判中高度紧张的谈判者，不可能完全用大脑记下对方的全部信息，因此，需要一定的记录，必要时可录音。

7. 加强平日联系

我们身处一个纷繁复杂的世界。各种声音、媒体耀眼夺目的标题、浮躁的心态等都影响了我们的注意力和倾听的能力。要使自己有好的倾听力，就需要从今天开始注意使用上面的方法进行联系。

二、提问

（一）提问的作用

1. 提问能发现对方需要

在商务谈判中，在适当的时候采取直截了当的方式提问，考虑提出问题的内容、方式和时间，从而知道对方的需要，根据对方对自己提问的反应，知道下一步如何打算。提问的方式有利于收集信息、了解对方的目的。例如："欢迎您来我公司购货，请问您需要我为您介绍哪几种产品？""请您谈谈所需产品的要求?"，通过提问的方式，知道对方追求的是什么，以此来指导谈判。

2. 提问能调动对方积极性

恰当提问可以提高谈话积极性，促进双方深入交流。通过提问的方式复述并询问是否理解对方的本意，某些内容宽泛的问题能够很好地引起对方的重视和积极参与。诸如："贵公司究竟要达到什么目的?""您如何看待我们的产品?"，对于这些问题，要想回答恰当，必须认真思考一番。

3. 提问有证实、测定的作用

谈判中，老练的谈判者往往东拉西扯说一些与实质性问题"若即若离"的话语。他看上去很认真，其实大多是在刺探信息。对另一方而言，可能不能立即全部地理解对方闪烁其词、富有弹性的话语。所以，有必要通过提问对对方的谈话进行证实、测定。

（二）提问的形式

通常而言，不要提含糊其辞的问题，也不要提那种很容易反过来损害自己的问题。语调和措辞都应仔细地掂量斟酌。提问的目的在于搞清事实，而不是为了压倒对方。表述得体的提问是揭示对方动机、发现对方需要的一种有力的谈判手段。

提问方式有很多，根据对问题回答的可控程度，分为开放型提问和封闭型提问。开放型提问有利于拓展讨论主题，鼓励对方的积极回应和表述，有利于加深对自己观点的理解。封闭型问题则是将讨论的问题封闭起来，希望谈判者用"是"或"否"来回答问题。举例而言，有时，谈判者会采取以下提问方式。

（1）一般性提问：“你认为如何?”“你为什么这样做?”，这种提问没有限制，因此，回答不可控制。

（2）直接性提问：“谁能解决这个问题?”，这种提问具有限制，因此，在限制的范围内回答是可控制的。

（3）诱导性提问：“这不就是事实吗?”（回答是可控制的）。

（4）发现事实提问：“何处?”“何人?”“何时?”“何事何物?”（回答是可控制的）。

（5）探询观点的提问：“是不是?”“你认为?”（回答是可控制的）。

（三）如何有效地提问

提问是一门艺术。恰当合理的提问能够有效获取对方信息。

1. 发问的时机

提问可以在对方发言的间隙，比如对方喝水的时候，可借机提问，“关于交货地点稍后再议，现在是否先谈谈交货时间？”也可以在对方发言结束后或者自己发言结束前后。在自己发言前对对方谈话提出的问题可要求对方回答或者自问自答。

2. 提问的对象

谈判主体各具特色，因此，提问时要考虑对方年龄、职业、性格、身份、知识广度、文化背景、生活经历等因素。例如，遇到性格率直的谈判对手，提问要简洁；对方内向，提问要含蓄；对方暴躁，提问要委婉；对方严肃，提问要认真；对方开朗，提问可随意；等等。

阅读材料 2-1

法拉奇采访邓小平

奥琳埃娜·法拉奇是意大利著名女记者。二十多年来，她写了许多政治人物的专访。由于她思路明晰，言辞锋利，善于寻根究底，富于活力，因而取得了巨大的成功。法拉奇采访开场艺术的运用具有独到之处：对霍梅尼，她采取尖锐方式；而对邓小平的采访，她却是彬彬有礼，采取另一种方式，她是从祝贺邓小平生日开始的。她从邓小平传记中知道他的生日是 8 月 22 日，而邓小平自己却忘了。下面是他们的谈话。

邓：我的生日？我的生日是明天吗？

法：不错，邓小平先生，我从你的传记中知道的。

邓：既然你这样说，就算是罢。我从来不知道什么时候是我的生日。就算明天是我的生日，你也不该祝贺我呵。我已经 76 岁了，76 岁是衰退的年龄啦!

法：邓小平先生，我父亲也是 76 岁了。如果我对他说那是一个衰退的年龄，他会给我一巴掌呢!

邓：他做得对！你不会这样对你父亲说的，是吗?

访问就在这种十分融洽而轻松的气氛下展开了。

3. 提问的场景

商务谈判中有主场谈判和客场谈判，有正式谈判和非正式谈判，等等。不同的谈判场合要采用不同的提问方式。

4. 提问的逻辑性

提问前先明确自己的中心议题，然后精心准备提出的问题，合理安排问题的提问顺序。有些问题不妨先打“外围战”，然后逐步缩小包围圈，由大到小，通过渐进的方式突破对手防线。

5. 提问的语速

提问的速度过急，易使对方认为你不耐烦或产生被审讯感；发问的速度太慢，又容易使人感到沉闷。因此，谈判时要尽力保持正常语速。

（四）妨碍提问的因素

1. 浓重的个人情感色彩

谈判者要理清个人情感和谈判问题之间的关系，尤其不要在谈判问题中掺杂个人冲动。比如一些低水平谈判者对谈判对象的人格进行攻击性提问。同时重视面子问题，有关心理学研究表明，人们对某一事物的面子观念越强，提问的暗示性越强。在谈判桌前，有些谈判者易犯这种错误。由于碍于双方现存关系或面子问题，使提问不能很好地表达自己的意思。

2. 抓不住谈判实质

有些谈判者提出的问题与谈判内容缺乏联系，或漫天提问，或纠缠细节。这种与谈判实质相去甚远的提问，往往令对方无从回答。

3. 倾斜的个性心理

在商务谈判之中，谈判者不应有过多的心理包袱，不要过多忧虑自己提问的结果，同时也不要毫不顾忌对方的感受而过多地阐述自己的观点，适当的心理压力有利于谈判的良性运行。

4. 缺乏充分准备

“凡事预则立，不预则废”“知己知彼，百战百胜”。这都说明充分有效的准备工作能够帮助自己很好地左右谈判进程，降低各种主观因素影响的程度。

5. 不专业

要进行商务谈判，谈判人员应见多识广，具有良好的专业基础知识。否则，当对有关问题进行讨论时，难以恰当提问。

（五）提问中应注意的问题

在商务谈判中，有效提问必须注意以下事项：第一，不要对问句做过多解释，否则对方认为你在低估他的能力；第二，不要一连提几个问题；第三，不要故意地提出与谈判内容无关的问题；第四，当对方谈意正浓时，不要贸然提问；第五，不要提含有敌意的问题；第六，不要使用威胁性、讽刺性、审问式问句，否则对方会产生敌对与防范情绪；第七，提问不要涉及对方个人生活及家庭情况，如个人收入、女士的年龄等；第八，谈判中也不要涉及政党、宗教及其他敏感性问题；第九，不要提含有指责对方不诚实的问题，这样会引起对方不快；谈判中，双方真真假假、虚虚实实，很难用诚实这一标准来衡量彼此行为，如发现对方有不诚实之处，可通过适当方式给予暗示。

伏尔泰曾说：“从一个人所提出的问题可以了解这个人。”可见，提问是一门技巧。成功的谈判人员不会放弃任何一次学习提问的机会。

三、肯定的陈述

（一）陈述的作用

商务谈判中双方会陈述自己的观点，提出交易条件，表明己方谈判目的及如何实现谈判目标的倡议。谈判者的有效陈述能够促进谈判的成功，恰当陈述能够有效传递信息和控制谈判进程。例如，当谈判看来会出现僵局的时候，最好是明确一下态度，直截了当地说—句：“在目前情况下，我们最多只能做到这一步了。”这一陈述促使对方重新考虑眼前的情况。再如，你可以说：“我认为，如果我们能妥善解决那个问题，那么，这个问题也不会有多大的麻烦。”这一陈述，明确表示愿就第二个问题做出让步。这就有利于谈判的进展。这种陈述，心照不宣地传递了信息，既维护了自己的立场，又暗示了适当变通的可能。

（二）陈述应注意的问题

1. 要给人以充满自信的形象

谈判中的第一印象非常重要，第一印象会影响对方对你的感性认识。美国传播学家艾伯特・梅比安拉提出一个传播公式：信息的全部表达=38%的声调+55%的外表形象+7%的词语。声调包括发言者的声音高低、频率快慢；外表形象包括发言者的肤色、性别、面部表情、手势及着装；词语是发言者遣词造句的能力。

2. 要有目标

有时出现的沟通障碍不是沟通的不足，而是沟通过度。谈判过程中不要过早地抛出自己的实际目标和底线，这样难以取得对方的真诚回应，而且可能会使自己陷入被动。认清对方的需要和己方的让步程度，仔细考虑发言的时间和内容。

3. 尽量避免渗入个人感情

有效地将个人感情与陈述分离能够促进谈判双方的深入沟通。

4. 遣词造句应审慎斟酌

遣词造句时应审慎斟酌。例如，人们免不了要说“不”，但说法却大相径庭。为回绝一笔生意，一位谈判者说：“我必须和我的合伙人再商量一下。”而一位谈判专家也许会说：“让我们暂且把这个问题放一放吧，以后找机会谈这个问题。”

四、无言的信息

为了了解对方的意愿和需要，不仅要注意倾听对方谈话，而且必须注意观察对方举止，也就是我们常常提到的无言的信息。

（一）无言的信息的作用

无言的信息，或者称其为“举止”，是就其最广泛的含义而言的。获取无言的信息需要“察言观色”，仔细观察对方的举止可以抓住其所传递出的心理上的含义和暗示，例如如果对方面部肌肉紧绷、烦躁不安、强笑或者凝视等，这传递出对方紧张的情绪。

（二）无言的信息的种类

1. 咳嗽

在身体状况正常的情况下，“咳嗽”表示紧张不安、说谎或者提醒他人等。通过咳嗽可以借此稳定情绪或者掩饰说谎，利用咳嗽间隙思考要表述的观点。故意咳嗽常用来提醒他人的注意或者告诉他人应该要注意自己的行为或谈话内容。

2. 面部表情

面部表情显而易见表达着无言的信息。但是，人们也会碰到那种毫无表情的“扑克面孔”。这种极其缺乏情感的神态告诉我们，此人一点也不愿意让别人知道他的感情。然而，尽管有这张假面具，我们还是可以觉察到他的意图。

3. 眨眼

眨眼常被用做一种掩饰心理活动的手段，是一种使眼睛湿润，排除落入眼内细小灰尘的保护性反应。研究表明，人们在发怒或激动的时候，眨眼的频率就会提高。正常的眨眼几乎不为人所觉察，但在它成为一种特别的举动时，频繁而又急速的眨眼，就会引起注意。研究发现，这种反常的举止，总是和内疚或恐惧的情感有关。

4. 手势

手势，也可以被有意识地、有效地运用，以起到替代语言表述的作用，特别是在不允许用语言表达或语言本身不能表达的时候，更是如此。

5. 情绪

谈判过程中即使细致地察言观色也不可能完全掌握对方的情绪，必须意识到，凡是有两个以上的人一起交谈，就会有情绪在暗中起着作用。

（三）对无言的信息进行评断的困难

在商务谈判中，不但要观察对方的无言信息，而且要对无言信息进行正确的评断。通常会存在以下困难影响做出正确的评断：

（1）谈判者通常在评断中掺杂个人情绪或者下意识，需要谈判者用直觉去解决这种困难；

（2）在跨文化经贸谈判中，谈判者的各种天生的行为举止在世界各地都很相似，而后天形成的行为举止则因社会不同而各有差异。例如，日本商人感到，在谈判桌上说“不”是不礼貌的，会让美国人丢面子；而美国人对日本人的沉默却更多地领会为对方接受了谈判条件。

总之，谈判者通过倾听、提问、肯定的陈述和观察对方无言的信息这四种方式，可发现对方的需要、动机和意愿。

本章思考题

1. 马斯洛“需求层次论”的内容有哪些？
2. 在商务谈判中如何发现对方需要？

阅读材料 2-2

发现对方需要提示四则

提示 1：你有两只耳朵一张嘴，要充分使用它们

学会倾听，而且要通过倾听来学习。只有当你站在顾客的角度，你才会了解顾客需要你产品的真正理由。要用 75%的时间来倾听。还要记笔记——这样会让你不会只想着说话。在给出解决办法之前要倾听。在顾客谈起这项交易之前不要讨论你的产品，他们不想听你的推销广告，而是想要他们问题和担忧的解决办法。

提示 2：顾客的问题

你的工作就是帮助顾客解决问题。谈判人员推销的是产品和服务的解决方案及好处，而不是特征。顾客购买产品的原因是因为你为他着想。如果谈判人员在说明产品或服务的好处时，不妨提出这些好处如何能够解决顾客的其他问题。“这款地毯清洁器有 X、Y 和 Z。它可以清除您地毯上的灰尘；这将使您的客厅看起来更明亮、更清洁。”

提示 3：用问题找出你想要知道的

在谈判之前询问问题，除非谈判人员已经发现顾客首先购买的原因是什么。也许他关注的是可获得的颜色。提出问题，你将会发现顾客购买的原因。记录下这些回答。

提示 4：寻求更多的反对意见

如果顾客给你一个反对的理由，你要寻求更多的反对理由，直到你得知了所有的理由。“还有什么其他的原因阻止您今天购买这件产品吗？”然后把这些反对的理由写下来。这样这些理由就呈现在纸上了。随着你把这些问题一个一个处理掉，你就可以把它们划掉。通过划掉这些问题，顾客也就会接受你的产品了。现在你拥有了顾客不购买你商品的所有理由，而且你对他们的理由表现出浓厚的兴趣，很乐意解决这些问题。

第三章

商务谈判中的博弈论

第一节 博弈不是“游戏”

一、谁发明了博弈论

约翰·冯·诺伊曼（John Von Neumann）于 1928 年的文章“客厅中的游戏”（《*Zur Theorie der Gesellschaftspiele*》）中，证明了著名的“极小极大定理”[①]（Minimax Theorem）。1944 年，冯·诺伊曼和普林斯顿的经济学家奥斯卡·摩根斯特恩（Osker Morgenstern）合著了《博弈论和经济行为》（《*Theory of Games and Economic Behavior*》）一书，标志着博弈论理论的初步形成。

阅读材料 3-1

约翰·冯·诺伊曼

冯·诺伊曼的早期天才声誉来自他在数学和数学物理学领域的贡献。他在学术上的贡献得益于在哥廷根大学做博士后时，有幸师从最伟大的数学家戴维·希尔伯特（David Hilbert）、著名数学家赫尔曼·哥尔斯廷（H. Goldstine）和诺贝尔物理学奖获得者尤金·P·维格纳（E.P. Wigner）。《科学》杂志上的一篇文章曾提到，除了拓扑学和数论，冯·诺伊曼对数学的每一个分支都做出了重大的贡献。

博弈论和计算机是冯·诺伊曼一生中最重要的两个创造。

从“客厅中的游戏”这篇文章名可以看出，对博弈论的研究源于某些游戏。在西方文化里，game 的含义不同于汉语中的“游戏”。英语中的 game 是指人遵循一定规则，并使自己取胜的一种活动。这样看来，game 含义中有“竞赛”的意思，参与 game 的人是真实地和认真地参与其中，而不是虚拟游戏。因此，“Game Theory”被翻译成博弈论或对策论。

---

① 1713 年法国数学家瓦德格瑞夫在研究纸牌游戏博弈时提出了极小极大值解。波兰数学家斯廷谊斯发现了极大极小值概念，清楚地意识到极小极大的追踪时间长于或等于极大极小的追踪时间。德国数学家策墨罗也曾猜想存在混合策略，其思想是，在博奕中如果一个局中人根据极小极大定理的标准来选择他可以采取的策略，那么这就是他的一种策略，他首先考虑采取该策略后他能收到的最小支付，然后在所有最小支付中选择能得到最大支付的那个策略。换言之，极小极大定理表明博弈是有解的，它是博弈论的基石。

冯·诺伊曼发现，玩扑克的高手不会简单地靠“我手中的牌好过对手”的情况下才去玩牌。无论自己手中是何种牌，都根据其他玩家每一次出牌的预测，来决定自己出牌的策略；博弈论与概率论的本质区别就表现于此。山东省民间有一种叫“够级”的扑克牌游戏，玩牌的高手需要团队精神，在规则允许框架内可以采用相互对抗的骗术、虚张声势、猜测对方意图以及做出误导对方的假象的种种手段。正是玩扑克牌中这些非理性的因素吸引了冯·诺伊曼博士。从20世纪20年代中期到40年代，冯·诺伊曼沉醉于研究扑克和其他游戏的数学结构中，他发现游戏中的方法是经得起检验的，值得做严密的数学分析。

阅读材料 3-2

下棋不同于博弈论

科学家雅各布·勃洛诺夫斯基曾在伦敦的出租车上与冯·诺伊曼谈论博弈论：

“……因为我对下棋很着迷，因此很自然地对他说：‘你的意思是，博弈论就像下棋？’”

“不，不”，诺伊曼说，“下棋不是博弈。下棋是定义得十分完善的一种计算。你也许无法给出答案，但是理论上，任何棋局必然有一个解，也就是有一个正确的过程。真正的博弈完全不是这样。实际生活也不是这样的。实际生活中包括虚张声势、骗人的一些策略，互相估摸对方以便应对，等等。在我的理论中博弈研究的就是这些内容。”

在冯·诺伊曼看来，下棋时针对对方每一次行动，己方都有可以实现的多种解。人与计算机下棋取得胜利的原因是，计算机没有把所有的可能解都给出。

二、什么是博弈论

博弈论虽然起源于对玩扑克游戏的研究，但与我们通常所理解的“游戏”相差甚远。博弈论是研究理性的对手之间为了己方利益最大化、损失最小化的策略选择的学问。冯·诺伊曼从数学上证明的“极小极大定理”，就是在有两个人的博弈中，只要他们的利益完全相悖，就存在一个理性的行动过程。换言之，“博弈”被称作一种冲突的态势，在这种态势下一个人必须做出一种策略选择，并且知道对方也在做出选择，由所有的选择所规定的行动方式将决定冲突的结果。

博弈论作为数理逻辑的一个分支，它既研究理性人的冲突，也分析非理性人的选择。博弈论通过客观的、合理的方法去观察冲突，再通过数学研究方法去分析冲突。随着研究的深入，博弈理论被广泛应用于经济学、政治学、外交政策等领域中。

第二节　几个基本术语

作为数学的一个分支，在博弈论书籍中有大量的数学公式，许多概念抽象难懂。本书中，我们尽量用简洁的语言尝试对其在商务谈判中的应用做介绍。

一、理性的游戏者

博弈论研究的是理性人之间的冲突。那么，理性的标准是什么？博弈论所研究的是有完善的逻辑思维能力、对“赢”感兴趣的参与者的对策选择问题。

博弈论假设参与者必须是"完全理性"的，即对规则有完全的理解，对过去的每一步有完全的记忆力，在博弈过程的所有节点上，参与者都清楚地知道自己的每一步以及对手每一步的所有可能结果。这样的要求显然是严格的。现实社会中，完全理性的人是不存在的。博弈论中的完全理性可以把博弈的参与者想象成与计算机程序一样的东西。

二、博弈的类型

（一）合作性和非合作性博弈

从博弈的均衡结果看，博弈分为合作性和非合作性博弈两种。合作性博弈是博弈参与者从自己利益出发选择行动，该选择的结果应该是对双方都有利；而非合作性博弈是参与者行动选择的结果至少对博弈一方不利。商务谈判活动是合作性博弈；纳什等博弈论专家研究得更多的是非合作性博弈，如囚徒困境等。零和博弈（Zero-sum Games）是非合作性博弈的一种，它指博弈总的赢取或支付（博弈的结果）是固定的，博弈中各方决策时都以自己的最大利益为目标，不考虑对方利益，因为对方的收益同时意味着自己的损失，结果是双方很难有合作的机会。如足球比赛便是零和博弈。

商务谈判中的合作博弈又分为常和博弈和变和博弈两种。常和博弈是指各博弈方得益之和是一个非零的常数，如财产分割的特点是你多我少或你少我多。变和博弈是指在不同策略组合下博弈方的得益之和不会相同的一种博弈类型。随着商业竞争的加深，变和博弈在商务谈判博弈中的比重日益上升。

（二）静态博弈和动态博弈

从博弈的次序看，博弈分为静态博弈和动态博弈。前者指博弈的参与者同时采取行动，或者尽管参与者行动的采取有先后顺序，但后行动者不知道先采取行动人的策略选择。后者指博弈双方行动有先后顺序，并且后采取行动者可以知道先采取行动者所采取的行动。动态博弈又称重复博弈。构成重复博弈的一次性博弈叫原博弈，原博弈是一个静态博弈。

显然，招投标谈判是一种静态博弈，而更多的商务谈判是动态博弈。谈判是"谈"和"判"两个行为的组合，在对对方行为做出判断后进一步指导如何去"谈"。

（三）完全信息博弈和不完全信息博弈

从参与者知识的拥有程度，博弈分为完全信息博弈和不完全信息博弈。前者指参与者对所有参与者的策略选择及策略组合下的支付完全知晓；后者指在不了解对方策略的情况下，博弈参与者所做的努力是使己方期望或期望效用最大化。

虽然，现代科技使谈判者可以最大限度地收集、加工和分析有关谈判的信息，但是，商务谈判是一种不完全信息下的动态博弈。

第三节　几种典型的博弈

一、囚徒的困境

我们今天所熟知的"囚徒的困境"的版本是经过多次演变而来的。

（一）弗劳特-德莱歇实验

梅里尔·弗劳特（Merril Flood）和梅尔文·德莱歇（Melvin Dresher）在 1950 年 2 月做了一个两难论实验，这是对囚徒困境的第一次科学讨论。实验过程是这样的：弗劳特和德莱歇邀来两个朋友，一个是加州大学洛杉矶分校的阿门· 阿尔钦（Armen Alchain，以下简称“AA”），另一个是兰德的约翰·威廉姆斯（John D. Williams，以下简称“JW”），让他们俩在博弈中对抗。两个人都面临两种策略：合作和背叛。且他们都要在不知道对方做何选择的情况下选择自己的策略。用下面的表 3-1 来表示这个博弈。

表 3-1　弗劳特-德莱歇实验中的支付矩阵

	JW策略1［合作］	JW策略2［背叛］
AA的策略1［合作］	–1¢，2¢	1/2¢，1¢
AA的策略2［背叛］	0¢，1/2¢	1¢，–1¢

表中的“¢”符号代表美分，每个格子中前面数字代表阿尔钦的支付，后面的数字代表威廉姆斯的支付。因此，这个博弈是：如果阿尔钦（AA）选择策略 1【合作】，而威廉姆斯（JW）选择策略 1【背叛】，那么将罚阿尔钦 1 美分，同时威廉姆斯将赢得 2 美分。

（二）塔克的演绎

弗劳特和德莱歇的实验引起了博弈论研究者的兴趣。普林斯顿著名数学家艾伯特·塔克（Albert Tucker）在 1950 年 5 月给斯坦福大学心理学系作博弈论报告时，把这个博弈实验作为案例来讨论。塔克以讲故事的形式进行介绍。这便是今天“囚徒的困境”故事的由来。塔克讲道：

两个被指共同犯法的人被隔离关押。每个人都被告知：

（1）如果一个人招供而另一个不招供，前者将被授以奖金××，而后者将被处以罚金××；

（2）如果两个人都招供，两个人都要被处以罚金××；

（3）如果两个人都不招供，两个人都将无罪开释。

（三）现代版本的“囚徒的困境”

犯罪团伙的两个成员（甲和乙）被隔离在两个房间里进行审讯，他们之间不能交换信息。警察向每个犯人告知了奖惩规则：可以选择交代从而举报另一名犯人，也可以选择否认。如果交代而对方否认，他将被释放，被举报者将被处以 6 个月监禁；如果两人都交代，则都将受到 3 个月的拘留处分；如果两人都否认，则都将被拘留 1 个月。两个犯人都允许有一段时间考虑自己该怎么做，但在做决定前，不知道对方的选择。假设两个犯人都是理性的，只关心自己的服刑时间，即遵循最大最小原则。表 3-2 给出了这个博弈的支付矩阵（Payoff Matrix），其中效用值是用服刑时间的相反数来表示的，服刑时间越长，效用越低。

表 3-2　囚徒困境

		犯人乙	
		交待	否认
犯人甲	交待	–3, –3	0, –3
	否认	–6, 0	–1, –1

犯人甲想：“假如我交代而对方否认，那么我就可以免受一个月的监禁之苦。假如我交代而对方也交代了，那

么我将被关3个月，但至少比6个月要强。可见，交代是比较有利的。”犯人乙也会得出相同的结论。因此，如果双方都是理性的，他们都会选择交代。

进一步分析表3-2可发现，站在甲角度看，无论乙是选择交代还是否认，甲选择交代都是最优的（-3>-6，0>-1）。同样，无论甲怎样选择，乙也会选择交代。因此，在这个博弈中有唯一的均衡——（交代，交代）。在此情况下，存在一个优超策略（Dominant Strategy），即不管其他局中人怎样选择，每个局中人都有一个最优策略选择。优超策略存在，可以断定该博弈有均衡结果，该结果就是两人各自最优策略的交叉点。

两个囚犯从各自利益出发，找出了使个人处境最优的策略，那么对集体利益而言，这是否也是最优？观察右下方的方格，显然，在这个方格中两个犯人的处境都比在均衡点要更好（每人只被监禁一个月）。因此，客观而言，策略（否认，否认）才是帕累托有效的策略，即在这个博弈中，再没有其他策略组合能在不损害其中一人利益情况下使另外一人处境变好。由此可见：优超策略决定的博弈结果并不一定是有效的。

二、纳什均衡[①]

优超策略得到了博弈的一种解，然而它并不是经常出现，例如表3-3中的对策。

在表3-3的博弈中，就不存在优超策略。我们可以这样假设：与其要求对于A的所有选择，B都有唯一最优选择，不如说只要B的选择对于A的最优选择是最优的。简言之，在给定A的选择，B做出其最优选择，在B最优选择下，A的选择恰好也是最优的话，我们称该策略为纳什均衡。在表3-3中，策略（下，右）是纳什均衡。

纳什均衡是建立在对方选择的基础上。纳什均衡强调的是“平衡点”，即双方都无怨无悔的结果。其分析逻辑如下：在博弈之后进行事后分析，轮流问每个参与者，在已经得知对手选择情况下，你是否愿意改变之前的选择？如果每个局中人都乐于接受而不再做任何变动，那么该结果就是一个纳什均衡点。我们对纳什均衡的另一种解释是：对于任何一个结果，如果给他机会，某个游戏者愿意改变其策略，那么这个结果就是不稳定的，因此这种结果也是非理性的。

纳什均衡的意义是重大的，他更加真实地反映了社会选择的大量现实。冯·诺伊曼的研究侧重2人零和博弈，通过极小极大定理，对理性化做出了解释。他证明了任何两个理性人在发现利益冲突时，一定会采取理性的策略，这种策略的理性解是自身利益和互不信任所强制实现的平衡。纳什发展了上述理论，他证明了当博弈中的两个人利益不完全对立时，平衡解也可以存在；换言之，非零和博弈同样也有平衡点。进一步而言，关于纳什均衡有以下两点需要说明：

（1）一局对策可能会有一个以上的纳什均衡，如表3-4所示；

表3-3　纳什均衡

		局中人B 左	局中人B 右
局中人A	上	1, 100	0, 1
	下	2, 0	5, 2

表3-4　对称的纳什均衡

		局中人B 左	局中人B 右
局中人A	上	2, 1	0, 0
	下	0, 0	1, 2

① 约翰·F·纳什（John.F. Nash）是一位传奇性的人物，数学家，曾患精神病但神奇般康复，并于1994年获得诺贝尔经济学奖。他是在普林斯顿大学读数学的时候迷上博弈论的。在20世纪40年代末至50年代初，纳什在一个方向上发展了博弈论，即“非合作”博弈，他的工作主要涉及“非零和”博弈和两人以上博弈。纳什的开创性论文《*n* 人博弈的均衡点》（1950）、《非合作博弈》（1951）等，给出了纳什均衡的概念和均衡存在定理。

（2）一局对策可能没有纳什均衡，如表 3-5 所示。

表 3-5 没有纳什均衡的对策（纯策略）

		局中人B 左	局中人B 右
局中人A	上	0, 0	0, –1
局中人A	下	1, 0	–1, 3

三、重复博弈

囚徒的困境引起了关于博弈的“正确”方法的争论。对此答案取决于所采取的是一次性博弈还是重复的博弈。

我们再来分析弗劳特-德莱歇实验（见表 3-1）。在此，优超策略是存在的，左下的方格代表了这个博弈的理性结果，双方都选择“背叛”。但是看右上的方格，在这个方格中每个人的收益都比他在平衡点（左下方格）时多出半个美分，这个方格代表了双方都选择“合作”的好处。如果这个实验只进行一次，那么可以预期两个人都会理性地选择策略【背叛】。但实际上，阿尔钦和威廉姆斯连续进行了这个博弈 100 次，最终的结果却出人意料：阿尔钦选择策略 1【合作】共 68 次，威廉斯选择策略 2【合作】共 78 次，双方同时合作达到了 60 次，而双方相互背叛，即我们的优超策略，却仅发生了 14 次。这场博弈的过程是如何进行的？

1952 年，弗劳特给出了两人在 100 次博弈中所选择的策略的心理反应过程，如表 3-6 所示。有一点需要明确，博弈双方的解说是在确定自己的策略之后、知道对方的选择之前写下的。为简洁起见，用字母“C”表示策略【合作】，用字母“D”表示策略【背叛】。

表 3-6 弗劳特-德莱歇实验

博弈序号	A	J	AA 的解说	JW 的解说
1	D	C	JW 将选（D），如果我选（C），我会有损失；如果我选（D），我没有损失，因此我选（D）。	希望他选（C）。
2	D	C	他为什么没有选（D）？！！	看来他不够聪明，但也许会明白过来。
3	D	D	我很迷惑他为什么选择（C）？	他既然坚持选（D），我也要选（D）惩罚一下。
4	D	D	难道他坚持选（D）了？	他竟然还选择（D），我继续惩罚他。
5	C	D	他竟然坚持选（D）！	这可不是我们的最优选择。
6	D	C	他可能还要选（D），所以我要选（D）。	我再给他一次机会，看他怎么样。
7	D	C		他太狡猾了。我再给他一次机会试试。
8	D	D		我要让他明白，他选（C）是最合适的。
9	D	D	为什么我偶尔选（C），他就要从（D）变到（C）呢？他是什么意思？	
10	D	D	如果我一直选择（D），那么他也会一直选（D）。	希望他能明白我占主动地位，如果他坚持选（D），那么我也选（D），这样我能赢 0.5 美分，而他不输不赢；如果他能选（C），那么我也会选 C，这样它会赢 0.5 美分，我会赢 1 美分。 如果我想赢得少，我会选（C）；如果我想赢得多，我会选（D），但是如果他选（C），我也会选（C）。
11	D	C	D	也许这次他会明白我的意思，选（C）。
12	C	C	C	C，我失算了，但是我要再试一试。

续表

博弈序号	A	J	AA 的解说	JW 的解说
13	C	C	C	C，这就好多了。
14	C	C	C	C，不错！
15	C	C	C	C，（大喜）
16	D	C	D	C
17	C	D	C	D，他竟然得寸进尺！
18	C	D	C	D，我要教训教训他。
19	D	D	D，我完全不明白他是怎么想的。	D，我要继续让他吃点苦头。
20	D	D	D	D
21	D	C	D	也许他现在会选择（C）了。
22	C	C	C	C，我再给他一次机会。
23	C	C	C	C，不错。
24	C	C	C	C
25	C	C	C	C
26	D	C	D	C
27	C	D	C	D，他真无耻！
28	D	D	他是不是故意让我选（C），而他选（D）？	D，让他见鬼去吧！
29	D	D	D	D
30	D	D	D	D
31	D	C	他怎么又坚持选（D）。	C，再给他一次机会。
32	C	C	他总是想让我选（C），使他获得最大利益，而又不付出代价。	C，他怎么总是不明白我的意图呢？
33	C	C	C	C，这样才对。
34	C	C	C	C
35	C	C	C	C
36	C	C	C	C
37	C	C	C	C
38	D	C	D	C
39	C	D	C	D，他想做什么？
40	D	D	D	D
41	D	C	D	C
42	C	C	C	看来我得坚持选（C），他才能明白我的意思。
43	C	C	C	这样不错。
44	C	C	C	C
45	C	C	C	C
46	C	C	C	C
47	C	C	C	C
48	C	C	C	C
49	D	C	他是不是想在我选（C）的时候选（D），不想取得双方利益最大化？那么我选（D）。	C
50	C	D	C	D，他靠不住，他不知道我们取得双方利益的最大化。
51	D	C	D	C
52	C	C	C	他需要更坚定一些才行，他可能不想一直选（C）。

续表

博弈序号	A	J	AA 的解说	JW 的解说
53	C	C	C	C
54	C	C	C	C
55	C	C	C	C
56	C	C	C	C
57	C	C	C	C
58	C	C	他不想分给我一点吗？	C
59	C	C	看来他会一直选（C），但是我并不满意，我想赚得更多。	C
60	D	C	D	C，他简直是个无赖。
61	C	C	C	C
62	C	C	C	C，友谊万岁！
63	C	C	C	C
64	C	C	C	C
65	C	C	C	C
66	C	C	C	C
67	D	C	他还是不想分给我点，那么我选（D）。	C
68	C	D	他应该知道，如果不分给我一点，我是可以惩罚他的。	他不会成功的。
69	D	D	D	D
70	D	D	既然他坚持选（D），我也选（D），不让他获得最大利益。	D
71	D	C	D	C，让他明白我的意图太难了，我得有耐心。
72	C	C	C	C
73	C	C	C	C
74	C	C	C	C
75	C	C	C	C
76	C	C	C	C
77	C	C	C	C
78	C	C	C	C
79	C	C	C	C
80	C	C	C	C
81	D	C	D	C
82	C	D	C	D，需要再给他点颜色看看。
83	C	C	C	C
84	C	C	C	C
85	C	C	C	C
86	C	C	C	C
87	C	C	C	C
88	C	C	C	C
89	C	C	C	C
90	C	C	C	C
91	C	C	在最后一分钟，他可能还会选择（D），那我还会赢吗？	C
92	C	C	C	C，这样很好。

续表

博弈序号	A	J	AA 的解说	JW 的解说
93	C	C	C	C
94	C	C	C	C
95	C	C	C	C
96	C	C	C	C
97	C	C	C	C
98	C	C	C	C
99	C	C	D	C
100	D	D	D	D

表 3-6 显示，在连续博弈中，参与者的思考过程是复杂的。总体而言，威廉姆斯策略更理性，他认为双方应通过合作以实现利益最大化。于是，威廉姆斯开始选择“C”，给出合作的信号。此后，当阿尔钦不合作时，威廉姆斯就在下一轮中选择背叛以惩罚他，然后又回归合作。阿尔钦显然对威廉姆斯最初的合作尝试感到迷惑，直到 30 轮以后他合作的态度才基本稳定下来，观察发现在整个博弈中他选择策略【合作】的次数比威廉姆斯少了 10 次。阿尔钦的思考过程是：开始对互相合作结果不满意，因为当双方合作时，他只赢半美分，而威廉姆斯赢 1 美分（见表 1 中右上方格），合作的回报是向威廉姆斯倾斜的。因此，阿尔钦想选择背叛使其收益增加。而当他意识到这样做会造成对方同样选择背叛作为报复时（这时阿尔钦的所得为 0），他改变了策略，开始合作。

弗劳特–德莱歇实验使我们看到：在连续博弈中，参与者都会面对出现新策略的可能性，他们可以尝试树立合作的信誉，并以此鼓励对方也如此行事，以使两人的共同利益最大化。

四、连续博弈

上述博弈中两人行动是同时发生的（静态博弈）。但大多情况下的博弈却允许一个局中人先采取行动，另一个局中人再做出反应（动态博弈）。在表 3-7 中假设局中人 A 先做出选择，然后 B 根据 A 的选择再选择，结果如何？

不难发现，这局博弈有两个纳什均衡：策略（上，左）和策略（下，右）。但事实上，此处的支付矩阵掩盖了真相。下面借用博弈树的分析工具对动态博弈进行分析，如图 3-1 所示。

表 3-7　连续对策的支付矩阵

		局中人B 左	局中人B 右
局中人A	上	1, 9	1, 9
	下	0, 0	2, 1

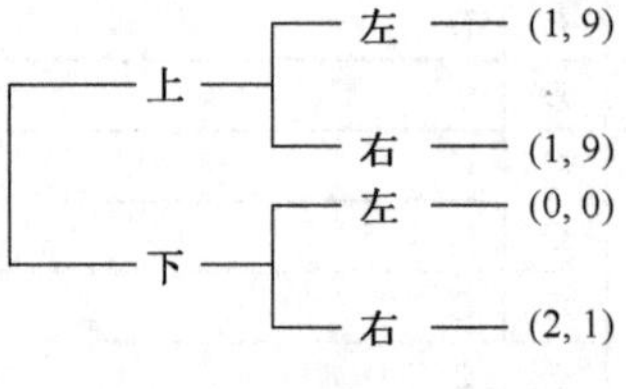

图 3-1　连续对策的博弈树

如果 A 选择上，那么支付为（1，9）；如果 A 选择下，那么 B 做出的最明智的选择是右，最后支付为（2，1）。现在考虑 A 的初始选择。如果他选择上，不论 B 做何选择，他最后得到的支付是 1；如果他选择下，由于他考虑到此时 B 会选择右，那么他最后将得到最大支付 2。显然，A 在一开始所做的明智选择就是选择下，因此该博弈唯一稳定的均衡为策略（下，右）。

这里需要考虑的另一个问题是，出于高支付 9 对 B 的诱惑，B 可能会威胁 A 说如果 A 选下他就选左。这个威胁显然是有效的，因为 B 如果实施此威胁，A 最终将得到 0 支付。此时，双方就开始了一场赌局：B 赌的是 A 是否会相信他的威胁，如果相信了，B 就会得到最大支付；A 赌的是 B 会不会实施威胁，即一旦 A 做出了选下，B 会不会违背理智地选左。

第四节　谈判者的困境

“囚徒的困境”也可以用来分析谈判双方的处境和行动。商务谈判中的博弈与上面的分析有相同之处，也有差异；商务谈判的关键问题是如何行动才能使双方都会获益，实现双赢。下面借用“囚徒的困境”的改版形式来进行分析。

一、“黑白”实验

在一次两人进行的谈判中，每个谈判者手中有两张纸片，一张标记为黑色，一张标记为白色。双方同时向对方展示一张纸片，他们可以自由选择向对方展示哪种颜色的纸。根据两人选择，所获得的分数如表 3-8 所示。

表 3-8　“黑白”实验回报表

谈判者 A / 谈判者 B	白色	黑色
白色	+3, +3	−5, +5
黑色	+5, −5	−3, −3

可以发现，这个版本只是将“囚徒的困境”中的收益值进行了调整，都出“白色”相当于共同合作来否认，都出“黑色”相当于相互出卖。但是，在此不能简单地将这里的“白色”、“黑色”与“囚徒的困境”中的“否认”、“交代”画等号。实际上，凡称得上“囚徒的困境”的博弈，其效用值是有规律可循的。一般来说，囚徒困境取如下形式：相互合作的双方可获得奖励性回报（+3），不合作时双方将获得惩罚性回报（−3）。但是双方都希望得到高回报（+5），这是单方面选择背叛时所能获得的最好结果。但同时双方都害怕自己成为不搞背叛而被对方出卖的牺牲品，只能得最差的回报（−5）。

这个博弈与“囚徒的困境”区别在于：谈判双方可以相互沟通，通过沟通来加强合作的可能性。参与博弈的规则如下：游戏一共进行 10 轮。前 4 轮中重复囚徒困境的情况，双方之间没有任何沟通，独立做出策略选择；在第 4 轮博弈结束后，可以与对方交流，商议在接下来的谈判中要如何行动来改善双方处境；然后游戏继续 4 轮，在第 8 轮结束后，双方可以再次沟通；为了使得博弈更加符合社会现实场景，在第 9 轮和第 10 轮中，增加分值，即回报表中所有的数值都要乘以 2。博弈中，双方记下自己每一轮的得分，在第 10 轮结束后，每个谈判者将他每一轮所得的分值求和，得到最高分值的一方取胜。

现在需要思考的问题是：沟通能有效促进合作，降低困境博弈的困难吗？

二、实验结果

上述“黑白”实验被国内外许多培训机构广泛采用。笔者曾在 MBA 课堂上演练过该实验，共取得了 36 位同学的 18 份有效数据（2 人算作一组）。

（一）前4轮结果

在第1轮开局中，36位MBA学员中的22位（占61%）选择了以“黑色”开局，剩下的14位（占39%）选择以“白色”开局。在18组数据中，有12组“黑白”开局，5组“红红”开局和1组“蓝蓝”开局。出示黑色的MBA同学的策略显示他们是理性的，如同囚犯在“囚徒的困境”中所做的选择一样。以白色开局的MBA学员大多希望向对手发出一种渴望合作的信号，特别是在他面对的是自己的校友或老乡时。但这种为了得到+3而冒损失−5的风险的做法是非理智的。然而，结果发现在开局阶段证明自己合作意愿的行为，将使谈判者在第4轮以后所做出的合作承诺更具可信性。

下面看第2轮的情况。数据表明，有9位MBA学员在第1轮中出示了白色却收到黑色，学员出于报复心理在第2轮中展示了黑色。也有第1轮中展示黑色的同学在收到对方的白色后表示后悔，从而在第2轮中展示了白色，这样的MBA学员有8位。剩下的则坚持自己在第1轮中的选择。

总之，该实验的前4轮目的在于摸清对方是何种风格的谈判者，是倾向于合作、还是不合作？实验结果表明：前4轮博弈中，3次或3次以上出示白色的MBA学员有7位，而3次或3次以上出示黑色的MBA学员有17位，其中8位同学在四轮中全部向对手出示了黑色。事实上，只要双方在前4轮至少有一次出示了白色的话，表明已经通过行动展示了己方合作的诚意。

（二）第5~8轮谈判

第4轮后的沟通表明合作的基础得到巩固后的选择。有7组MBA学员在沟通后的4轮博弈中连续出示了白色，表明彼此做出了合作的承诺，并用行动进行了证明。还有2组MBA学员，虽然在第5、6轮中仍有背叛情况出现，但在第7、8轮中却相互出示了白色，达成了合作的协议。剩下的9组MBA学员在前8轮结束后无法相互信任，其中有2组MBA学员在成功合作了第5、6、7轮之后，在第8轮中，每组分别有1位同学发生背叛，给出了黑色。有趣的是，有4位MBA学员在4轮中3次给出黑色，甚至有1位MBA学员保持8轮全红，表明他是典型的不合作型的谈判者。

可见，沟通在促进合作方面起到了一定的作用，部分学员在后续博弈中找到了合作基础。有的学员在第4轮结束后抱怨：他在前4轮中至少有一次展示了白色，而收到的却都是黑色。在与对方沟通时，这位学员提议双方在后面的5～8轮中进行合作，以将分数变为正。但鉴于对方在前4轮中全黑的表现，他要求第5轮中允许他展示黑色，而对方必须展示白色，以显示合作的诚意。他的提议是否奏效？两人前8轮的博弈结果和分值如表3-9所示。

事实证明，该学员（赵）的提议得到了学员（钱）的响应，从而两人在第5轮后建立了合作关系。但如果黑色谈判者继续采取不合作行为，则白色谈判者也会报复到底，最后博弈结束的时候他们都将以负分值告终。

（三）第9~10轮谈判

最后两轮我们把回报的分值加倍乘以2。按说大多数谈判者会出于保护自己利益的考虑而理性地展示黑色，因为在此展示白色的风险太大了。但本实验结果（见表3-9）显示：18组中只有3组MBA学员连续两轮相互出示了黑色，而9组MBA学员在最后两轮中保持了“白白”

的合作风格。分析这种差异产生的原因在于：参加实验的MBA学员相互熟识，在举行该实验时他们已经在一起学习了一个学期的时间，友谊减少了欺骗和背叛行为的出现，加强了合作的基础。

表3-9　实验结果

轮　次	钱同学		赵同学	
1	黑	−3	黑	−3
2	黑	−3	黑	−3
3	黑	+5	白	−5
4	黑	−3	黑	−3
5	白	−5	黑	+5
6	白	+3	白	+3
7	白	+3	白	+3
8	白	+3	白	+3

在此实验中，最终得到60分最大正分值和−60最大负分值的情况没有出现，大多数MBA学员的分数是正分，少数为负分。可以看到，沟通能在一定程度上帮助谈判者协调他们的行动，但由于欺骗和背叛行为的存在，沟通也不能从根本上消除困境。

三、竞争转向合作

如何使谈判从充满冲突转向相互合作来解决问题呢？

美国著名谈判专家罗伯特·阿克塞尔罗德（Robert Axelrod）在一个实验中找到了一个解决方法。他要求几十名博弈论专家为“囚徒的困境”提出他们认为最能取胜的策略，然后在计算机上让所有策略相互进行“一对一”对抗，计算机记录下所有的博弈支付。

最后取胜的策略是“针锋相对”。在第一局中采取合作的策略，在以后的每一局中，针对对手在上一局中的策略采取相应的报复策略。如果对手在上局中选择合作，那么你也采取合作；如果对手在上局中选择背叛，那么你也采取背叛作为报复。针锋相对策略的心理作用是因为它能立即对背叛施以惩罚；同时，它也是一种宽恕的策略：对于背叛，它只惩罚一次。如果对手接受教训采取合作策略，那么针锋相对策略就会马上以合作作为报答。

针锋相对策略存在的问题如下。

（1）该策略不稳定。假如对该策略进行改动，使模仿对手的行为较晚出现，你的对手很可能在你使用了针锋相对策略20轮或30轮之后才反应过来，因为他可能不知道策略实施者的意图。

（2）该策略可能使谈判陷入死循环，除非有人先意识到出了问题。连续不合作会加深双方怨恨。

四、谈判者的谈判风格——合作和非合作

（一）黑色——非合作

黑色代表的风格就是“损人利己”。在“黑白”实验的第一轮展示黑色的谈判者，选择黑

色是为了寻找一种在面对不熟悉谈判对手时能使自己遭受损失最小化的方法。可见，采取黑色是博弈参与者不得不做的选择。而在后续谈判中一直展示黑色谈判者，他们选择黑色是为了“进攻”，从其他人身上获取利益。选择黑色是因为他们铁定要那么做。后一种谈判者就是我们所说的“黑色风格”谈判者，他们是典型的竞争型谈判对手（以下简称谈手），总是强调占有别人的利益。

非合作谈判风格是普遍存在的。该类风格谈判人员常表现出咄咄逼人的气势和强硬态度，冷酷而以非常规行事。谈判者可以通过其言论中的用词、举动等来确认其黑色风格。还有一些黑色风格是伪装出来的，这种谈判者一般喜欢夸大其词来掩盖自己的弱点。谈判者的黑色伪装一旦被识破，会导致其失败。还有一种黑色风格的谈判者常选择隐藏性进攻的态度，采取不动声色的进攻方式。当然，谈判者风格有时也是一种故意释放的烟幕弹：黑色风格仅仅是一系列行动的组合，不能只根据谈判者语言和行动上的表现简单地对其归类，而应该仔细地“听其言，观其行”。

（二）白色——合作

白色，通常表达了对安宁和谐的向往，白色风格谈手更关心与对手建立起合作、诚挚的工作关系。他们是典型的合作型谈手，愿意牺牲自己的利益与对方合作。极端的白色风格谈判者往往自尊心强，需要得到对方的喜爱和欣赏，为此的代价是在谈判中可以对任何事情做出让步，甚至忘了自身利益。

事实上，黑色和白色都不是最佳的选择：黑色太过强调非合作性而占有别人的利益，而白色太过强调合作性而有时牺牲自己利益。通常情况下，大多数谈判者时而表现出合作性，时而表现为非合作性，有人把此类谈判者称为 “紫色风格”。

第五节　博弈论在谈判中的应用举例

博弈论在商务谈判中主要用于有合作意向的双方，如果双方没有合作的意向，根据博弈论，双方将无法取得各自利益最大化。下面举例进行说明。

某市新设立的经济开发区由 A、B、C、D 四块区域构成，开发区吸引了甲、乙、丙三家实力相当的房地产企业参与竞拍，负责开发区建设（假定每个公司的最大出资实力均为 4 000 万元）。三家企业在竞拍前协商达成了利益均分的原则，谈判决定采用共同认可的律师做最终裁决人，律师要求三家公司给出对四块地皮的最低预期收益报价，如表 3-10 所示。

表 3-10　甲、乙、丙三家开发企业给出的最低预期收益额

	甲（万元）	乙（万元）	丙（万元）
A	8 000	7 000	5 000
B	5 000	6 000	5 000
C	3 000	4 000	3 000
D	1 000	5 000	6 000

按照事先约定，律师根据各自公司对每块地皮的预期最低收益，将地皮给予出价最高的开发商。因此，A 片区域将由甲公司得到，B、C 将由乙公司得到，D 将由丙公司得到。然而考

虑到三家公司利益平均分配的事先约定，乙公司和丙公司共同竞拍 C 地，但丙公司不参与 C 地利益分配，乙公司未来需向丙公司支付 2 000 万元。读者考虑的问题是：这样分配公平吗？各自的利益最大吗？

由于每个公司实力相当，假定他们各自给出最低预期收益，根据各自对该地参与竞拍的最高报价的一倍得出，即如果参与竞拍，甲公司对 A 地的最终报价为 4 000 万元。那么请运用博弈论推算，如果乙公司和丙公司不合作各自收益如何？

如果乙公司和丙公司合作，由于 B、C 两地需共同支付 5 000 万元，因共同开发，则丙公司将支付乙公司 1 000 万元，未来乙公司将返还丙公司 2 000 万元。那么乙公司最终收益为 4 000 万元（6 000+4 000−4 000−2 000=4 000），丙公司最终收益为 4 000 万元(6 000+2 000−1 000−3 000=4 000)，而甲公司最终所得利益为 4 000 万元（8 000−4 000=4 000）。如果乙公司和丙公司都没有对外合作意愿，那么乙公司将获得 B 地（由于最高甲公司对 A 地出价 4 000 万元，为最高，所以甲公司获得 A 地区），丙公司将获得 D 地，那么乙公司收益为 3 000 万元（6 000−3 000=　　3 000），丙公司收益为 3 000 万元（6 000−3 000=3 000）。而如果乙公司有对外合作意愿，丙公司没有，那么乙公司会寻求与甲公司合作，那么丙公司将仍然会得到 D 地，丙公司收益为 3 000 万元，而乙公司通过与甲公司协商，将会得到 A 地，收益为 3 500 万元，甲公司将得到 B 地和 C 地，甲公司获利仍为 4 000 万元。如果丙公司有对外合作意愿，而乙公司没有对外合作意愿，乙公司将会得到 B 地（因为甲公司仍然会选择参与竞拍 A 地），乙公司收益为 3 000 万元，甲公司收益为 4 000 万元，丙公司只会得到 D 地，丙公司收益为 3 000 万元。

可见，乙公司和丙公司合作将会收益最大。

本章思考题

1．博弈论的类型有哪些？

2．沟通能有效促进合作，降低博弈困境吗？

阅读材料 3-3

谈判提示十则

提示 1：将欲取之必先予之

如果你想得到某些东西，必须学会放弃。与人交往，如果你想要生意，那么你先放弃生意。如果你看到与潜在客户事业、爱好或者兴趣相关的有价值的信息，不要犹豫，通知他们。

提示 2：卖嗞嗞声不卖牛排，卖产品的益处而不是卖产品特点

卖嗞嗞声！尽可能让潜在客户闻到香味，听到肉在炭烧上的声音，以吸引来品尝烤肉。如果你卖轮胎，不要说橡胶的厚度和钢丝的层数等，告诉他们这些安全特点如何能使汽车行驶得更加平稳安全，多谈产品的益处而不是产品特点。

提示 3：让顾客知道享受的是 VIP 服务

向顾客暗示，买你产品的顾客都是一些明智、聪明的人。顾客愿意让人们认为他们是明智的，所以他们会做那些聪明的人所做的事——购买你的产品。“许多专家/CEO/企业家/医生都买这款产品!”。

提示 4：带回家试用一下

如果产品有样品的话，就让顾客试一下。这样做有两个目的：一是你可以再来取回它们，二是有理由再次联系或者见到顾客。如果顾客肯为这件产品花费时间，他们可能会对这件产品产生依恋，他们可能也会感觉有义务购买它。

提示 5：从顾客视角来看问题

开始时，谈判者要说有前景的话题。他们认为的热点是什么？不要说："我这台计算机的运行速度要比你的计算机快 4 倍"之类的话。要说他们喜欢听的话，"您的计算机的运行速度将会提升 4 倍"，暗示他们的工作效率将会提高 4 倍。

提示 6：感觉、感受、发现

重视顾客，让他们知道你理解他们的感觉，然后让他们知道其他顾客用何种方式感受，然后告诉你的顾客异议是不真实的——为什么改变了他们的想法。"我知道你有何种感受，我认为其他的顾客也有这种感受，然后他们在使用产品之后知道之前的异议是不对的，他们实际上通过使用它获得益处。"

提示 7：提供的价值越多，价格越不重要

强调质量在其他特点之上，特别是价格。让你的顾客知道你的产品使用时间更长、需要更少维护、更耐用，等等。因为这些特点会减轻顾客的负担，从而购买你的产品，他们支付价格并获得价值。

提示 8：充分利用沟通中的停顿

当你的顾客拒绝你时，在谈判者陈述前要耐心地倾听，留有一个停顿的空间。当你在说之前有所停顿，就表明谈判者已经倾听了对方的观点，并且认可对方所说的。当你完全识别和理解了他们拒绝的原因时，再做出回应，可以更有效地解决他们担心的问题。

提示 9：不要在意他们是否购买

如果顾客一直拒绝你，只是简单地看一下产品就开始打断你的介绍。要表现出你并不想要他们来购买该产品，可以真诚地说："我很抱歉占用您的时间，但是我要说的是看来您对我们的产品和它能给您带来什么并不感兴趣。"你放弃了选择的权力。将欲予之，必先取之。当物品被拿走时，人们普遍的行为是想要更多。

提示 10：把所有的利益列出来

告诉顾客，如果他们购买商品的话，可以得到利益、权益或者产品性能。把列表做得很长、很详细，要能够吸引顾客。"除了能够得到……，你还可以得到……,和……,和……。"就像是一块一块的拼图，每一小片拼起来就是一幅大的作品。

第二篇　商务谈判惯例

无论何种类型的商务谈判，从开始准备工作，到讨价还价，直至达成协议，最后通过法律程序签订合同，总有一定的规律可循。我们将这种规律性称为商务谈判的惯例，它反映了谈判科学性的一面。本篇从实务角度论述了谈判的准备工作、谈判的过程，结合最新实践介绍了在线电子商务谈判流程，最后介绍了商务合同签订中的法律问题。本篇的目的是使商务谈判人员对谈判的完整过程有所了解，以便指导实践。

第四章

商务谈判前的准备工作

“知己知彼，百战不殆。”商务谈判的准备工作对洽谈的成败起关键性的作用。从“谈判”的字意分析，它要求谈判者“边谈边判，边判边谈”，因此谈判的准备工作贯穿谈判的始终，可以分为谈判前的准备和谈判中的准备两个环节。由于企业资源有限，谈判议题复杂，谈判前的准备应该是一个有边界的工作[①]。换言之，谈判前的准备工作要讲求效率。本章把分析的重点放在谈判前的准备环节——探知对方需求，设计己方行动上。

第一节　谈判前的探询工作

在进行正式的商务谈判前，谈判人员需要尽可能地掌握与本次谈判有关的信息，对谈判对方有一个全方位了解。不了解信息盲目地开始谈判容易造成不必要的损失。因此，在谈判开始前有必要进行一定的探询工作。

阅读材料 4-1

探询工作不充分使公司蒙受巨大损失

苏州某公司希望进入南非市场，便组团到南非进行考察。到达南非后的会面地点被安排在一个富丽堂皇的大饭店里。考察团与对方公司的经理在一个豪华会议室内见面，坐在皮椅上的对方总经理手夹雪茄，满脸自信表情，话语充满激情。他侃侃而谈公司的情况、经营方略以及公司未来的打算。总经理富有感染力的介绍深深打动了考察团成员，并认定这是一个可靠和财力雄厚的合作伙伴。考察团回国后，马上发去了价值100多万美元的货物，然而，该批货物再也没有了音信。公司经过调查发现他们掉进了一个精心设计的圈套里。那位侃侃而谈的“总经理”是当地一个演员，豪华的谈判间是临时租来的。该公司由于没有事先做好充分的探询工作，被表面现象所迷惑，使公司蒙受了重大损失。

一、探询的作用

谈判中的探询主要有两个作用：发现合作伙伴和搜集情报信息。

---

① Professor Michael Watkins and Sydney Rosen（MPA,95',Kennedy School of Goverment） prepared a class discussion for Harvard Business School. The title is Rethinking “Preparation”in Negotiation.Adapted from Business Fundamentals As Taught at the Havard Business School,Copyight 2001President and Fellows of Havard College.

在谈判者准备开展一项交易时，首先要根据标的条件寻找合作伙伴。一般情况下，有经验的商务人员都按照“货比三家”的原则来选择市场上众多的交易对象，除非此项交易所涉及的商品、技术和产权是被独家垄断的。

能否在“货比三家”中做出正确的选择，就要看情报收集的广泛性和准确性了。商务情报的概念很广泛，按照从一般到特殊的思维方法，谈判者应首先分析市场宏观环境，比如谈判对方所在地的政治、经济体制类型，法律环境，文化风俗、宗教信仰等；其次分析谈判标的物的市场销售、行业竞争状况，比如该行业的技术水平、当地的需求情况、行业竞争的现状等；最后是对谈判对方企业的了解，如对方的历史背景、经营范围、资信状况、商业信誉等。

二、探询的原则

探询工作是商务谈判中的基础工作，对于交易双方来讲探询是相互的，所以谈判者从一开始就应持谨慎态度，确保自己在探询工作中处于主动地位。在探询工作中应注意以下原则。

（一）严谨性

严谨，简要地说就是要先想后动。所谓想，就是分析任务的性质，想好探询的步骤。例如，合作伙伴的多寡、市场的大小、双方是否初次接触、时间限制是否严格等。要想清楚到哪里去探询，如何开始探询，利用什么，回避什么，如何在探询中策略行事等。把这些问题都考虑好，就可以实施己方的行动了。

行动中的严谨，是指在探询中做到冷热适当，虚实结合。在谈判桌上，“被求者身价高”是永恒不变的规律，因此在探询过程中，不要太过殷勤，不急于讨好对方，这样会直接影响谈判中“求与被求”的地位。为了使谈判者在探询的第一步处在“平等地位”，一般用公式化程序及语言进行探询。虚实结合是指探询中不能把自己的情况尤其是标的情况“和盘托出”，应留有充分的余地。在探询方式上可以曲直结合，但要以直为主，即以直接与交易人打交道为主，以减少发生误会的机会。如果无直接交易对象，也可选择中间人代为探询，但中间人要处于自己的掌控之下。

（二）亲和性

探询阶段的亲和性是指交易双方之间形成或激发的相互接近的意愿和吸引力。主要表现为探询内容和效果对双方具有吸引力。亲和性作为人格结构的五个主要因素之一在形式上表现为善解人意、周到、大方和乐于助人。在探寻的内容上表现为：如果探询的内容是不必要的，则无法采取进一步行动。效果上吸引力则表现为：交易条件客观公正，充分考虑对方利益，为人处世真诚可信。这会极大地促进谈判的深入发展。

（三）回旋性

回旋性表现为标的及交易条件的回旋。

尽管交易标的从原则上讲是不可更改的，但在探询阶段，双方可以根据自己的最终目的及供需条件做出一定的更改，以便能取得最后的成功。

交易条件代表了各方的具体利益，在探询中具有具体化与实用性两个特征。交易条件在探询中应该能够根据情况而增加、减少或做出某些改变。

三、探询的方法

探询的方法就是收集信息资料的方法，有两种方式：直接探询和间接探询。

直接探询是企业以自己的名义采用各种方式向市场上的潜在伙伴寻求友谊和合作。根据谈判内容的不同，其表现为：

（1）对于买卖类合同来说，是卖方的报盘或买方的询盘；

（2）对于引进技术方来说，可以是实地考察；

（3）对于合资合营项目，可以要求对方直接提供有关资料，如企业的注册证明、公司资产负债表、专利说明书、产品介绍资料、有关的法律等。

一般而言，直接探询比较可靠，而且可以较快地与对方建立友谊，但容易受到客观条件的限制。

间接探询是指委托中间人或代理机构向潜在客户寻求友谊和合作。不同的中间人或代理机构有不同的能力和业务范围，在选择中间人或代理机构时关键是看其信誉和能力，根据自己的具体情况适当选择，并根据其特点提出要求。

此外，对于一般性信息资料，还可通过下列方式进行探询：

（1）通过互联网进行查询；

（2）通过联合国、各国咨询和研究机构进行探询；

（3）通过我国政府或私人的经济贸易咨询调查机构查询；

（4）通过图书馆、出版物进行查询，如中国专利局设有专利馆，存有各国专利文献；各省、直辖市、自治区科技情报所也有科技资料和外国专利文献，通过上述机构可收集国内外科技资料和专利文献；

（5）通过其他方式进行探询。

阅读材料 4-2

探询帮助公司取得谈判成功

全球性质的商业谈判的谈判者在文化、信仰、习俗和商业行为等方面各不相同。如果对这些差异一无所知，那么就会导致谈判以失败告终。1986 年摩托罗拉打算进一步打开日本市场。公司决定，最好的战略是收购一家日本公司，或与日本公司形成一种合作关系。摩托罗拉把它的目标限定在三家公司。其中的两家是摩托罗拉的贸易伙伴，另一家就是它的竞争对手东芝。

摩托罗拉情报部负责人赫林和他的工作人员立即开始工作，研究日本的销售体系。赫林详细研究了三家日本公司的运作情况。得出的结论：百分之六十的合并或收购，特别是不同国别的公司之间的并购效果都不好。这并不是因为营业状况不佳，而是由于一些非商业因素在作怪；而且往往只是因为个人性格差异或是公司文化不同而造成的。这些非商业因素会造成极大的麻烦。

摩托罗拉的首席执行官、董事长及其他一些经理才是将来与日本的这三家公司直接打交道的人。问题是，他们能合得来吗？日本人主要信仰神道教和佛教。信仰问题会不会引起冲突？日本人会不会保护摩托罗拉的知识产权？赫林认为他应该先和摩托罗拉在日本分公司的经理汤姆·艾力联系一下。此人曾是 NEC 的一名主管经理。赫林请艾力谨慎地打听每一家公司情况，公司是否易于合作？是否值得信任？公司内部有没有强烈的反美情绪？他们先前与外国公司的合作结果怎样？赫林还与美国驻日大使馆的商务专员和科技专员联系，同时也通过其他美国企业了解有关情况。

经过一段时间调查，情况慢慢明朗了。那两家与摩托罗拉有贸易往来的日本公司保持着传统的日本商业文化。他们的企业主都信仰神道教，对美国人好交际的特点不屑一顾。这两家公司只扎根于自己的信仰和文化，形成了很强硬的文化障碍，不容易打破，所以他们和西方国家的公司之间根本没有良性互动关系。有一些西方的公司甚至抱怨这两家公司不能信守承诺，总是把自己藏在假面具后面。赫林认为，这两家公司的价值标准是把自己和国家放在首位的。

与此同时，东芝的消息则给人以更多希望。这家日本电子产品制造商渴望得到半导体技术，而摩托罗拉在半导体生产方面则是行家里手，所以摩托罗拉如果与东芝谈判，可以提高要价。仅仅有东芝所需要的半导体技术还是不够的，赫林觉得自己需要更多地了解东芝，特别是这家公司与其他一些美国企业的合作情况。他找到了录像带生产和资料储存行业的先锋 Ampex 公司。东芝曾与这家公司合资办企业，但最终还是失败了。令人惊讶的是，Ampex 公司的经理们说，失败的原因并不在东芝。事实上，由于 Ampex 在有关条款的履行中没有做出任何积极贡献，东芝就取而代之，替 Ampex 来完成承诺。东芝之所以做了超出自己承诺范围的事，是因为它认为协议必须得到遵守。高尔文听说此事后，立刻就下令开始与东芝谈判。但赫林的情报工作还没有就此停住。

在摩托罗拉向东芝提出了一些友好的条件、表示愿与它做一笔生意的同时，赫林对东芝的每一位谈判人员用“Myers—Briggs 指数法”[①]都做了性格分析。赫林不仅要设计问题，而且要通过精心安排的调查研究设计出各种答案。对赫林这样一个曾在中央情报局综合处理过大量情报的资深分析员而言，他清楚地知道自己不用与对方说一句话，就能对他做出准确的评估。

赫林要求摩托罗拉日本分公司的汤姆•艾力聘请一家日本法律公司对东芝做一些检查。这家总部在东京的法律公司找了一个熟人。此人认识东芝的某位经理。法律公司出钱让他请那位经理吃饭、喝酒，在饭桌上问东芝经理工作怎么样，并向他了解他对东芝董事长、副董事长以及其他一些谈判代表的看法。这名经理还透露了东芝的企业文化、商业运营、成功和失败的例子、主要职员的教育背景以及是否有职员在美国学习生活过。整个谈话过程就像是好朋友之间的闲聊。东芝的这名经理对摩托罗拉的动机完全是蒙在鼓里的。他不知道，事实上正是摩托罗拉在认真记录他所说的一切。

与此同时，在美国，赫林与公司的一些熟人也保持着密切的联系。他的一名助手找到通用电气的一位经理了解情况，因为此人曾与东芝的一位经理一起出海航行过。赫林还找到了那些东芝的经理们或者他们的家人朋友。赫林说：“此时我们已经对对方的历史有了一个基本的完全的了解。与东芝合作有许多诱人之处。其中之一是东芝的一名高级经理是一个基督教徒。这

① Myers—Briggs 指数法（MBTI）是一种迫选型、自我报告式的性格评估测试，用以衡量和描述人们在获取信息、做出决策、对待生活等方面的心理活动规律和性格类型。由美国的心理学家 Katherine Cook Briggs （1875-1968） 和她的心理学家女儿 Isabel Briggs Myers 根据瑞士著名的心理分析学家荣格的心理类型理论和她们对于人类性格差异的长期观察和研究而著成。经过了长达 50 多年的研究和发展，MBTI 已经成为了当今全球最为著名和权威的性格测试。它主要应用于职业发展、职业咨询、团队建议、婚姻教育等方面，是目前国际上应用较广的人才甄别工具。其内容包括：人的性格倾向，就象分别使用自己的两只手写字一样，都可以写出来，但惯用的那只写出的会比另一只更好。每个人都会沿着自己所属的类型发展出个人行为、技巧和态度，而每一种也都存在着自己的潜能和潜在的盲点。MBTI 倾向显示了人与人之间的差异，而这些差异产生于：他们把注意力集中在何处，从哪里获得动力（外向、内向）；他们获取信息方式（实感、直觉）；他们做决定方法（思维、情感）；他们对外在世界如何取向；通过认知的过程或判断的过程（判断、知觉）等。

令我们很吃惊。但同时它也意味着，东芝是家开放型的公司，处事不僵硬，更愿意接受西方的一些观念。”大多数日本公司很在意雇员的家庭背景。如果某位职员的出身不好，那他的事业发展不会长久。个人表现仅处于次要地位。这使得公司制定行为准则本身变得很可笑。如果你的身份不高贵，那就拿出你的忠诚，下班后就无休止地和你所在部门的同事们去拉关系吧!只有这样，你才能保住饭碗。否则，你会被你的同辈们看不起。在一个注重群体的文化中，这就无异于在炼狱里生活。但既然东芝接受了一个有着不同信仰的人参与其高层管理，那就说明东芝的文化并不是日本公司普遍存在的传统企业文化。赫林相信摩托罗拉的谈判代表会感到与东芝有着某种文化上的相通性，这也有利于谈判的顺利进行。

赫林向他的同事们提供了大量信息和故事性很强的人物分析，这也是当年他在中央情报局为关贸总协定谈判以及美苏限制战略武器会谈所做的工作。摩托罗拉的谈判代表对桌子另一端的日本同行们的情况一清二楚，知道他们的喜恶、兴趣、教育、业余爱好、家庭背景及在以往谈判中所采取的战略。所以谈判非常愉快，每个人都很放松。双方很快达成协议。

摘编自：（美）亚当·L·佩恩伯格，马克·巴里. 经济间谍探密. 史明明，文艳，译. 北京：机械工业出版社，2001.

第二节　谈判准备工作的基本内容

探询工作完成之后，还要在广泛收集信息资料的基础上进行分析研究，为将要开始的谈判做周密准备，这是关系今后谈判成败得失的基础工作。不同类型的谈判，其准备工作也各不相同，但大致可分为两方面内容：了解对方和设计己方。

一、了解对方

了解对方是一个“知彼”的过程。这个过程包括以下内容。

（一）对环境因素的分析

任何谈判都是在一定的法律制度和某一特定的政治、经济、文化影响下的社会环境中进行的，这些环境因素直接或间接影响着谈判。因此，要想制定正确的谈判计划，就要全面分析谈判者所处的环境。一次交易的成功，不仅仅是谈判本身的成功，更重要的是合同履行的成功。企业绝对不希望付出了巨大代价使谈判最终按照己方条件达成协议，但在实际履行时却因为某些客观因素的限制而成为一纸空文。因此有经验的谈判人员在谈判时决不会只考虑自己情况而不顾对方的实际情况来签约。

对谈判环境因素的分析，英国谈判专家 P. D. V·马什在其所著的《合同谈判手册》①中曾做了系统的归类，这对于商务谈判人员有很大的参考价值。我们把可能影响谈判环境的因素分为八类。

1. 政治状况

政治状况包括如下项目。

（1）国家对企业的管制程度。如果国家对企业管理程度较高，政府可能会干预谈判内容，企业的自主权则较小。

① P.D.V.Marsh　Contract Negotiation Handbook　Published by Gower Publishing Company Limited,England,1984.

（2）国家对企业的管制是如何操作的，是中央集权还是地方分治；谈判还会涉及哪些权力机构。

（3）当局政府的稳定性如何，政府与谈判双方的政治关系如何，如果是项目谈判，则项目“上马”期间政局是否变动。

（4）该国对此谈判项目是否有政治兴趣，如果有，程度如何；哪些领导人对此项目感兴趣，他们的权力如何。

（5）该国有无类似的下列情况：在房间里安装窃听器、偷听电话、暗录谈话内容，或用男女关系来诬陷某人。

2. 宗教信仰

宗教信仰对人们的思想行为是有直接影响的，因此，在谈判前了解对方时要清楚该国占主导地位的宗教信仰是什么。除此之外，该国的宗教信仰是否对下列事务产生重大影响：政治，法律制度，国别政策，社会交往与个人行为，不同国籍、信仰、党派人员出入境，节假日与工作时间。

3. 法律制度

法律制度包括如下项目。

（1）该国法律制度如何，是根据哪个法律体系制定的。

（2）它是否限定合同必须受购货人本国的法律约束。

（3）在现实生活中，法律执行程度如何；对执行国外的法律仲裁判决有什么程序。

（4）法院与司法部门对执行者的独立性如何；契约人对司法部门的影响如何。

（5）法院受理案件的时间长短如何；执行法院判决的措施是什么。

（6）该国的法律是否禁止本国商人在谈判中达成让步或妥协的协议；是否限定企业中那些有权签订和修改合约的领导人的权力范围。

（7）当地是否有可靠律师。

（8）有关就业和社会治安的法律情况怎样，法律的条文是如何适用外国人的；为了在当地顺利执行合同，是否有必要在当地成立自己的公司。

4. 商业做法

商业做法包括如下项目。

（1）该国商业通常是如何经营的，是主要由各公司负责人经营（如阿拉伯），还是公司各级人员均可参与（如日本）。

（2）是否任何协议必须见诸文字，合同具有何等重要的意义。

（3）正式谈判场合是不是只为双方的领导而安排的，其他的出席成员是否只有在问及具体问题时才能回答。

（4）有无工业间谍活动，应如何小心保存机要文件。

（5）在业务活动中是否有贿赂现象。如有，方式如何，起码的条件是什么。

（6）一个项目是否可以同时与几家谈判，以选择最优惠的条件达成交易；可以保证交易成功的关键因素是什么，是否只是价格问题。

（7）业务谈判的常用语种是什么；如用当地语言，有无可靠的翻译，合同文件是否可用两种语言来表示，它们能否有同等的法律效力。

（8）谈判者是直接与进口代理商谈还是直接与厂商谈。

5. 社会习俗

社会习俗包括如下项目。

（1）在衣着、称呼方面，什么是合乎社会规范的标准；是不是只能在工作时间谈业务；业余时间，如吃饭、娱乐时是否也能谈业务。

（2）女性在商业活动中处于何种地位。

（3）送礼的方式、礼品的内容有什么习俗。

（4）人们如何看待荣誉、名声等问题；当地人民是否可公开谈论政治、宗教等话题；妇女是否参与经营业务，如参与是否与男子享有同等的权力。

6. 财政金融情况

财政金融情况包括如下项目。

（1）该国开放度如何，是否与他国签订自由贸易协定或投资协定。

（2）该国的外汇储备如何，他们主要是依靠哪些产品赚取外汇的。

（3）该国在国际支付方面信誉如何，是否有延期情况，是否能开出在出口国可保兑信用证。

（4）该国货币是否可自由兑换。

（5）要取得外汇付款，需经过中央银行和财政部的哪些环节。

（6）适用的税法是什么；该国是否签订过避免双重征税的协议，与哪些国家签订，契约人是否需缴纳其他税收。

（7）外籍职员是否在必须缴纳所得税后才可将外汇汇出境外。

（8）在征收关税方面有何规定，该合同是否可免税。

7. 基础设施与后勤供应系统

基础设施与后勤供应系统包括如下项目。

（1）该国人力、物力、财力情况如何。

（2）在聘用外籍工人、引进原材料、引进设备等方面有无限制。

（3）当地的运输条件如何。

（4）该国的邮电通信状况如何。

8. 气候因素

气候因素包括季节温度、潮湿状况、冬季冰雪霜冻情况，是否多火山地震。

在进行环境因素分析时，应先从上述因素中挑选出影响具体谈判的因素，并进一步了解这些因素对谈判的影响程度。同时要注意已有的信息资料是否具有客观性和真实性。这就应当分析一下信息资料是否在下面几种情况下获得的：提供信息的人可能对谈判感兴趣，因此他提供的信息大部分都是有利于谈判的，而只字不提不利因素；有些人为了不失面子，就不懂装懂地做出回答；有些人的消息来源本身就不可靠。如果发现信息是在这几种情况下得来的，就要大大降低他们的参考价值，以免使自己对谈判有不正确的认识。

（二）对对方资信情况的调查

对谈判对手资信情况的调查是谈判前准备工作的重要环节。了解对手的情况，以防止在交易中上当受骗。在我国商务谈判中频频发生受骗案，均是因为业务人员事先没有充分了解对方的资信情况而轻信他们的花言巧语，以至于货、款两空，造成不应有的损失。对对方资信情况的调查主要包括以下内容。

1. 对客户的合法资格的审查

对客户的合法资格审查时，既要审查客商的法人资格，又要对前来谈判的客商的资本信用和履约能力进行审查。

2. 对谈判对方的资信情况的审查

审查对方的资信，主要是审查对方的资本和商业信誉。对谈判对方资本审查主要是审查对方的注册资本、资产负债表、收支情况、营运状况和资金状况等；对信誉的审查主要是调查该公司的经营历史、经营作风、银行信誉、在以往交易中的商业信誉、是否无保留地信守合同等。通过对对方的资信审查，可以得知对手是否具有基本的履约能力，如果对手的资信状况较差，那么所签订的协议就是无保障的协议，谈判者必将会遭受巨大损失。全面掌握对方的资信情况，有助于谈判人员保持头脑清醒。对于调查中发现资信状况不佳的对手，在谈判中要严谨细致，不放过任何一个细节。

3. 对谈判对方的资信调查问题示例

- 谈判对方从事这一业务有多久？
- 对方公司的属性？有限公司、有限责任公司、有限责任合伙独资企业还是其他类型？
- 谈判对方的年销售额是多少？
- 谈判对方企业有多少名员工？
- 谈判对方有无与其他公司有业务来往？请提供其他公司信息作参考。
- 谈判对方企业至今有无未解决的判决？
- 谈判对方企业管理层有哪些人？
- 谈判对方企业是否另一家公司的附属公司？

对以上问题的回答可以帮助谈判人员更好地了解客户。

（三）对对方谈判意图的分析

为了取得谈判成果，了解对方真实意图十分重要。了解对方的谈判意图，有助于设计自己的谈判行动，使自己的行动在谈判中更具有针对性，更加主动有效。

1. 了解对方的谈判目的

了解对方的谈判目的就是了解他们为什么要进行这次谈判：是因为遇到了困难，急于通过谈判得到某种解脱；还是故作姿态。了解了对方的目的能使我们在谈判前，针对对方的目的加以评价，从而选择合理对策应对。对于上述两种原因，如果是前者，我们可以抓住时机，运用正确的策略技巧，在谈判中取得更大的利益；而对于后者，需要进一步了解，充分把握其实际目的，以免落入圈套。

笔者曾与一位上市公司总经理谈论起这个话题，他以亲身经历做了说明："我公司曾与某国外企业谈合作事宜，谈判进行了 2 年时间，最终没有达成协议。"笔者问及何种原因时，他毫不掩饰地告诉我，"若达成协议，上级主管部门没有明确我们管理层的去向，与其不知道自己未来的位置，不如保有现在的职位。"

2. 了解对方对此次谈判重要程度的认识

这主要通过以下两种方式了解。

（1）看对方是否将你视做唯一的谈判对手。如果是对方唯一的谈判对手，显然对方重视与你的谈判；如果不是，那你就处于不利的地位，如果你希望促成这次谈判，那就需要在谈判中向对方充分显示你的实力和能力，让对方提高对此谈判的重视程度，从而达成最终协议。

（2）看对方参加谈判人员的权限。一般情况下，参加谈判的人员级别越高、权力越大，对谈判的重视程度也就越高。如果对方的谈判人员级别较低，应了解这些人是否得到了授权，他们能在多大程度上独立地做出决定。谈判人员应当切记一个原则：在任何情况下不要同一个没有任何决定权的人谈判。当然也要知道，没有人有完全的权力；只是期望谈判人员有“拍板”的权力，在做出承诺后能尽他的权力去履行。正如以色列前总理贝京在签订中东和平条约时，对卡特总统说：“我没有决定国会确切履行的权力，但我保证如果以色列国会不批准这项协定的话，我就辞职。”

3. 了解对方所占据的立场，指出其允诺的条件具有的优缺点

谈判者需要清楚知道一点：你所想的，你的对手也有这种想法。许多谈判者总认为自己的立场是正确的，提出的条件是合乎情理的，这本身似乎没有错，但问题在于你的对手是否也这么想。如果你坚持自己的立场，不承认对方的立场及条款也有一定合理性，最终就不能达成协议。

一个优秀的谈判者在谈判前会做好必要的准备，承认对方所持立场的优点或合理性。对于其中不合理的地方应礼貌地指出，要求对方予以更正。我们可以看一个推销员的例子：一个推销员遇见一个久攻不下的买主，思索良久后他再次上门对买主说：“我知道您是个很有主见的人，对于我的推销您一定会有不少异议。”一边说着，一边将事先准备好的36张纸卡摊在买主面前，“请随便抽出一张来。”买主从中随手抽出一张卡片，上面写的正是一条异议，当买主把36张卡片一一读完后，推销员说到；“请把纸反过来读一下。”买主发现每张异议的背后都标明了对异议的驳斥和辩解。买主忍不住笑起来，提笔写道：“我认了，开价吧。”

阅读材料 4-3

一张照片关系中东和平谈判的进程

1978年，卡特总统邀请埃及总统萨达特和以色列总理贝京在美国戴维营举行谈判，直到会谈的第13天，贝京还是不同意签署和平协议，谈判无果而终。此时，卡特总统作为调停者，采取了后来被证明起到关键作用的两个步骤。首先，他重新起草了一份会谈纲要，在未对主要内容做实质性变动的前提下删除了一些棘手的细节。然后，他在三位领导人的纪念合影照片背面签上自己的名字，准备送给贝京，因为贝京提过他的孙子们想要美国总统的签名照片。卡特的秘书苏珊提议由她去搞清楚贝京的几个孙子的姓名，这样就可以在每张照片上写明这张照片是送给谁了。然后卡特就带着会谈纲要和照片去拜访贝京，并在贝京住所的走廊上将照片交给他。贝京把照片翻过来看，发现最上面的那张照片背后写着他孙女的名字。他大声地读了出来，然后一张张地翻看着每张照片，把孙子们的名字也读了出来。他的嘴唇颤抖着，眼中涌出了泪水。贝京向卡特介绍了每个孩子的一些情况。随后二人花了几分钟时间，心平气和地谈到子孙后代和战争问题，彼此都很动情。卡特把修改后的会谈纲要留给贝京。随后，他去找萨达特。他们正在交谈的时候，贝京打电话过来说他已经改变了主意，准备推进和平进程。

二、设计己方

对对方进行充分了解后，就要将彼我双方情况完整地摆在参加谈判小组面前讨论己方的谈判方案。设计己方的行动时应遵循两个原则：一是知头知尾；二是通晓过渡。

1. 知头知尾

所谓“知头知尾”是指确定谈判的起点和终点都应符合彼此的状况，具有可行性。确定起始点就是确定谈判应从哪里开始，谈判价格这个核心问题该如何引出，是从技术条件中引出，还是从合同有关条款中引出。好的开端是成功的一半，能否开好头对于双方在谈判中的态度、信心有很大作用。除了设计开头，谈判人员还要设计自己的落脚点——谈判结局。一个成功的谈判，其结局可能会有利于己而不利于彼，或于彼此都有利。谈判人员在准备阶段就应该把所有的情况都设计好。

2. 通晓过渡

任何一种“头”与“尾”都有其存在的必要性。谈判人员要掌握好各种说理的资料与技术，以便应对谈判交锋中出现的变化，保证谈判顺利的由“头”过渡到“尾”，这便是“通晓过渡”。做到“通晓过渡”就要研究好各种过渡手段。过渡手段大致包括软硬两类：软手段是指谈判中的战略战术，而硬手段则是交易条件中处理“争与让”的分寸。例如：采取低调谈判气氛故意使对手受到“冷遇”，掩盖自己成交的热情。如果在谈判中将交易条件从报出的10万元让到9万、8万或反过来针对报出的10万，还出6万的价就是硬手段。

设计己方工作的内容主要有：确定谈判目标、制定谈判计划、选定谈判小组成员、做好谈判所需的行政事务准备、进行模拟谈判并拟订谈判替代方案等。有关的具体做法及注意原则在以下各节的叙述中。

三、决定谈判双方优劣地位及力量的原则和基础

（一）决定谈判双方的优劣地位及力量的原则

1. 按实际情况而定

任何谈判一方的地位和力量并无绝对的优势或劣势，往往需要根据双方具有的各种条件而定。一般而言，虽然有买方市场和卖方市场的区别，然而往往是主、客观条件的结合起决定作用。

2. 不限于实际力量

虽然谈判本身的实力是决定其地位与力量的重要因素，但并非是唯一的因素。决定其优劣地位及力量的最重要条件是如何充分地发挥自己的实力。

3. 地位及力量受当时环境的限制

虽然谈判者的地位和力量在谈判开始前已有基础，但谈判环境也会在一定程度上限制或影响谈判的地位和力量。因此，如何维持主动的地位和有利的条件，将在很大程度上决定着优势和力量。谈判者的地位及力量往往分为“动”和“静”两种。以实际行动提高自己的优势地位固然重要，但也不可忽视“静”的力量。

4. 尽量发挥优势和力量

如果不充分发挥已有的优势和力量，使其无形中受到限制，有时反而会使优势沦为劣势。因此，在可能的范围之内，要尽量发挥自己的优势和力量。

当谈判双方都极力提高自己的优势地位时，过于强调以优势压人，就会产生反效果，致使谈判破裂。因此，要针对谈判态势，适时调整自己的谈判技巧，以减少谈判破裂的危险。

（二）优势地位及力量的基础

确定谈判者的优势地位及力量的要素，可分别用有形和无形的、主观和客观的因素进行分析。主要包括以下因素。

1. 企业规模和在行业中所处的地位

谈判者所代表的企业规模大小及其在同行业中的地位高低、力量强弱是确定其地位和力量的重要因素。

2. 代价

所谓代价，既有目前的代价和利益，也有牺牲眼前利益获取将来利益，或者恰恰相反。因此，就代价与牺牲做适当衡量，也是确定谈判优势和力量的重要因素。

3. 合法性与合理性

凡是有关法律的事项，必须在合法性基础上加以解决，不能仅凭当事人的意志任意地决定地位的优劣或力量的强弱。同时，当事人的见解与主张也受到合理性的制约。例如应用国际惯例作为合理性的依据等。

4. 诚实和信用

商务交往应以诚实和信用为基础。谈判双方之间如果缺乏诚实和信用，即使在谈判中占据优势，取得了对自己有利的结果，也会在履行中发生种种人为的问题和障碍。因此，当事人必须基于长期诚实和信用的立场，确定地位及力量。

5. 智慧与能力

谈判往往是双方智慧与能力的较量，因此，谈判者的智慧与能力的高低将极大地影响其在谈判中的地位和力量。

6. 竞争性与风险性

如果谈判双方中有一方居于垄断性的地位，那么这一方当然具有相当的优势。对于双方来讲，竞争很激烈，那么双方的地位与力量将会处于比较平衡的情况。另一方面，人人都具有逃避风险的本性，因此，在商务谈判中，如果能就对方所不了解的事项，突出地强调其风险性，将会有助于提高自己的谈判地位及力量。

所以，善于运用竞争性和风险性是谈判的智慧、能力与技巧的体现。

7. 时间与耐性

时间可以解决一切，而耐性可以使时间产生有利的地位和力量。时间因素是商务谈判人员应充分考虑的一个因素。在谈判中要争取足够的时间，具有高度的耐性，以便运用各种因素来发挥谈判的优势地位及力量。总之，在商务谈判中，要注意的要点很多，但归纳起来，大致有“5P3S”。所谓“5P”就是指计划（Planing）、准备（Preparation）、表现力（Presentation）、耐力（Patience）以及品质（Personality）五项。至于“3S”，是指策略（Strategy）、速度（Speed）以及力量（Strength）三者。其中，策略、计划及准备这三者为谈判进行之前的要项，而其余五项则是谈判进行过程之中所应具备的要素。

第三节 谈判计划的拟订

商务谈判是一项复杂工作，谈判桌上形势复杂多变。要想在谈判中取得主动地位，就需要事先制订出完备的谈判计划。谈判计划是谈判人员在谈判前预先对谈判目标的具体内容和步骤所做的安排，是谈判者行动的指针和方向，也是整个谈判活动的行动纲领。谈判计划的制订建立在对谈判环境因素分析、对谈判对手情况的了解和对谈判双方实力正确估计的基础上。其主要内容是确定谈判的主题、目标及基本策略。谈判计划有狭义和广义之分。狭义的计划又称静态计划，就是谈判前制订的计划；广义的计划又称动态计划，就是在狭义基础上根据实际的谈判过程，不断修订和调整自己的计划。本节分析的是狭义的计划制订。

一、谈判计划的要求

（一）简明合理

商务谈判要具有一定的合理性，必须建立在周密细致的调查分析基础上，能对谈判人员起到指导作用。同时，谈判计划要简单明了，突出重点，尽量使谈判人员准确把握主要问题。

（二）具体可行

谈判计划既要简明扼要，也要具有一定的可行性，这样才会起到指导行动的作用。计划内容要具体，不要有过多的描绘性语言，不要过于空泛和抽象，内容具体才便于在谈判中操作运用，但是应避免面面俱到。

谈判计划只是谈判前己方的主观设想，不可能把影响谈判过程的各种随机因素都估计在内，而谈判过程中各种情况都可能出现，要使谈判人员在复杂多变的形势中取得理想的结果，谈判计划就应该具有灵活性。

二、确定谈判目标和主题

（一）谈判目标体系

谈判的议题就是谈判要解决的主要问题，谈判目标则是谈判主题的具体化。谈判都要围绕主题和目标进行，比如一次谈判的主题可以是“以最优惠的条件引进某项技术”，而谈判目标则是要争取到什么样的条件。因此在谈判计划中，谈判目标需要根据谈判主题具体制定。没有目标的谈判可能会造成己方让步太大而无回旋的余地，谈判者内部意见不统一。要注意的是，对于谈判目标要严格保密，除参加谈判的己方人员外，决不能透露给其他人。

谈判目标因谈判的具体内容和要求的不同而不同。谈判性质不同，谈判者的目标不同。

按照目标层次不同，可分为最佳期望目标、实际可行目标、可交易目标和最低目标。

1. 最佳期望目标

最佳期望目标是一种理想目标，也可以说是一种最优期望目标。但是己方的最佳期望目标可能为对方最不愿接受的条件。它一般是可望而不可即的，很少有实现的可能性。尽管如此，确立最佳期望目标还是有必要的，它会激励谈判人员尽最大努力去实现最佳期望目标。

诚实的谈判者一开始就推出他实际想达到的目标，但是结果可能永远达不到这个目标。以货物买卖为例，卖方实际想以 50 万元成交，谈判开始，他可能报价 80 万元，这 80 万元就是最佳期望目标，这个数字比他的实际目标多 30 万元。显然，除非卖方具有绝对的优势，否则买方绝不可能完全接受这 80 万元的报价的。买方完全可能根据了解的信息或者明知对方的底价是 50 万元，为了使谈判进行下去，使主动权掌握在自己手里，就故意压低对方的报价，只同意出 30 万元。如此几经交锋，双方列举各种理由予以论证，谈判结果可能既不是 80 万元，也不是 30 万元，而是 50 万元左右。

如果一开始卖方不报出 80 万元，或买方不还价 30 万元，谈判有可能谈不起来。为什么在谈判中形成这种习惯，原因极为复杂，涉及心理、信誉、利益，乃至习惯等因素。所以在谈判中，为了取得更好的谈判结果，谈判一方必须要有自己的最佳期望目标。常言道："只有想不到，没有做不到"，这句话也在一定程度上说明人们选择初始开盘价高的原因。需要说明的是，最佳期望目标也不是绝对就达不到。当一方处于绝对有利位置时，就可能达成，只是这种情况很少见。

2. 实际可行目标

实际可行目标是谈判各方根据主客观因素，考虑到各方面情况，经过科学论证、测算后所确立的谈判目标。这是谈判者努力要达到的目标。实际目标也可以说是谈判一方的底盘。如上例中，以 50 万元成交就是买方所要达到的实际目标。

在谈判中，实际目标通过努力是可以实现的。实际可行目标通常在谈判过程中的某个微妙阶段才提出；此目标关系到谈判方要达成的经济利益，因此，对谈判者有强烈的驱动力；实际目标一般是当谈判对手在谈判中挑明时，己方应抓住火候，"见好就收"。

3. 可交易目标

可交易目标介于实际可行目标和最低目标之间。这类目标在谈判时有较大的谈判余地。它不是硬性目标，但却非常重要。谈判能力的高低在很大程度上体现在交易目标的实现上。建立交易目标的用意如下。

（1）在谈判中起到交易作用。换言之，这类目标的提出和放弃，是为了换取更高级目标的实现。谈判者扔掉它不会带来任何实质性的经济损失。

（2）这类目标在谈判中具有迷惑对手的作用。有时它使对手产生错觉，以为它是最主要的目标，但实际要达到的却是其他目标。

对己方来讲，交易目标绝对不是反映你所要追求的主要目标。交易目标的确定是非常不容易的，定位不准就可能鸡飞蛋打，结果没有迷惑了对手反倒把自己给迷惑了。对此，应慎之又慎。

4. 最低目标

最低目标是谈判方必须要达到的目标，如果这一目标不能实现，那么只能退出谈判。最低目标和最佳期望目标存在必然的内在联系。在商务谈判中，一开始要价很高，往往提出的是最佳期望目标，这是一种策略，目的是保护谈判者的最低目标。然后通过对最佳期望目标的反复讨价还价，最终达到一个超过最低目标的目标。如果没有一个最低目标作为心理安慰，一味追求最高目标，往往会使谈判僵化，不利于谈判的进程，也不利己方谈判小组人员心理、行为的稳定。

以上述货物买卖为例，则以上四种目标可以表述为：

最佳期望目标是 80 万；

实际目标是 50 万；

交易目标是 40～50 万；

最低目标是 40 万。

以上四个目标相互联系，各有各的作用。最低目标是谈判者为所要达到的最低利益而明确划定的限值。实际可行目标介于最高目标和交易目标之间。交易目标在目标值上可能与其他目标没有很大的可比性，但存在一定的互补性。因此，企业在确立谈判目标时，一定要在谈判前根据实际情况认真规划设计。

（二）确立目标的程序

谈判目标的确立过程是一个不断优化的过程。一般要经过以下几个阶段。

1. 信息收集并分析谈判形势

要确立有针对性的谈判目标，必须对谈判双方的实力关系进行充分的分析判断。对谈判形势的判断可从以下方面进行。

（1）信息。实力来源于信息，谈判者掌握的信息越多，他的力量就越强大。俗话所言：知识引人敬重，敬重转化为力量。

（2）支付能力。实力与货币支付能力大小最为密切。如果买主身无分文，就根本没有履约能力。

（3）声誉。实力来源于谈判者的声誉。一个声誉好、交易公正、关心他人的谈判者形象本身就是一种优势，就是成功的象征。

（4）利益对比。实力存在于双方利益的动态对比之中。如果谈判一方能对另一方构成利益威胁，就说明它具有实力。一方能否打动另一方，尤其要依赖于一方对另一方真正利益所在的认识、理解和兼顾。

（5）价值观念。实力受到社会价值观念的制约。每个组织都有自己的法律体系、文明习惯和道德风俗，精通此道的人具有实力。

（6）实力受市场环境和竞争条件的影响。市场竞争使买卖双方力量的对比发生变化。卖主之间的竞争使买者实力增强，买主之间的竞争使卖者实力有所增强。

（7）安全感。实力与安全感相关联。只有使一方感到与对方成交是可靠的和确定的时候，另一方才有实力可言。如果一方总给人以不确定的感觉，他就显示不出自己的力量。

（8）谈判能力。实力来源于双方谈判能力的对比，如果双方谈判能力相差很大，一方的能力和实力都会成倍增加或减少。

（9）地位。实力也可能来源于谈判者的地位和级别。在关键的谈判中，级别较高的谈判者出面会起到较好的作用。

（10）关系。实力同样与双方关系有联系。

最后要强调一点，由于环境变化，必须采用动态方法不断地对实力和形势进行再评价和再判断。只有这样才能确立真正具有针对性的谈判目标。

2. 制定初步可行性目标

在广泛收集各种谈判信息并对谈判双方的实力进行分析的基础上，可先由企业领导提出一个主观色彩较浓的目标；接着，谈判人员结合实际情况对此目标进行可行性分析，提出存在的问题和可能造成影响的诸因素，对领导提出的主观目标进行修订、补充，制定出初步可行性目标。

3. 确立最终谈判目标

在可行性分析的基础上，谈判人员对可行性目标进行讨论研究和修改，最终制定出谈判目标。对于较为复杂的谈判项目，在讨论确定最终目标之后，往往还需要与对方进行探索性的会谈，在取得信息反馈之后，再做进一步修改，形成正式的谈判目标体系。

三、拟订谈判的议程

谈判议程就是议事日程，它的确定和安排本身就是一种谈判战术，因而对双方都有十分重要的意义。谈判议程包括两方面的内容：一是谈判议题，即双方在各个阶段将就哪些问题展开讨论；二是谈判日程，即议题展开的先后顺序与讨论的时间。

（一）确定议题

谈判议题就是谈判双方提出将要讨论的各种问题。这项工作的第一步是将与本次谈判有关的所有问题罗列出来。努力把对本方有利的问题列入谈判的议题，而把不利的议题排除在外，或者也可将那些对本方不利但危害还不大的问题列入。例如，在技术转让谈判中，有时转让方把接受方在技术使用、产品的销售与技术转让费和支付等方面的问题列入谈判议题，与此同时，转让方却避免将其应承担的责任，像技术保证条款等列入议题，目的是在谈判中逃避责任。

（二）谈判议题的时间安排

谈判议题的时间安排包括议题的先后顺序和谈判时间的长短。

对于谈判议题顺序的安排主要有三种：第一种是先易后难，即先讨论不太重要、容易达成一致的议题，以便为整个谈判营造友好的气氛；第二种是先难后易，即先集中精力解决重点和难点问题，以主带次；第三种是混合型，不分主次先后，把所有要解决的问题都提出来讨论，经过一段时间后将已达成共识的挑选出来，继续讨论未解决的问题，从而最终达成一致。无论采取哪种方式，谈判者都要牢记一个原则：将对本方有利、本方想要得到而对方又可能做出让步的议题放在前面讨论，并尽可能多安排一点时间；而对本方不利且也有可能做出让步的议题放到后面讨论。这样可使自己处于主动地位。当然，谈判的议程往往由双方协商而定；同时谈判议题安排应和前文提及的横向谈判和纵向谈判联系在一起考虑。

对于谈判时间安排本身也是一种谈判战术，在时间安排上可以速战速决；也可以拖延时间，尤其是当谈判对手急于成交、表现急躁时，故意放慢谈判节奏，往往会收到意外的好效果。

己方的谈判期限要绝对保密，如果对方摸清己方的谈判期限，可能会在时间上用各种方法拖延，一直到谈判期限快要临近时才开始谈正题，这样会迫使己方为急于结束谈判而匆忙接受不理想的谈判结果。

阅读材料 4-4

美国谈判专家在日本的经历

美国谈判专家赫伯·科恩一次去东京与日本人谈判。

赫伯高兴异常，他对自己说道：“神赐福予我，我要轻松赢取日本人。”

一周后，赫伯坐在飞往东京的飞机上，准备参加一次为期十四天的会议，他带了一大堆分析日本文化背景和心理的书籍，并且告诉自己：“我要好好地大干一场。”

飞机在东京着陆后。出关前，两位彬彬有礼的日本谈判人员笑容可掬地欢迎他，赫伯很满意他们的态度。

两个日本人协助他通过海关，然后引赫伯坐入一辆豪华的礼车。赫伯舒服地靠在轿车后面的丝绒椅背上，他们则僵硬地坐在两张折叠凳子上。赫伯对坐在拥挤地前座中的日本人说道：“后面宽敞得很，你们为什么不一块儿坐在后面?”

他们答道：“噢不，像您这么有地位的人，来参加这种重要的会议，显然您必须好好休息。”赫伯对他们的回答感到非常满意。

车子在行驶当中，一位接待赫伯的人说：“最近东京去美国的机票十分紧张，你回去的时间确定了吗？是否已经订好了回程的机票?”

赫伯心想：他们真是善解人意。伸手到口袋中拿出机票并让他们看清行程。但他却没有想到，日本人知道了赫伯谈判的截止时间，而赫伯却不知道他们的截止时间。

日本人没有立刻开始谈判，他们先安排赫伯参观并经历了日本礼仪及文化。一个多星期，赫伯忙碌地参观各地，由皇宫到京都的神社全都看遍了，甚至更安排了一项英文讲授的课程来说明日本人的信仰。

每天晚上有四个半小时，他们让赫伯坐在硬地板的软垫上，享受着传统的晚宴款待。每当赫伯提到何时开始谈判时，日本人总是答道：“噢，有的是时间啊！”

会议终于在第十二天开始，但是必须提早结束才不会耽误十八点的高尔夫球。第十三天，会议也必须提早结束以便参加为赫伯举办的欢送会。最后，第十四天的早上，终于渐渐谈到重点，正当赫伯要提出意见之时，接赫伯去机场的汽车已然到达，大家挤在车内一路继续谈判。就在礼汽车抵达终点刹车之时，他们完成了这笔交易的谈判。

回国之后许多年，当赫伯的老板提起这件事时总是说“这是日本人自偷袭珍珠港事件后最大的一次收获。”

为什么会有这样的结果？就因为日方探知了赫伯的谈判期限。他们不做任何妥协，摸准了赫伯不愿空手而回的心理，这就是赫伯谈判失败的主要原因。

四、选定谈判的基本方针

（一）三种可供选择的谈判方针

在第一章我们举了“分苹果的两种方法”的例子，第一种分苹果的方法是一个孩子先切苹果，另一个孩子获得先挑选的权利。这种分苹果的方法体现了谈判双方所持的原则是谈判中既不想多得，但也绝对不能少得。我们把这种分苹果方法所体现出的谈判方针称之为“谋求一致”的谈判方针。谈判者采用此方针的前提条件是双方对谈判信息的占有是对称的，或者几乎对称。

另一种分苹果方法所体现的谈判方针称之为“皆大欢喜”。实际上，在生活中我们常常有这种体验，某同学在商场买了一件衣物，拿回家或宿舍会询问家人和同学对这件衣服的评价，等家人或舍友评价完，你会让他们估计衣物的价格。当家人说这件衣物值380元时，你兴奋并惊讶地告诉她们，你花整整一个上午时间和卖衣服的老板谈判，最后以180元买下来的。你在讲述这次谈判经历时内心充满了以下几种感觉：获胜感、获益感、来之不易的感觉。

试问，你的这种感觉是谁给你的？

是卖衣物的店主给你的。

相对于衣物店的店主而言，买衣物的同学可能对服装加工工艺、面料、成本等信息了解的少一些。正是谈判双方信息不对称使得衣物店的店主与你谈判时通过高的初始报价、艰苦的谈判过程让你有了这些感觉。

不难发现，衣物店的店主使用了“皆大欢喜”的谈判方针。

此外，还有第三种分苹果的方法。两个人分苹果都希望获得较大的一块苹果，如何分？看谁的拳头厉害。谁的力气大谁可以把整个苹果占为己有。占为己有的谈判者是在使用“以战取胜”的谈判方针。何时使用“以战取胜”的方针？往往在一方占据绝对优势或垄断地位时。当然，商务谈判中应尽量避免使用该方针，因为一旦使用，不利于将来双方关系的维持。

（二）赢得个人信誉是谈判方针实施的关键

1. 确立个人信誉

个人信誉是取得谈判成功的最重要品质。可信谈判者的一般品质表现为：充满信心、表情轻松；做事不浮躁，不傲慢无理；事先进行充分的准备与组织，精明干练而不自以为是；见多识广；做人、做事诚实、认真，能言行一致。

2. 信用产生与维持

当谈判者符合下列情况时，往往会对对方产生信任：对方为自己所熟悉；对方依赖己方；对方在过去的交往中表现出合作与信任；对方能用果断明确的行为与己方交往；对方在谈判议题上有一定的灵活性，愿意为共同解决问题做出努力。

谈判者可通过发展人际关系来建立信誉。人际关系可用于信任的产生，当谈判对方是由谈判者尊重的第三人推荐时，往往会使谈判者产生更多信任。

谈判者可通过使对方与自己认同而赢得信誉。认同是指按其他组织或个人的举止与规范调整你的行为。人们一般总是希望自己表现得专业，然而另一些行为例如同情和理解或许更有助于产生认同。从同情中培养认同的原则是：

① 心对方切身利益胜过关心其所持观点；

②按客观的价值标准或公平的尺度考虑对方的利益；

③不要涉及私人问题。

消极认同会导致失信。不注意公平的人很难得到别人信赖。

3. 针对“信任我”的谈判者的对策

在初次交往中，有的谈判者口头表示自己是诚实的谈判者，对方应当信任自己。对此口头承诺是需要通过时间来进行验证的。如果碰到这样的谈判者应首先指出书面协议的必要性，并说明书面协议的成立不应附带任何独立的、无论其源于何处的口头条件；其次，指出核查对方信息来源的必要性；第三，把人与事分开，减少冲突，并举出常规的做法。

第四节　谈判的组织管理工作

谈判的组织与管理是一项复杂而琐碎的工作，它关系谈判能否顺利进行，关系谈判计划与策略能否成功实施。因此谈判者须付出相当的精力做好这项工作。谈判的组织管理工作主要有以下几项：组建谈判小组，选择谈判地点，有关物质条件的准备，信息的传递与联络工作等。

一、组建谈判小组

谈判小组作用的发挥取决于队伍中各有专长的人员之间通力合作，所以一个谈判队伍的组成必须具备两个条件：一是谈判人员具有良好的专业知识，能迅速有效地解决谈判中可能出现的任何问题；二是参加谈判的人员之间能求同存异，关系融洽。谈判小组要做到精干有力就必须规模适当，人选合适。谈判小组的素质如何，对谈判的结果和成功有着决定性的作用。在组织谈判小组时，主要考虑谈判小组的规模和谈判人员的分工。

（一）谈判小组的规模

谈判小组的规模多大才合适，并没有统一的规定，应视具体情况而定。小组谈判的人数不是越多越好，人员过多不好管理，容易出现漏洞被对方钻空子的局面。因此出于工作效率和管理幅度等综合因素，谈判小组保持在3～5人左右效果最佳。

（二）谈判小组的人员构成和分工

谈判小组人员的构成是一门学问。按照人员的专业特长分：工程技术人员负责技术性条款的谈判；商务人员负责价格、交货、风险划分、支付条件等条款的谈判；法律人员负责合同条款的法律界定，草拟合同文本；语言翻译人员负责翻译工作。

挑选出合适的人员组成谈判小组后，还要在内部进行适当的分工。谈判小组内部成员的分工就是要使谈判时相互协调。从分工的层次看，谈判人员分为主谈人和辅谈人。主谈人一般是谈判小组的领导人或首席代表。主谈人的职责是负责组织召集会议，确定谈判目标、控制谈判进程、做出开场陈述、进行议程谈判、听取专业人员建议，保证谈判的合理性、协调谈判班子意见、决定重要事项、代表己方在合同上签字、就谈判结果向上级汇报。

对主谈人的要求有：思维敏捷、口齿伶俐，知识、经验丰富；能从复杂谈判中抓住重点，掌握主动权；能运用科学的逻辑与推理与对方交流，并说服对方接受己方方案；能统率全军，团结大家。

辅谈人是除主谈人外的谈判人员，包括技术人员和财务人员。技术人员的职责是阐明己方参加谈判的技术条件，弄清对方条件，找出双方的分歧与差距，向主谈人提出解决问题的建议；财务人员的职责是掌握项目财务情况，了解对方在项目上的利益期望值，分析计算谈判方案变动所带来的收益变动，为主谈人提供建议，在正式签约前对谈判项目提出财务分析。

（三）谈判座位的安排

谈判桌的选择有两种：一种是方形谈判桌，另一种是圆形谈判桌。使用方形桌，双方人员对面而坐，容易给人以对立和严肃的感觉；使用圆形桌，容易使大家感受到一种和谐一致的气氛，交谈也比较方便。此外，也可不设谈判桌，大家随便坐在沙发上，轻松会谈来增加友好气氛。

谈判座位安排通常是各自分开而坐，使用方形谈判桌时会使用这种坐法，这样从心理上会产生一种安全感，而且便于查阅一些不便让对方知道的资料。在双方座位距离的远近安排上不要排得太紧，也不要离得太远，这样交谈不方便并会产生一种疏远的感觉，因此一定要把握适当的距离。谈判人员座位安排示例如图 4-1 所示。

图 4-1　谈判人员座位安排

注：①白脸坐在桌尾，扮“恶人”形象，与其他队员分开；②红脸紧挨主谈，扮演友好、随和的形象；③主谈坐在中间，团结所有队友；④强硬派适时阻挠谈判；⑤清道夫观察记录谈判进程，保证使谈判双方注意力集中在目标上，设法使僵局解决，指出对方论据矛盾的地方。

（四）谈判人员的选择

谈判人员要求具有“T”型知识结构、敏锐的洞察力、巧妙运用谋略能力、较强的心理控制能力和角色扮演能力、“倾听”能力和自觉遵守行为规范的意识。

选择谈判人员必须遵守三个原则：一是德才兼备，选择有较高的政治觉悟、较好业务水平并掌握必要谈判技巧的人作为小组成员；二是要扬长避短，选择在此次谈判中能够较好地发挥优点和长处的人参加谈判；三是发现、培养优秀的人才，优秀的谈判人才是在实践中锻炼出来的。由于谈判工作的复杂性，选择谈判人员要重视被选人员的整体素质。我国作为世界上最大的发展中国家，在与西方发达国家进行商务谈判时必须具备高的政治觉悟。具体而言，合格的谈判人员应具备下列素质。

（1）在思想品德上，遵纪守法，廉洁奉公，忠于国家、组织和职守。

（2）在作风上，有强烈的事业心、进取精神和高度的责任感，既能坚持原则，又有必要的灵活性和弹性，具有创新精神。

（3）在业务上，有良好的专业基础知识，熟悉本谈判所涉及的有关专业内容，接受过一定的谈判培训或有过一定的谈判实践经验，能熟练掌握并能灵活地运用谈判技巧。

（4）对待事物能分清主次，抓住重点。逻辑思维判断能力强，思路开阔敏捷，决策果断。在谈判中对方也许会用许多细枝末节的问题纠缠你，以掩盖主要问题，所以作为谈判人员要善于抓住事物的主要矛盾。

（5）善于倾听对方意见并把握对方意图。有些人思维敏捷，往往对方的话刚说到一半，他就自以为领会了对方意图而迫不及待地发表自己的意见，这是不可取的。只有在全部理解和把握对方意图之后才可采取行动。

（6）有丰富学识。在进行国际商务谈判时，还要求谈判人员有较高的外语水平。

（7）有合作意识和合作的能力，善于与不同国籍、不同信仰、不同等级的人相处共事。

（8）既有独当一面，又有善于与他人搞好配合、一致对外的能力。

（9）对人态度要友好，理性；言行风趣幽默，体魄健全。

上述各方面是对一般谈判人员的素质要求。在任命谈判小组的领导人时，除了具备上述条件外，还必须有领导才能，高度的责任心。实践上，应避免单纯出于下列原因任命领导人：一是这位人员在那段时间正好无事可干；二是此人是该产品的技术专家；三是此人与谈判对手或对方谈判人员有过私人交往。

（五）商务谈判人员应具备的基本观念

1. “先小人后君子”的观念

树立“先小人后君子”的观念，可以产生下列效果与作用。

（1）减轻感情因素影响。西方商人遵循“言商不谈友情”（Business is business，friend is friend.）的原则，将商务与友情分开，以免受感情因素的影响，从而得以在公平及理智的基础上进行谈判。

（2）有利于贯彻立场。在此观念下，可依原定计划，在毫无顾虑的情况下，始终贯彻自己的立场，并随时采取有利的对策，比较容易采取积极、主动的“攻势”行动。

（3）容易全盘考虑问题。在商务谈判过程中，必须随时考虑有关谈判事项的全局性问题。基于“先小人后君子”的观念，谈判前要全力以赴，刺探情报，研究对策，做充分的准备工作；在谈判桌上冷静、充分地考虑全局性问题，同时采取随机应变的措施，将不利的因素减少到最低限度。

（4）提高谈判意愿与斗志。居于“小人”的立场，能使自己在谈判中具备高昂的斗志，产生正能量，这可促使自己始终保持高昂的士气。

2. 发挥集体精神和团队工作的观念

坚持集体和团体作战的观念，可以收到以下效果。

（1）减少暴露弱点的机会。尽管挑选的谈判人员对该谈判事项具有相当的知识，但涉及各种细节问题，尚需要有更加高深与渊博的专业知识，因此往往需要由团队的每个成员提供这种专业知识与见解。

（2）增强谈判的力量。在谈判中如果团队成员持有各自立场，无形中失去了谈判的力量。参加谈判的成员若发挥集体精神，取长补短，将会取得预期效果。

（3）灵活机动。如果各个成员具有不同意见和见解，通过团队的努力进行协调和统一，那么在谈判中，这些不同的意见反而会成为采取灵活机动战术的依据；反之，这些不同意见只会导致内部摩擦。

3. 树立平等互惠的观念

在商务谈判中，不少人总是觉得对方意见应该受到重视，而无形中丧失了自己有利的立场，以至于无法充分发挥自身的谈判能力。事实上，无论从事何种商务谈判，只有在平等互惠的观念下，才可以产生以下的效果与作用：

（1）力求公平与合理的结果；

（2）使自己做出正确的判断；

（3）可以发挥自己谈判的能力；

（4）可以收到理想的效果。

在商务谈判中，双方应该努力追求的是最为有利的条件，并不是为了求得一方的利益而牺牲另一方的利益。倘若仅仅考虑自己能获得多大的利益则往往会因为对方的利益受到过多损害而减少自己所能够获得的利益。因此，最成功的谈判结果，应该对双方来讲都是胜利者。

4. 坚持客观标准

商务谈判双方为解决分歧、交流观点而坐在一起工作。这就要求双方在谈判中共同寻求客观的标准。成功的谈判不需要大声咆哮，也不是用漫天谎言来欺骗对方；而是彼此敞开胸怀，坦率商谈，以公正、诚恳的态度寻求双方都认可的解决方法。有了寻求客观标准的观念，可产生下列效果和作用。

（1）使用先例、惯例和客观标准使谈判变得简单。

（2）可以把人和问题分开。更明白地说，不屈服于对方的压力和要求，而应以客观原则来寻求解决的方法。

阅读材料 4-5

什么是客观标准？

某高校与建筑承包商就地基问题发生了分歧，建筑承包商认为 4 米深的地基就足够了，而校方认为至少 6 米。

承包商讲：“我用钢筋结构来做房顶，房屋建在山上，地基没有必要做那么深”。校方不肯让步。

如何才能保证房屋坚固呢？校方可以用一些客观的安全标准来进行讨价还价。校方可以查阅政府对此类建筑地基的安全标准规定。该地区其他建筑物的地基深度如何？该地区的地震风险有多大？遵循这样的客观标准来解决这一地基深度问题，就是应用客观标准原则为谈判找出路。

二、选择谈判地点

谈判地点的选择，对谈判人的心理、谈判形势的控制都有影响。通常而言，谈判双方都愿在己方地点谈判。东道主谈判会给本地谈判方带来心理上的优势。常言道：“被求者身价贵”。此外，在本地谈判还可随时向上级领导和专家请教、查找资料等，并且能节省一笔出国差旅费。在本地谈判的缺点有：易受无关杂事的干扰，要花费一定时间照顾对方，在遇到不易决定的事情时无法寻找借口拖延时间。

在对方地点谈判的优势在于：谈判人员可以全心全意地参加谈判而少有外界干扰；其次，在国际商务谈判中，由于谈判小组在国外，反而给谈判负责人以更多的灵活性。但是在对方地点谈判时，不易与本部进行及时的联系，对于某些重要问题也不易及时与本部人员进行磋商；谈判人员可能对当地环境、气候等因素不适应，使谈判人员的身体状况受到不利影响。

三、信息传递工作的准备

谈判中的信息传递特指在外地的谈判小组如何与公司本部进行联系。这种联系是必须的：

对在外地的谈判小组来说，它需要征求总部的意见；而公司管理部门需要及时了解谈判进度。原则上讲这种信息传递越少越好，原因如下。

（1）与本部联系以后才做出决定往往会延误签约的时机，尤其是当这笔交易具有一定的竞争性时。

（2）谈判小组向总部汇报时，经常会受到通信设备的限制，因此往往无法在简短的电文中将谈判所遇到的各种问题及产生这些问题的特殊气氛表达清楚。

（3）如果通信设备条件不可靠，保密性差；一旦秘密泄密，后果不堪设想。

（4）如果一遇到问题就向本部汇报，既会影响谈判人员的士气，也有损于谈判人员在对方眼中的形象。

因此，在准备谈判方案时，应尽量把一些能确定地事项由谈判负责人与总部事先确定下来，以便把谈判中的不必要联系减少到最低限度。

（一）如何向本部汇报

向本部领导者做出汇报不是一件容易的事，而要使信息传递准确而不使人误解就更难了。例如，某谈判负责人由于特殊原因在一项问题上做出让步而达成一项交易，并向本部经理做出汇报，本部经理可能会因为成交条件与原订条件相差较大而不理解谈判小组的行动。

“没有消息就是好消息”，这句话在商务谈判中不一定适用。如果没有消息，人们对所关心的事物会本能地产生一种不安全感，这时只要有“进展顺利”这四个字即可解决问题。

在联系方式上应采取谈判负责人与上级领导之间的单线联系，即使是谈判小组内某些谈判成员需要就有关问题与本部相应的职能部门领导进行联系，也应该先通过谈判负责人进行联系，然后再找到有关人员。这一过程看上去似乎费时、费力，但有利于谈判负责人真正掌握谈判全过程，而且他也有必要审核这种联系的必要性及其安全性。还有一点应当说明的是，谈判小组成员不可以向领导越级汇报，并用领导的意见同谈判小组领导人抗衡。

（二）联系的保密工作

谈判小组的行动常常会受到谈判对手的监视，也容易被窃密，因此在小组与本部联系时一定要小心谨慎。这里最有效的应对办法是采用密码与暗语。在谈判准备阶段应明确是否采取这种方式进行联络，在谈判前就使联络双方明确密码或暗语的代号及翻译方法。

四、其他行政事务的准备

在谈判准备工作中，有关行政管理事务安排也是一项不能忽视的工作。

（一）在国内谈判

如果谈判在国内举行，东道主一方既要做好谈判有关的安排又要照顾对方。因此谈判人员应力求把各项事情安排得有条不紊。

（1）谈判间的选择。选择谈判间时首先要考虑环境，宜选择幽静、不易受外界干扰的地方；其次房间面积要大小适中，能够容纳双方谈判人员而不显得拥挤，房间布置要温馨，灯光明亮，色彩明快。可以在谈判间准备好投影机、录像机等设备。

（2）在谈判室旁安排休息室，以备休会时使用，休息室里应装有电话。

（3）安排秘书在附近的办公室里值班，以便传递信息、复印或缮印文件。

（4）谈判中间的茶点招待要安排得恰到好处，以造成一种自然的会间小憩，比较理想的场所是在休息室里。这样还可以使双方再借机会磋商一下在会上不便提出的问题，也可缓和一下谈判的气氛。

（5）作为东道主的谈判人员应尽力为对手妥善安排好商务旅行的生活，让对方有“宾至如归”的感觉，这有利于营造良好的谈判气氛。

（二）在国外谈判

如果在国外谈判，除非本公司在当地已有分支机构，可以通过他们来安排一些事务外；大多数情况下出国谈判者须做好如下安排。

（1）准备好印有本企业抬头的信笺和名片。特别是名片，一定要专门印制，要有东道国的文字，使对方一看就懂，还要把小组中高级职员的重要头衔都译上去，以引起对方的注意力，因为在许多国家，经理一类的头衔已经十分普通了。

（2）带好与谈判有关的各种数据资料，尤其是下列内容的资料：

①该国的经济情况；

②该国的金融情况及其他项目的投资情况；

③通货膨胀情况；

④当地工人和职员的工资级别情况；

⑤工会活动的情况；

⑥谈判所涉及的行业情况；

⑦对方谈判者对本企业的兴趣如何；

⑧法律、保险条例、工人福利等方面的变动情况。

（3）带好一些常用的办公用品，如计算机、打印机等。如果想使用外国的办公用具，最担心的是容易泄密，所以最好自带办公用品比较方便。

（三）谈判的安全保密工作

谈判内容一旦泄密可能就会对本方利益造成严重损失，因此谈判的安全保密工作要引起重视。保密工作在谈判准备期间就应做好详细计划，在任何时候都不能放松。

一个人对待安全保密工作的态度，往往取决于他是如何看待泄密起因的。有的人认为只有遇到那些故意窃取情报的人才会造成泄密；有人则意识到自己的疏忽也会给对方以窃取情报的机会。即使谈判人员有第二种想法，也难以保证不出问题。因此，谈判人员最好在谈判前就能养成良好的安全保密习惯。

（1）不要在公共场所，如机舱内、车厢里、出租汽车内及旅馆过道等处谈论业务问题。因为在这种地方谈话容易被人偷听，不要相信外国人只懂他们自己的本国语言。

（2）不要给对方任何窃密的机会。一是在谈判间隙，不要将谈判文件留在洽谈室里，即使无法带走，也应保证自己第一个再度进入洽谈室；二是不要把自己的谈判方案敞露于谈判桌上，特别是印有数字的文件；三是如果自己能解决的话，尽量不要叫对方复印文件等，如果不得不这样做的话，要在自己一方人员的监督下，请对方协助做好这项工作。

（3）不要轻信旅馆的服务员、电话总机员，让他给你去发电报、电传，这样往往会给服务员造成出卖情报的机会。在某些国家，这还是一种职业。

（4）不要过分信任本公司在当地聘用的代理人或服务人员。如果他们一旦认为你给的报酬不足，就可能会背叛你。

（5）务必把所有的文件都锁在一个安全可靠的地方；同时注意通信的保密性。

阅读材料 4-6

柏林墙倒塌催生一个新的行业

1989 年柏林墙倒塌后，经济情报工作进入一个新的高潮。各国情报部门失业的间谍们四处寻找工作，同时各国企业在国际市场上急需构建自己的情报部门。于是，工作的规则发生了一些变化，职业导向由意识形态转变为商业利益。1985—1989 年，美国中央情报局科技部帮助美国企业培训了一批经理，把现代化收集情报的技术教授给他们。此后不久，美国公司内的情报部门，大多冠以“对外发展”、“市场调研”和“市场战略”的名义，如雨后春笋般成长起来。美国经济情报业的管理部门——“经济情报专业人员社团”（SCIP）已是拥有 7 000 人规模的社团组织。

第五节　进行模拟谈判

制定完整的谈判计划，除了确定谈判目标、安排谈判地点和谈判议程以外，还应该包括进行模拟谈判。模拟谈判是在谈判正式开始前，根据具体情况提出各种假设，进行有针对性的谈判演习，从中找出计划存在的问题，进行有针对性的改进。模拟谈判是商务谈判准备工作中不可或缺的重要部分。正如美国著名企业家维克多·金姆说的那样“任何成功的谈判，从一开始就必须站在对方的立场来看问题。”

一、进行模拟谈判的必要性

在谈判方案确定之后和正式谈判前，进行模拟谈判的原因有：

（1）进行模拟谈判能提高谈判者的能力，在模拟过程中，可以使谈判者对整个谈判的流程熟悉，对谈判者的经验和能力的获得能起重要积极的作用；

（2）进行模拟谈判，能使谈判者及早发现问题，随时修正谈判中的问题，提高谈判的主动性；

（3）进行模拟谈判，可以锻炼谈判者的应变能力，培养和提高谈判者的素质。

根据心理学原理，正确的想象练习有时甚至比实际行动更有效。人的深层心理或神经系统，根本无法区分实际行动所获得的经验和想象获得的经验有何区别。只要正确地进行想象练习和实际演习，就能获得功效，提高实际能力。模拟谈判实际上是进行实战演习，它不仅能够检验谈判计划制定得是否科学合理，而且有助于锻炼谈判者的应变能力，培养提高谈判者的素质。在模拟谈判中，人们可以从各个角度提问题，这样就有可能较好地预测对方的各种反应并采取相应的对策。

二、模拟谈判过程

模拟谈判是一个完整的过程，它包括拟订模拟假设、实施模拟谈判和模拟谈判总结三个阶段。

（一）拟订模拟假设

进行科学的模拟谈判，首先要拟订正确的模拟假设或臆测。拟订假设是根据某些既定的事实或常识将某些事物承认（臆测）为事实。社会学研究表明，人际交往的许多行为都是建立在这种假设基础上的。假定我们行驶在马路上，通常是靠右行驶，因为假设别人也是靠右行驶的。如果人类交往缺乏这种假设，很难想象社会将会是什么样子。所以模拟谈判完全可以建立在各种科学假设的基础上。

1. 对外界客观事物的假设

对外界客观事物的假设，包括对环境、时间、空间的假设。通过对这些方面的假设，目的是找出外在世界真实的东西。在这方面，通常可以假设外界环境出现了对我方不利的因素时应该怎么办，谈判场所对我方不利时应该怎么办，谈判时间对我方不利时应该怎么办，如果对方已经探询到了我们的底细怎么办，等等。尽可能考虑到外界客观事物可能对我方谈判造成的不良影响，以便使谈判者提前做好准备。

2. 对对方的假设

对对方的准确假设是谈判的制胜法宝。对对方的假设，主要包括谈判对手在谈判具体内容上可能持有的态度：如对方对商品质量、品种、价格、运输方式等方面的可能要求，对方在谈判中愿意冒险的程度，对方的合作意愿等。通过对对方的假设，旨在搞清楚对方的真实意图，并使我方对以下几个问题做到心中有数：对方坚持不让步怎么办，对方轻易让步怎么办，对方要求加快谈判进度怎么办，对方故意拖延谈判进度怎么办，等等。

3. 对己方的假设

对己方的假设包括谈判者对自身心理素质、谈判能力的自测与自我评价，以及对自身谈判能力、谈判策略、谈判准备等方面的评价。对己方的假设是在对对方的假设基础上采取的对策。这种对策应建立在谈判双方力量对比和己方谈判目标的基础上；只有这样，才能在客观情况发生变化时相应地采取对策。因此，在处理上述谈判假设三方面的关系时，应最终落实到对己方的假设上。通过对外界事物和对方的假设，在全面评价自身的同时，提出相应的对策，以便在实战中应用。

无论是哪种假设，难免不出现错误，不能把假设等同于事实，要对假设产生的意外结果有充分的心理准备。对于假设的结果要认真求证，不能轻易地以假设为根据采取武断的做法；否则，会使己方误入谈判歧途，带来重大损失。

提高假设的精确度，必须区分哪些是事实本身，哪些是主观臆测。从语义学的观点看，“事实”有四种：

（1）能够经过验证的东西，如物品有重量、有光泽，食品可以吃等；

（2）可以共同感受到的东西，如商品要经过生产才能制造出来；

（3）人们共同信仰的理论、真理，如某些科学知识等；

（4）根据真理能够加以推论和验证的东西。

我们常常讲"眼见为实"，但是宇宙空间有太多我们眼睛看不到，但仍然存在的事物，因此有时眼见不到不代表不存在，眼见到的未必是可信的。人们在生活实践中总结出许多经验，这些经验是经过反复论证证明了的事实。因此在大脑中形成了固定看法，把这些经验和事实等同起来难免犯经验主义的错误。事实上，这些经验仍然是假设，而不是事实。例如，经过多次验证，证明了火车是钢铁制造的，衣服是纤维制作的……但面对未加证明的火车和机器等，上述结论仍是假设。在商务谈判中，心理学家利用人们这种错误，诱使对方失利的事例比比皆是。因此，必须谨慎地调查了解，验证假设，不要相信任何一个未加验证的事情或结论。

提高假设的精确度，还要以事实为基准拟订假设。所根据的事实越多，假设的精确度就越高。假设有某企业三年来没有开发新产品，也没有开拓新市场；收益在这三年间连续下降；这三年内该企业的管理体制也没有发生变化。现在该企业打算与我们合作，根据对该企业进行的探寻和了解到的上述三点事实，我们可做如下假设：

第一，如果对方的管理体制依然不变，而且不打算开发新产品、开拓新市场，那么明年的效益仍可能下降；

第二，为扭转目前的不利局面，该企业迫切需要技术、人才、资金及发明新产品的新技术，需要转产或开拓新的市场；

第三，目前情况下与对方合作，即使我方提高要价，采取强硬立场，也极有可能取得成功。

在模拟谈判中，假设是不能建立在假设上的。如上述例子，这家经营不善的企业可能明年收益会继续下降，立足于这个假设还可以拟订以下假设：

第一，明年经营恶化导致企业付不清债务；

第二，因为付不清债务，可能无法履行合同；

第三，合同无法履行，企业可能会破产，从而使债权人蒙受巨大损失；

第四，根据上述假设，我方的结论是不能和这家工厂合作，应取消谈判。

可见，面对同样的现实，假设不一样，结论也就不一样。这说明，根据假设拟订出来的假设是靠不住的，如果简单地相信这种假设会使谈判者丧失许多交易机会。

（二）实施模拟谈判

实施模拟谈判就是按照谈判计划的要求，在拟订各项假设的基础上，演习谈判的过程。实施模拟谈判通常可以采取两种不同的方式，一种是会议式模拟，一种是戏剧式模拟。

1. 会议式模拟

它类似于"头脑风暴法"，是把谈判者以会议的形式聚集在一起，充分讨论，并根据自己的经验发表意见，想象谈判进行的全过程。这种模拟谈判的优点是利用人们的假设和竞争心理，使谈判者充分发表意见，互相启发。当谈判者运用头脑风暴法，人人开动脑筋，积极进行创造性思维，在集体思考的强制刺激及压力下，就能产生高水平的策略、方法及谈判技巧。

2. 戏剧性模拟

戏剧性模拟是指在想象谈判全过程的前提下，根据拟订的不同假设，安排各种谈判场面，进行实战演习来丰富每个谈判者的实战经验。每个谈判者都在模拟谈判中扮演特定的角色，随着剧情发展，谈判全过程会一一展现在每个谈判者面前。这种方法一般适用于大型的、复杂的谈判。

最后提出的是，无论采取何种类型的模拟应该从始至终按照谈判顺序进行，演习自己和对手面对面谈判的一切情形，包括谈判时的现场气氛、对方的面部表情、谈判中可能涉及的问题、对方会提出的各种反对意见、己方的各种答复以及各种谈判方案的选择、各种谈判技巧的运用等想象谈判中涉及的各种要素。只有这样，才可能使模拟谈判更具针对性和实战性，确保谈判计划的贯彻实施。

（三）模拟谈判总结

前面我们提到，进行模拟谈判的目的是为了及早地发现谈判中的问题，找出解决问题的对策，掌握谈判的主动权。所以，在实施模拟谈判后必须及时地总结、分析，找出谈判计划的各项内容（如谈判目标、谈判场所、谈判议程和谈判策略等）中所存在的问题，有针对性地进行改进，从而在正式谈判前尽可能地制订出一项完善的谈判计划。

阅读材料 4-7

德国商人重视模拟谈判

德国商人以严谨缜密而著称于世，不管是大企业还是小企业，也不论是大型复杂的谈判还是小型简单的谈判，德国商人总是以一种不可辩驳的权威面目出现，而他们也常常能控制着谈判桌上的主动权。这要归功于他们对模拟谈判的重视。对于德国商人来讲，事先演练某场谈判是一个必然的程序，他们往往是对谈判中可能发生的小事都做周密准备，对谈判中对手可能会发难的问题拟订详细答案。这很自然地增强了其谈判实力，为成功谈判奠定基础。笔者曾参与一次中德冶金设备谈判，总体感受是中方提出的每一个问题，德方就像把答案已经打印出来一样熟练回答，而对德方提出的问题，中方准备得并不充分。

本章思考题

1．商务谈判中“探询”的原则有哪些？
2．结合案例说明探询的重要性。
3．如何做好谈判前的准备工作？
4．谈判计划的内容有哪些？

第五章

商务谈判的结构和过程

在商务谈判中，我们只有熟悉了谈判的结构才能获得主动权，并做出预案。商务谈判的过程是谈判人员判断对方是否具备合作条件的过程，是通过讨价还价合理地确定双方权利和义务的过程，也是签订谈判各方共同遵守的协议和合同的过程。

第一节　商务谈判的结构

商务谈判涉及的内容复杂，双方谈判人员的沟通容易出现混乱，为避免这种情况发生，使洽谈人员的精力集中在谈判内容上，并对谈判有大致的轮廓，应清楚了解谈判的结构。同时，通过对谈判结构含义的理解，将更容易掌握本章中关于“谈判过程”的内容。谈判结构包括以下四个主要部分内容。

一、谈判的阶段性

一般而言，一场商务谈判要经过开始阶段、实质性谈判阶段、交易明确阶段和谈判结束四个阶段。

1. 开始阶段

开始阶段包括发起一次谈判，在首轮谈判中建立谈判气氛、确定谈判议程、进行开场陈述和对谈判开始阶段的回顾总结等内容。在该阶段，谈判双方需要做到以下几点：触发一次谈判；对希望达成的交易心中有数；双方都力图把对解决问题的想法加给对方；搞清楚或对最终成交有大致的轮廓；在磋商过程中对将要实现的目标逐步地予以明确。

2. 实质性谈判阶段

在实质性谈判阶段，价格谈判是双方经济利益的焦点，价格解释、评论、讨价还价、价格谈判结束是其必须进行的“四部曲”；此外，价格谈判还涉及报价和磋商的技巧。同时，谈判双方在实质性阶段还涉及策略调整，目标修正等问题。

3. 交易明确阶段

在交易明确阶段，谈判一方可能会在某一时刻有意地透露出想要达成交易的信息。从信息内容看，包含了谈判一方的最后要价；从信息传达的强度性质看，它往往是非常微妙地出现。

4. 结束阶段

结束阶段，双方经过积极认真的工作，谈判最终成交。对此，要对达成的协议形成书面文件，给予法律上的认可。

虽然不同的谈判采取的方法各不相同，每一商务谈判都要经过这四个阶段。为有效地控制谈判过程，谈判人员一定要把握上述四个阶段。

二、横向谈判与纵向谈判

商务谈判的方式多种多样，但是从谈判结构上可以分为横向谈判和纵向谈判。对于两种谈判的具体内容在第一章中已经有详细的介绍，这里只对这两种方法进行对比，如表 5-1 所示。

表 5-1　横向谈判和纵向谈判比较

谈判方法	横向谈判法	纵向谈判法
含义	按照确定的谈判议题顺序对谈判问题逐个讨论，在某一问题上出现矛盾时，就把这一问题放一边，先讨论其他问题。如此周而复始讨论下去，直到所有内容都谈妥为止	在确定谈判的主要问题顺序后，依次讨论每一问题和条款，讨论一个问题，解决一个问题，否则不再前进，直到谈判结束
一般步骤	1．把要讨论的议题统统列出来； 2．粗略地讨论每个议题的各个方面； 3．详细地讨论每个议题的各个方面	从确定的第一个议题开始，并深入讨论这个议题；依次讨论其余议题
优点	该方式的灵活性大，每轮谈判都能使议题有所进展，不至于由于某个问题的争执而影响整个谈判的进程	双方条款的讨论次序，因随时调整，有利于寻找变通的解决办法
缺点	较混乱，容易使谈判人员在枝节问题上纠缠，而忽略了主要问题	过于死板，不灵活，当某一问题出现僵局，会影响到其他问题的解决

三、谈判双方交锋的形式

在任何商务谈判中，双方沟通交锋的方式有两种：一是“以我为中心”；二是“各说各的”。

（一）“以我为中心”方式

采用“以我为中心”方式是指双方交锋站在自身立场进行，不考虑对方的需要。以下面的例子说明，买方意在向卖方说明价格过高，无法接受；但是沟通结果没有使双方立场向中间靠拢，反而分道扬镳了。

阅读材料 5-1

采用“以我为中心”方式的谈判人员的对话

“这种产品单价是 240 美元/吨。”

“240 美元。太贵了——这大大超出我方支付能力，你们怎么能这样要价。太狠了。”

“这是市场现价，我们最近一段时间一直按这个价格出售。”

“这就怪了，我方可以找其他的卖主，他们的售价肯定要比你们的便宜。你们应该降价。”

“那你到别处找寻卖主吧！”

采用“以我为中心”交锋方式，容易引起双方互相攻击，对某个问题争执不休，使谈判陷入僵局。

（二）“各说各的”方式

采用“各说各的”交锋方式，即一方对某个问题做了陈述后，后一方在明确对方意见后再独立地做出陈述，做出陈述时并不纠缠对方已陈述观点。这种方式，能使双方明了各自的立场，把注意力集中在如何共同解决分歧上。以上面双方交锋的内容为例，采用“各说各的”方式的谈判人员的对话如下。

阅读材料 5-2

采用“各说各的”方式的谈判人员的对话

“我们这种产品的售价是 240 美元/吨。”

“是单价吗？”

“是的。”

“是否包括运费和进口关税？你开价 240 美元，根据价格构成应该包括运费和保险费，不包括进口关税，是吗？”

“是的。”

“好吧，请你把你处到我港口的运输费用从单价中除掉，运费这部分由我方支付，你看这样是否更合理些。“这样的话，单价可降至 210 美元/吨。”等等。

采用“各说各的”交锋方式的优点在于，任何一方的陈述都是独立地把自己的观点做一个全面的表述，并且给对方搞清我方意图的机会，然后听取对方的陈述，并搞清对方的意图。在陈述中，明确我方对议题的理解，只阐述自己的立场。辟如上例，我方的立场便是对方出价过高；而在交锋时，把注意力放在自己的利益上，不去试图猜测对方的立场。因为这种猜测只能使对方恼火，引起混乱和敌意。

四、精力结构

在商务谈判中，谈判人员精力和注意力是随时间而变化的。

谈判开始阶段，谈判人员精力充沛，但持续时间很短，大约只有 5～10 分钟。在这段时间里，每个人的注意力都高度集中在相同的一些问题上。人的精力不可能长时间持续保持旺盛状态，不久会有明显的下降，随后下降速度减缓直到谈判的最后阶段，人的精力下降趋势才停止。

当谈判双方人员意识到达成协议的时刻就要到来时，精力会复苏、高涨，但时间非常短促。此后，任何的拖延都会使精力处于极低的水平，而且无论如何再也高涨不起来了。

谈判期间，人们精力变化的规律如图 5-1、图 5-2 所示。

有时，商务谈判人员的精力并不像图 5-1 中所示明显地下降，而是如图 5-2 所示，表现出较大的波动。

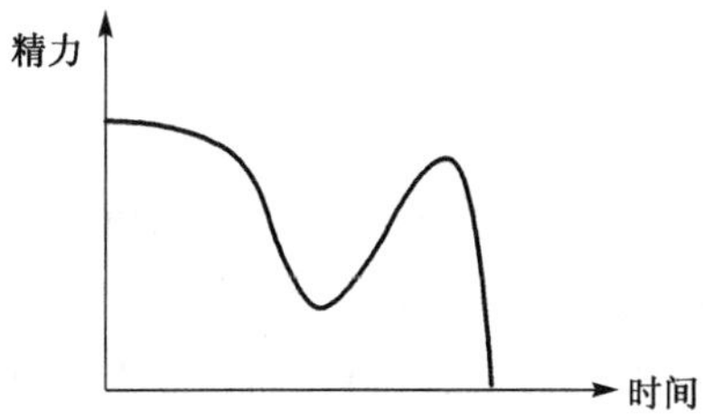

图 5-1 谈判人员精力变化趋势

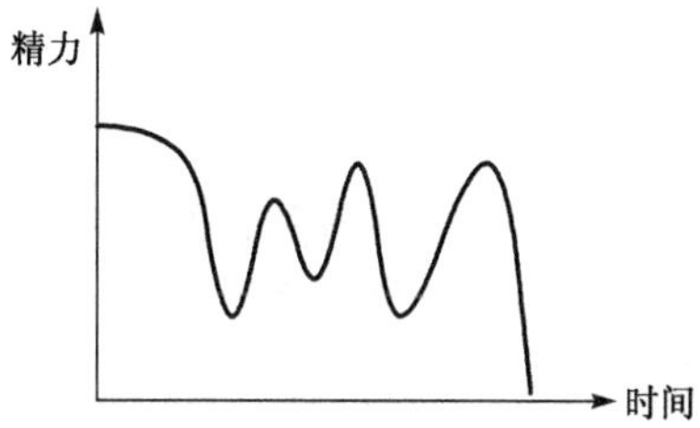

图 5-2 谈判人员精力变化趋势

总之，在商务谈判中，谈判人员精力总是在谈判开始时和快结束时处于高峰值，所以要采取有效措施充分利用谈判人员情绪高涨期，同时要善于应付情绪的低落期。为此，谈判人员可以采取“休会”战术和“疲劳”战术。

第二节 商务谈判的开始阶段

商务谈判的开始阶段包括五项内容：启动谈判，建立谈判气氛，确定谈判议程，进行开场陈述和对谈判开始阶段的回顾总结。

一、启动谈判

启动谈判就是需要一方来触发一次谈判。通常，需求相对迫切的一方会主动与另一方建立业务联系。在建立业务联系时不能表现得急于求成；但是，采取满不在乎的态度也会失去对对方的吸引力。下面重点介绍如何启动首次谈判和进行国际商务谈判时应如何安排第一次谈判。

（一）发起谈判

第四章介绍了探询的作用是了解信息和发现潜在的合作伙伴。不论是贸易类谈判还是投资类谈判，不论是买方还是卖方，先发起谈判一方具有优势。这种优势来源于事先对谈判信息的了解和谈判计划的制订。发起谈判一方可以采取主动发函或询价方式建立商务关系，也可通过第三方引荐。

触发谈判的联系方式中，主动发函和经人介绍推荐建立商务关系是常见的。在建立商务关系的函件中，应说明以下几点：通过何种渠道获得了对方的联系方式；表明己方希望建立商务关系的愿望；向对方简要介绍本企业基本情况。通常，拟邀请的潜在合作伙伴会对发函企业进行商务调查。为了缩短对方的调查时间和提高效率，发函企业通常会把本企业的网址等有关信息告诉对方。函件示例如下。

敬启者：

不久前我们有机会在科隆家电交易会上参观了贵公司的产品展示，贵公司高质量和低价格的产品给我们留下了深刻印象。作为中国东北地区有十年经营家用电器产品的贸易商，我们乐意提供各项服务。对贵公司经营的产品我们有丰富的经验。

此外，我公司拥有专业的广告代理商，能够有效运用现代市场推广方式开拓市场。如果愿意由我方在中国东北地区代销贵公司产品，贵公司营业额必将大幅增长。

我们期盼您的回复。

敬请

业安！

为提高发函建立商务关系的效率，谈判方可以借助和潜在合作伙伴有联系的第三方帮助，并由第三方出具介绍信（样例见下文）；而且推荐信中应包括对实际的贸易或投资项目活动的描述。发起谈判方最好自己准备一份草稿，然后将其打印在本企业信头的信纸上，交给第三方，征得后者同意由其在介绍信上签名。

阅读材料 5-3

介绍信举例

敬启者：

请允许我向你介绍××行业著名的企业领导人之一，××公司的××先生。多年来，该公司为中国经济发展做出了巨大贡献，××先生本人一直热衷于参加社会公益工作。

××先生希望我能致函给贵方，将他和他的企业介绍给你们，并且希望我们两国人民之间能够有良好的经济文化交往。不管是××先生本人还是他所服务的企业，都堪称业界楷模。因此我很荣幸地写此推荐信，并且希望你们能够建立长期合作关系。

在此，我首先感谢贵方考虑合作事宜。如果需要我们提供有关的信息和资料，请不要客气，直接和我或者××先生取得联系。

此致！

上例中提及的有关信息和资料，除包括推荐企业的基本材料外，还应包括合作项目的建议书。项目建议书可以看作是征求对方意见、表明己方合作构想的询盘。它可以为将来谈判定一个基调，并且确定各方在谈判中的定位。项目建议书应由本企业拟订；作为将来实际业务谈判的敲门砖，语言措辞应使用积极的正面语言。项目建议书应包括以下几方面内容。

1. 企业历史

它包括对企业发展历史、产品和服务市场等资料做出阐述。涉及客户情况可以是一般介绍，如果提及具体客户，需要征得客户的同意为妥。

2. 项目陈述

项目陈述应面向未来、用语简要明了，只需说明拟采取何种合作方式，达到所要期望实现的目标即可。

3. 有关财务可行性分析

如果双方涉及投资合作，最好有一个针对该合作项目的 3～5 年的预期可行性分析。如果双方涉及贸易活动，则需要收集和分析潜在市场远景。

（二）安排首次会谈

谈判双方能否给对方留下好的第一印象至关重要。安排双方的第一次会晤对双方也是一项重要的任务。它体现了谈判双方的职业素养。以出国参与国际商务谈判为例，下面从谈判的主办方和来访方角度进行分析。

1. 护照、签证和邀请函

国际上一般不允许所持护照距到期时间不足 6 个月的外国人进入本国。进入东道国开展商务工作时获得该国的签证是第一项工作，因此需要事先明晰东道国的签证要求。有些国家要求商务人员办理专门签证，如果你持有旅游签证，有可能被重罚甚至被驱逐出境。有些国家要求外国企业人员必须持有正式的书面邀请函。邀请函的一项功能是限制外国企业的活动范围，使其只能和发出邀请的企业开展交流。

2. 住宿、会谈室安排

选择何类下榻的酒店、东道主提供的交通方式或者是来访者自己租赁的汽车都会影响企业的形象。因此谈判人员在安排酒店或交通方式时既要体现企业的经济实力，又不要过于炫耀。需要注意一点：有时东道主推荐的司机可能是对方的眼线。会谈室的安排也是谈判中非常重要的一环。东道主一方通常希望在自己企业内进行谈判。实际上，在来访者下榻酒店的会谈室进行会谈对双方是一个均可接受的选择。这样一方面让来访者感到谈判是在中立地点进行，对己方有力，心理上产生平衡感，同时也省去了东道主提供相应谈判设施的责任。

3. 时差、天气及身体状况

为适应长时间国外旅行带来的时差问题，建议谈判者到国外谈判时留出一天空闲时间进行调整，不要把疲惫带到谈判桌上。注意当地天气变化，选择适宜季节、避开节假日前往谈判是恰当的选择。

4. 商务礼品

相互交换礼品是商务交往活动中的一个标准礼节。礼品选择最好能和双方文化有些联系。建议送一些带有己方公司标志的签字笔、公文包、领带、文化衫等。应记住，在任何情况下避免送给对方在东道国生产或购买的礼品，同时礼品价值不应超过法律规定。

二、建立谈判气氛

谈判气氛是谈判双方间的相互态度。开局气氛对谈判起着相当重要的影响和制约作用。可以说，哪一方能控制开局气氛，在某种程度上就等于控制住了谈判对手。谈判气氛有三种，即高调的谈判气氛、低调的谈判气氛和自然的谈判气氛。

（一）高调的谈判气氛

高调的谈判气氛指开局气氛热烈，双方态度主动，愉快的因素成为主导因素的谈判气氛。何时采用高调谈判气氛？通常在己方占有较大优势，希望尽早与对方达成协议时采用。因为在这种气氛中，谈判对手会对谈判前景持有乐观的态度，容易促进协议的达成。营造高调的谈判气氛方式主要有三种。

1. 称赞法

在恰当的时机、合适的对象、选择恰当的方式对谈判对方进行表扬就是谈判者常用的手法之一。通过积极的称赞，削弱对方的心理防线，从而唤起对方的热情，营造高调气氛。使用称赞法时，要注意选对目标和时机，否则让人感觉虚情假意，适得其反。

2. 幽默法

幽默也是经常采用的方法之一，用幽默的方式消除谈判对手的戒备心理，从而营造高调的谈判气氛。但是在使用幽默法时应注意商务谈判中文化的差异性。

3. 感情攻击法

感情攻击法是指在谈判前首先提起一件与谈判无关的事情，使这件事情能够引发存在于人们心中的感情因素，使这种感情迸发出来，从而达到营造热烈、积极谈判气氛的目的。

阅读材料 5-4

感情攻击法营造谈判气氛

1972 年 2 月，美国总统尼克松访华。为创造一种融洽热烈的谈判气氛，中方对谈判过程做了精心的准备和安排，甚至对宴会上要演奏的中美两国民间乐曲都进行了精心的挑选。在欢迎国宴上，当军乐队熟练地演奏起由周总理亲自选定的《美丽的亚美利加》时，尼克松总统激动不已，他绝没有想到能在北京听到他如此熟悉的乐曲，这是他就职典礼上演奏的家乡乐曲。敬酒时，他特地到乐队前表示感谢，国宴气氛达到了高潮，一种融洽而热烈的气氛感染了在场的所有美国客人。这为后续的谈判营造出了和谐融洽的气氛。

（二）低调的谈判气氛

低调的谈判气氛是指谈判气氛严肃、低落。谈判一方情绪消极、态度冷淡，不愉快的因素构成了谈判情势的主导因素。何时采用该类谈判气氛？通常当己方有讨价还价的砝码，但不占有绝对优势而处于劣势时采用。低调的谈判气氛会给谈判双方造成较大的心理压力，己方在使用该方法时一定要做好充分的心理准备，并且要有较强的心理承受能力。营造低调的谈判气氛的方法主要有四种。

1. 感情攻击法

与前面营造高调的谈判气氛的手段一样，但是作用恰好相反。在营造高调的谈判气氛时，是要激起对方积极的情绪；在营造低调的谈判气氛时，是要用一件事情诱发对方产生消极的情绪。

2. 沉默法

沉默是一种无声的信息传递，沉默法是己方在某个问题或事件上暂时采取不发言、不评论的回避态度，使谈判的气氛降温，从而向对方施加心理压力。

3. 疲劳战术

对某一个或几个问题进行反复陈述，从生理和心理上使对方疲劳，降低对方的热情。一般来说，人在疲劳的状态下，工作情绪不高，比较容易屈从于别人的意见。

4. 指责法

指责法是指针对对手的某项错误或礼仪失误严加指责，使对方因内疚而感到紧张，从而营造低调的气氛，迫使对手让步。

阅读材料 5-5

指责法营造低调谈判气氛

巴西某公司到美国采购成套设备。巴西谈判小组成员因上街购物比预定时间晚了 45 分钟到达谈判会场。美方代表对此极为不满，花了很长时间来指责巴西代表不遵守时间，没有信用，如果老这样下去的话，以后很多工作很难合作，浪费时间就是浪费资源、浪费金钱。对此巴西代表感到理亏，只好不停地向美方代表道歉。谈判开始以后似乎还对巴西代表来迟一事耿耿于怀，弄得巴西代表手足无措，说话处处被动。无心与美方代表讨价还价，对美方提出的许多要求也没有静下心来认真考虑，匆匆忙忙就签订了合同。

等到合同签订以后，巴西代表平静下来才发现自己吃了大亏，但为时已晚。

与上述案例相似的一次谈判发生在中日两个企业间。日方企业以严格的质量要求把中方谈判人员压得喘不过气来。有趣的是，日方一个谈判代表席间去洗手间，但在回来时忘记把裤子的拉链拉上，这被中方谈判人员看在眼中，并借题发挥，以此扭转了谈判中的被动局面。

（三）自然的谈判气氛

自然的谈判气氛是要创造一种诚挚、友好、等同于一般社交场合的谈判气氛。上面两种气氛更多地是用在双方已有过接触的谈判，而自然的谈判气氛常用在双方初次接触的谈判，这种方法为笔者所提倡。在营造自然的谈判气氛时，谈判者应做到以下几点。

（1）初次与对方接触时要注意自己的行为、礼仪，主动与对方寒暄时，目光要表现出自信和可信；

（2）不要与谈判对手过早进入实质性谈判，运用“中性”话题帮助建立谈判气氛；

（3）尽可能正面回答对方问题，如果不能回答，要采用恰当的方式进行回避。

阅读材料 5-6

寒暄营造自然的谈判气氛

1949 年 4 月“国共和谈”期间，毛泽东接见了国民党方面的代表刘斐先生。由于是第一次见面，刘斐非常紧张。见面后，毛泽东和刘斐寒暄起来：“你是湖南人吧”，刘斐答是醴陵人，醴陵与毛泽东的家乡是邻县，是老乡。毛泽东高兴地说：“老乡见老乡，两眼泪汪汪哩。”听了这话，刘斐紧张的心情很快就放松下来，拘束感完全消失了。

寒暄不仅可以营造友好和谐的谈判气氛，而且也是在谈判之始观察对方情绪和个性特征，获取有用信息的好方法。

在谈判开始时，双方谈判人员都应在第一次握手寒暄时努力创造自然的谈判气氛。谈判开局的好坏在很大程度上决定着整个谈判的前途，具有举足轻重的影响。其原因有四：其一，从生理上讲，谈判开始阶段，谈判人员的精力是最充沛的，人的精力充沛，注意力自然就会集中，反应就灵敏；其二，开局阶段决定了双方的态度和立场；其三，开局阶段基本决定了谈判沟通的方式，为以后的谈判打下一个基调；其四，等级观念在开局阶段即已形成，这无疑会影响对不同谈判人员作用的评价，进而影响整个谈判过程。由以上四点可清楚地看到，在正式会谈前，的确存在颇有影响的开局时期。

三、确定谈判议程

（一）谈判议程的重要性

由于商务谈判涉及内容复杂，没有有效的沟通方式，就难以顺利达成协议。如何解决这个问题？为使谈判有条不紊地进行，谈判各方在正式谈判之前通常都会对谈判的议程进行磋商。事实上，有关议程的磋商本身就是一种谈判，有时称为“程序谈判”，以与“实质性谈判”相区别。

1. 谈判议程的审查

大多数商务谈判都是根据事先拟订的议程进行的。因此，控制议程的一方不仅可以支配谈判内容，而且还可以掌握谈判的进度与节奏。所以，谈判人员对“程序谈判”要慎重，对已达成的程序要仔细审查以下几点：

（1）有无遗漏的项目；

（2）己方核心议题是否出现在议程规定的讨论问题内；

（3）所列的谈判人员是否与己方地位对等；

（4）编排时间、安排地点是否对己有利；

（5）整个程序安排是否对己有利。

2. 谈判议程的控制

谈判的程序一旦磋商达成，不应轻易改变，这样才能保证谈判桌上双方的“一致性”。在谈判过程中对程序进行控制是一种需认真对待的工作，谈判一方可安排一位观察力敏锐、善于发现和提出问题的人，注意对谈判程序进行控制，随时向己方的主谈提供合理建议。举例如下。

（1）必要时进行归纳总结，以帮助双方认清谈判进行到哪个阶段了。

（2）提出问题，使双方明白：应该讨论什么问题，正在讨论什么问题。

（3）把谈判及时引向正确的方向。

（4）如有僵局出现，应采取措施化解僵局，予以避免。

（5）多强调谈判双方的合作性、共同性和一致性；肯定谈判成果，引导谈判顺利进展。

（二）谈判议程的内容

1. 谈判议程的内容解释

谈判议程的内容涉及“四 P”问题，即“Plan”（计划），“Purpose”（目的），“Pace”（速度），“Personality"（谈判人员）。

（1）谈判计划即是谈判的议事日程。

（2）会谈的目的因各方出发点不同而有不同的类型，如：

①探测型（意在了解对方的动机）；

②创造型（旨在发掘互利互惠的合作机会）；

③论证型；

④达成原则协定型：

⑤达成具体协定型；

⑥回顾与展望型；

⑦处理纷争型。

谈判目的通过一系列议题内容来体现。

（3）谈判速度指谈判进程的快慢。

（4）在商务谈判中，确定良好个人关系的三个标准是：对人态度要友好，能理性思考问题，具有与人合作的品质及合作技巧。

在商务谈判中怎样引出上述话题？最理想的方式是以轻松、愉快的语气先谈一些双方易达成一致意见的话题。例如，“咱们先把会谈程序确定下来，您同意吧？”或“我打算先和你商量一下今天会谈的议题，你看好不好？”从表面上看，这些问话无足轻重，但这些要求最容易引起对方肯定的答复，而这种肯定的回答就会创造出一种“一致”的感觉，如果悉心培养这种感觉，就可以创造出一种“会谈就要达成一致意见”的气氛。有了这种“一致”的气氛，双方就能比较容易地达成互利互惠的协议。

阅读材料 5-7

建立和培养“一致感”的具体方法

甲：“我们这次会谈先交流一下彼此的情况，你看怎么样？”

乙：“很好，沟通彼此情况对双方都有好处；不过，要是时间允许的话，咱们再深入一步，看看有没有可能做笔生意。”

甲：“行。咱们谈一个小时如何？”

乙：“可以。”

甲：“那好，咱们用 40 分钟交流情况，余下的 20 分钟谈生意。”

乙：“我们已就会谈的目的、速度和方式达成了一致意见，下面就做自我介绍，你的意思是‘从我做起’，哈哈，好，我先说。”

如此，谈判双方轻而易举地就这四个方面达成了一致意见，谈判也就因此自然而然地顺利进行了。

2. 谈判议程还应注意的问题

另外，在商务谈判议程中，除对谈判开始阶段的“四 P”做出安排外，还应注意以下两个问题。

（1）谁先开谈

在谈判桌上人们对权力、地位此类问题比较敏感。谈判人员在开局之初对“等级”观念更是如此。他们对发言的次序、发言时间分配、议事日程的确定十分重视，认为这是检验对方诚意的试金石。如果双方在这些具体问题上产生分歧会影响后续的谈判，所以谈判人员对此都应予以足够重视。具体讲：

①在发言时间上双方要注意平分秋色，尊重对方；

②态度要坦诚，主动就某些双方容易达成协议的事提出建议，创造“一致感”；

③尽量满足对方的合理要求，避免正面冲突；

④发言要简洁明了，倾听要聚精会神；

⑤口气要轻松愉快，能有幽默感更好。

（2）开局过程的控制策略

谈判双方有时会因彼此的目标、对策相距甚远而在开局之初陷入僵局。如何避免？简言之，双方应努力先就会谈的目的、计划、速度和人际关系达成一致意见，这是控制开局过程的基本策略。如果对方因缺乏经验而表现得急于求成，我方应巧妙地避开他的要求，把他引到会谈目的、计划等基本内容的讨论中。例如，对方一开始就讲："来，咱雷厉风行，先谈价格条款。"在这种情况下，我们可以接口应道："好，马上谈，不过咱先把会谈程序、目标统一一下，这样谈起来，效率更高。"当然，有时候谈判对手出于各种目的在会谈一开始就唱反调，那么我方可以毫不犹豫地打断他的话："请稍等一下，咱们先把议程定下来，你说好不好？"总之，不管出于哪种情况，谈判一方应有意识地创造出一致感，以免造成开局失控的局面。

四、进行开场陈述和提出双方的谈判方案

开场陈述是指在开始阶段双方就本次谈判的内容，陈述各自的观点、立场及其建议。它的任务是让双方能把谈判所涉及内容全部提示出来。同时，使双方彼此了解对方对谈判所持态度、立场和观点；并在此基础上，就一些原则性问题发表建设性意见或建议。

（一）开场陈述的内容

开场陈述的内容是指洽谈双方在开始阶段理应表明的观点、立场、计划和建议。主要包括如下内容。

1. 己方的立场

己方希望通过洽谈应取得的利益；准备采取何种方式为双方共同获得利益做出贡献；今后双方合作中可能出现的成效或障碍；己方洽谈的方针等。

2. 己方对问题的理解

己方认为谈判应涉及的主要问题以及对这些问题的看法或建议或想法，等等。

3. 对对方各项建议的回答

如果对方开始陈述或者提出某项建议，我们必须对其建议或陈述做出应有的反应。

总之，在开场陈述中，必须把己方对本次谈判涉及的内容所持有的观点、立场和建议向对方做出一个基本的陈述。因此，陈述方法往往是横向展开而不是纵向深入地就某个问题深谈下去。在陈述中要给对方充分搞清楚我方意图的机会，然后听取对方的全面陈述并搞清对方的意图。

（二）开场陈述的方式

开场陈述的方式主要有两种：一种是由一方提出书面方案发表意见；另一种是会晤时双方口头陈述。

1. 提出书面方案发表意见

由一方提出书面方案并做口头补充，另一方则围绕对方的书面方案发表意见。书面方案可以在双方谈判前提供，也可以在会晤之后提供或者在陈述之时提供。此种方式较为正式。

2. 谈判时双方口头陈述

不提交任何书面形式的方案，仅仅在开场陈述阶段口头陈述各自的立场、观点和意向，这

种陈述方式在谈判中也比较多见。此方式有很大的灵活性，有利于建立人际关系，但是缺点是容易在陈述中发生误解。

上述两种方式各有优缺点，如果运用得当，不管哪种方式都可以。在陈述时，准备一份书面陈述的要点，对于陈述时能围绕问题中心展开是有好处的。此外，在进行陈述时，结束语需特别斟酌，应表明我方陈述只是为了使对方明白我方的意图，而不是向对方挑战或强加给对方接受。对于对方的陈述，所要做的一是仔细倾听，不要把精力花在寻找对策上；二是搞懂对方陈述的内容，如果有什么不清楚的地方可以向对方提问；三是对对方陈述的内容进行归纳、思考。

（三）倡议

在双方做了开场陈述后，谈判者对于对方的立场、观点和谈判方针均有一个大致了解。为了取得建设性的成果，就需对谈判议题提出倡议，这是一种能把双方引向寻求共同利益现实方向的陈述。为此，应注意以下几点。

1. 提建议要采取直截了当的方式

这是因为当一个建议提出后，双方往往会集中于该建议上，总摆脱不了该建议的思路。因此，提建议时切忌含糊。

2. 建议具有可行性

建议的目的是使双方从中有所启发，因此建议必须简单明了，使人一听就明白，同时必须具有可行性，否则就失去了建议的意义。

3. 双方互相提意见

如果不是双方互相提意见，而是一方对另一方的某个建议纠缠不休，容易陷入僵局。假如对方不但未提出自己的建议，而且对于我方的建议一直纠缠不休的话，我方应设法引导对方提出他们的设想。

4. 不要过多地为自己的建议辩护，也不要直接抨击对方的提议

这是因为建议的提出和下一步最佳方案的确定需要双方共同努力，如果过多地辩护自己的建议或抨击对方则会引起对方的反感或增加对方的敌意，这样会人为地制造障碍。

（四）提出彼我双方的谈判方案

商务谈判中，向对方提出谈判方案应注意：谈判方案中涉及议题的先后顺序；通过何种方式提出谈判方案；本着具体问题具体分析的原则。

提出谈判方案，应将双方比较容易达成的、自己一方肯做出让步的内容和议题排在前面，将自己一方比较重要的、不准备做出让步的内容放在方案的最后谈，这样易唤起对方合作的热情。向对方提出谈判方案的方式有三种。

1. 提出书面条件

这种方式主要在以下两种情况下运用：一是谈判一方在谈判规则的束缚下，没有其他方式做出选择。例如，向政府机构投标，规定在截止时间内不准与投标者磋商；二是谈判人员把书面文件作为最后通牒方式下达给对方，对方只能做出一个选择，是接受还是拒绝。在谈判中，一般不会提出书面条件，因为事后要做修改时会带来一定的困难。一般而言，文字形成的东西都是呆板的，不会是“热情的”。

2. 口头提出谈判条件

口头会晤方式也存在不足：

（1）口头会晤无书面文件进行补充易产生误会，这种误会可能是由于谈判人员精力的原因，或是理解问题能力的原因，产生误会就阻碍了双方谈判工作的进行。

（2）由于谈判一方事先对情况了解很少，他可能在仔细地聆听了对方口头阐明的谈判条件后，经过仔细地分析，要求待考虑成熟后再来谈判，这就会延长谈判的时间。

（3）在口头谈判中，如果双方当事人没有就谈判的时间议程、谈判议题做出安排，谈判者很容易使得谈判转向枝节问题。

3. 既提出书面条件，又加以口头阐述

这是应用最广泛的一种方式。这样使谈判的对方通过书面文件有时间进行研究，同时也使本企业愿意承担的义务表达得清楚，双方就书面条件的内容谈判，使许多问题在面对面谈判时得到解决，谈判的时间也将比其他方式短。

上述三种方式在运用中应具体问题具体分析，不可一概而论。特别是当己方谈判者提出书面文件时，应本着清楚、谨慎的态度，对对方对文件可能持的态度做出准备。

五、对谈判开始阶段的回顾总结

在进入实质性谈判阶段之前，谈判者应留出时间对开始阶段进行回顾总结。它包括三方面：一是对谈判对方所持态度的检验；二是对谈判对方反应的检验与回顾；三是确定下一步的谈判策略。

（一）对谈判对方所持态度的检验

假设谈判一方想建立一种轻松、合作、认真的工作气氛，但是对方的表现与己方想法不同，这时谈判气氛就亮红灯了。这时己方有必要分析对方持不合作态度的原因并提出解决办法：若对方没有完全理解己方的建议，那么己方有必要再对谈判的进程、内容等议题征求对方的意见；如果是对方故意采取强硬的方针，那么，就应丢掉幻想，针锋相对，改变自己的谈判方针。那么，如何来评价对方的谈判方针呢？可以从以下几个方面判断。

（1）自谈判开始以来，他们的表现如何；他们的行动基本上是合作的，还是充满敌意的。

（2）对方的实力在哪里，开始谈判前是否对我方施加压力，施加压力是明示的，还是暗示的。

（3）在开场陈述时，他们是不是开诚布公的；他们提出设想与采纳设想之比是多少，他们提供信息及汲取信息之比是多少。

（4）从对方的表现中，判断我方谈判方针是否得当；我方是继续采取现行谈判方针还是需要调整。

（5）从对方开场陈述所做评价流露出来的一些迹象，推断谈判的前景。

（6）总结双方彼此沟通成败的原因，分析在下一阶段谈判中彼此的实力，初步确定在实质磋商阶段我方的初始姿态等。

（二）对谈判对方反应的检验与回顾

谈判对方对谈判方案的反应主要有三种类型。

（1）通过第一阶段的谈判，看出哪种交易条件是双方都可接受的，这是最理想的一种情况。

（2）虽然对可以接受的交易条件有所预见，但仍需进一步磋商。第一轮谈判结束后，谈判者有必要在原有谈判计划的基础上，根据谈判开始阶段所掌握的资料，把整个谈判内容以及我方所要获取的、对方所坚持要求的、双方可以做出让步的加以总体权衡。为此，己方应对下列情况有所估计：

①双方报价间差距多大；

②己方是否先让步，让步后带来的损失多大，能否承受；

③让步后能换取对方让步的概率如何；

④坚持自己的条件，会使谈判中断的可能性有多大；

⑤己方为坚持自己的条件而丧失交易，遭受的损失有多大。

最后把所有条件进行综合分析。

在谈判回顾阶段结束时，谈判者应获取以下目标：

①明确谈判内容的范围以及预测双方最终达成协议的交易点；

②明确己方应该坚持的和应做出让步的；

③就是否修改谈判计划做出选择。

（3）双方虽然经过了第一轮的谈判，但根本无法预见到哪种条件是既能为对方所接受，又能满足本企业最低标准的谈判条件。对于此类型可采取下列两种措施：

①中止谈判，撤回自己的谈判条件，这会产生两个结果，一是谈判对方迫于情势而对交易条件做出让步，另一种是谈判中止；

②继续谈判，双方继续进行磋商，但要设法使对方或双方修正其谈判的条件。

无论上述哪种情况出现，谈判者可采取的行动有：尽量延长坚持自己立场的时间；努力使对方相信，如果己方同意让步几乎等于自杀；争取对方谈判成员，特别是一些专业人员的同情和理解；可故意将己方的有些消息“走漏”给对方，让对方感到再不让步就可能一事无成。

（三）确定下一步的谈判策略

通过前面回顾总结，如果对方亮起“绿灯”，这是我方所期望的，继续按既定方针谈判；如果对方亮起“黄灯”，表面对方既合作又存在不合作，这需要我方人员分析对方本意，需要在坚持自己谈判方针的同时，进一步观察；如果对方亮起“红灯”，说明对方与我方既定谈判方针相去甚远，应丢掉幻想，及时修正原有谈判计划。

第三节　商务谈判的实质性阶段

价格谈判是商务谈判的核心部分。本节包括价格解释、价格评论、讨价还价和价格谈判的结束，以及价格谈判中的报价技巧，最后论及策略的调整等。

一、价格解释

卖方在报价后，应买方要求，向另一方（以下简称买方）就其报价的内容构成、价格计算的基础、计算方式所做的介绍或解释统称为价格解释。通过价格解释，买方可以了解卖方报价的实质、态势及其诚意，并且可以发现卖方报价的“水分”。卖方可利用这个机会，以充实的材料表白自己的合理性及诚意，软化买方要求。从谈判内容分，本书主要介绍货物价格解释和技术价格解释。

（一）货物价格解释

随着经济全球化程度加深，一国汇率及通货膨胀率变动日益频繁。企业签订合同和履行合同时间跨度越大，双方面临价格变动风险就越大。因此，有些合同的价格不是固定作价，而是浮动作价。下面举两个浮动作价和一个固定作价的例子：

第一，以物价、工资变化为由调价

$$P_t = P_o\left\{a + b\frac{S_t}{S_o} + c\frac{M_t}{M_o}\right\}$$

式中：P_o为签约时的价格，S_o为签约时的工资，M_o为签约时的材料价格；P_t为应支付的价格，S_t为支付时的工资，M_t为支付时的材料价格。a 取 1，b 和 c 为重要系数，表明工资和材料在总价格中的权重。

第二，以通货膨胀为由调价

$$P_t = P_o(1 + T_i)^{n/2}$$

在该式中：P_o为签约时的价格；P_t为支付时的价格；T_i为通货膨胀率；n 为付款的月份；要注意该式中 T_i为月平均通货膨胀率。

有的谈判双方为简化手续，也有采用限幅调价做法的。如双方同意，无论采取上述哪种方式，限定调价的幅度，即调价的最大值不允许超过多少；反过来，下调时不允许低于多少。或者双方规定在一定的变化内不调价，超过了这个上限或下限时再调超过的部分。

第三，以价格成分来计算

假定卖方提供一台设备价，他可设定购进价为 100 单位，那么再出售的价格即为

100+33%的公司验收费+22%的公司手续费+5%的保险、运输、佣金+
5%的包装、国内运费+5%的其他费用

按此价格构成，设备价比购进时提高了 70%，并视为固定价。

（二）技术价格解释

1. 技术价格解释的内容

在全国大力提倡科技自主创新的今天，调查发现[①]：国内许多企业对技术贸易价格谈判原则存在模糊认识。这影响了科技成果向商品化转移的速度。由于技术费是“软费用”，买卖双方对技术价格的解释均很重视。以技术许可贸易方式为例，技术价格由四部分组成：技术使用费、技术资料费、技术培训费和技术入门费。

（1）技术使用费的计算方法

技术使用费的计算方法有两种：一种是基于提成的概念（Royalty），另一种是基于投资的回收概念（ROI）。

基于提成概念的计算方法：

---

① 据中国企业联合会、中国企业家协会于 2005 年第四季度进行的“科技自主创新与企业发展”问卷调查显示：阻碍企业自主创新的主要外因是缺乏科技创新的社会氛围和技术市场不完善。被调查的企业中有 55.22%的人认为“技术市场不健全”；在涉及“如何利用市场机制促进科技自主创新”问题时，58.82%的人选择“促进科研成果向商品转化”；在涉及“贵企业创新需要的科技人才支持服务有哪些？”时，46.38%的企业“需要科技成果转化实务培训服务”，21.74%的企业“需要技术经纪人培训、咨询服务”。

①产品单价×年产量×年数×提成率，此式属销售提成的性质；

②产品单价×年产量×年数×利润率×提成率，此式属利润分成性质；

③销售提成+入门费；

④利润提成+入门费。

基于投资回收概念的计算方法：

①科研人数×工资×工作年数×投资回报率，该式以投入的人工费为基础计算回收的费用作为技术费，关键在人数与年数、回报率的取数；

②年科研投资额×年数×投资回报率，该式以投资额的大小为基础计算回收的费用作为技术费，关键要核查年科研投资额与年数的真实性。

（2）技术服务费的解释

技术服务费包括培训和技术指导费，其解释方式如下。

关于培训费的算法：

①教师人数×时间×教师单日费用，另计实习生的吃、住、交通费，此式是根据带培训的教师费用来计算培训价的。

②实习生人数×时间×实习单价，另计实习生的吃、住、交通费，此式是以实习生的学习费来计价的。

关于技术指导费的算法：技术指导费=专家人数×服务单价×服务时间。

而服务单价=基本工资+出差津贴+出国前的准备费用+差旅费。

（3）技术资料费的解释

卖方通常“免费”提供技术资料。若单列计价有两种。

①以工本费计价：即每页资料价×页数×调价系数。

调价系数，主要考虑把价格作为固定价，延迟收款带来的损失。

②以工时和材料计价：即（人工数×单价×天数×调价系数）+衬底（磁带或/和纸张）+计算中心使用费+包装运输保险费（保险费/包装费为FOB价的3%左右），该式以整理资料所需人工及时间来计算，所需的纸张、磁带、磁盘另计。有的需计算机，如开机提取数据、复制资料等。

（4）技术入门费的解释

技术入门费又称订金，它由两部分构成：技术转让方在谈判期间交易费用的补偿和技术谈判中应给予技术转让方技术资料泄密的补偿。通常，技术入门费占合同总金额的5%～8%。

阅读材料5-8

日本转让高压硅堆生产线的价格解释

1983年日本某电机公司出售高压硅堆的全套生产线，其中技术转让费报价2.4亿日元，设备费12.9亿日元，包括了备件、技术服务（培训与技术指导）费0.09亿日元。

日方在谈判中对价格进行解释：技术转让费基于利润提成计算，设计年产量3 000万支产品，提成年限为10年，年提成率10%，平均每支产品销价8日元。设备费按工序报价，清洗工序 1.9 亿日元、烧结工序 3.5 亿日元、切割分选工序 3.7 亿日元、封装工序 2.1 亿日元、打印包装工序 0.8 亿日元；技术服务费包括技术培训费和技术指导费，12 人的培训费为 250 万日元、10 个技术指导人员费用为 650 万日元。

2. 影响技术使用费的因素

在技术贸易合同中，影响技术使用费的因素很多，主要有如下因素。

（1）技术开发研制成本

技术开发研制成本与技术使用费之间一般呈正比关系；但是，技术研制开发成本高的技术不一定价格就高，研制开发成本低的技术不一定价格就低。这要看某项具体技术转让后能给引进方带来多少利润。所以，技术开发成本通常仅被技术许可方定为技术价格的下限临界值。而由于技术开发成本往往通过开发者自己使用或多次转让才能得到全部补偿，就某项技术引进合同而言，其技术使用费的价格可能低于其开发研制成本。

（2）技术成熟程度

技术就像产品一样有其生命周期。一项技术的发展通常要经过四个阶段，即成长、成熟、衰退阶段和淘汰阶段。一般而言，处于成长阶段的技术属于实验室技术，尚不适宜商业化生产，价格不高，许可方一般不对外转让；技术成熟阶段价格最高；当技术进入淘汰阶段，由于已不属新技术的范畴，其价格必然会低。

（3）技术转让次数

通常情况下，技术转让次数与技术使用费价格成反比。技术转让次数越多，其价格就越低。这是因为，随着转让次数的增多，不仅会使该技术平均分摊的开发费用减少，而且技术的垄断程度降低，从而导致产品市场缩小，使引进方的收益受到影响。

（4）交易双方对技术引进方预期收益的预测

合同双方当事人对技术转让预期收益的分析是影响技术价格的主要因素之一。对许可方而言，由于转让技术会带来一个新的竞争对手，许可方可能接受的技术转让费不会低于其所能预计的销售利润损失数额，并将此视为技术价格的最低限；技术引进方价格谈判的最高估价是以自我开发该技术需投入多少资金为基础，加上开发时间的机会成本，加上引进方利用该项技术可获得的收益，采取净现值计算方法就可以得出引进方接受价格的最高限。最终成交价格水平取决于双方讨价还价的能力，会在许可方估计的最低限和引进方接受的最高限之间。

（5）引进方接受、消化吸收技术的能力

引进方接受、消化吸收技术的能力，一方面取决于其技术水平和管理经验，另一方面要受其所处环境条件的制约。它从正反两方面影响技术价格。通常而言，若引进方接受技术的能力强，则引进后技术所能产生的利益就会较高；而接受、消化吸收能力弱的引进方其支付的价格就会低一些。从另一方面分析，技术引进方接受能力的强弱也会使许可方所承担的转让风险有所差异，对接受能力强的引进方，许可方通常要提高价格以补偿其转让成本，减少转让风险。

（6）有关国家的法律和政治环境

在国际技术贸易转让谈判中，如果引进方国家政局不稳定，许可方将承担很大的风险。为此，许可方通常提高技术转让的价格。

（7）市场供求状况

技术市场的供求状况对所转让技术的价格有直接影响，如果技术垄断程度高，许可方会力争获取垄断利润；反之，技术垄断程度低，技术来源渠道多的技术价格一般较低。

（8）技术转让形式

技术贸易合同中，引进方被赋予的技术使用权的大小和使用地域的范围影响了技术价格的高低。一般而言，独占许可技术转让价格要比分别许可、交叉许可方式高。因为独占许可方式在合同规定的时间和地域期限内，只有引进方有权使用该技术进行产品的生产和销售。

3. 技术作价的基本原则

如前所述，影响价格的因素有多方面，然而，技术贸易双方最终能达成价格的一致，应遵循“利润分享”的基本原则，即实施技术转让产生的利润由双方共同分享。换言之，许可方取得的技术费应占引进方利润的一定份额，用分享率表示：

利润分享率=许可方技术费/引进方利润×100%

由此，我们发现隐含的一个原则：技术许可方的技术费来自于引进方的利润分享。这表明，技术贸易的双方应通力合作，以使技术引进方能够获得利润；否则，技术许可方的技术费就成了无源之水。利润分享原则，在国际上称为LSLP（Licensor's Share of Licensee's Profit）原则。对于利润分享率的多少，目前尚无统一规定。联合国工业发展组织于1990年选择印度作为研究样本分析后认为LSLP（%）一般在16%～27%之间较为合理。通常，一项技术实施后所产生的利润率与其他相关因素进行综合考虑才能确立合理的利润分享率。引进方使用技术获取的利润率越高，利润分享率越低；反之可适当提高。此外，不同行业的利润率是不同的。如机电产品的利润率一般是10%～20%，耐用消费品为30%～40%，某些高技术电子产品可能高达50%以上。如不考虑引进技术后的产品利润率，都按20%的利润分享率来估算技术价格是不科学的。

由于技术许可方对引进方的利润及利润率的计算是一个估算值，因此，许可方要承担估算的风险。

4. 技术费的支付方式

技术贸易合同的支付方式主要有三种。

（1）一次总付

一次总付是指合同双方当事人在订立合同时，将价格一次付清，在合同中规定一个固定的总金额，由引进方一次或分期支付。总付不等于一次付清。采取总付方式，双方可以约定全部价款一次付清，也可以采取分期支付方式。

以我国引进国外技术贸易谈判为例，涉及软件技术部分费用，在合同生效后30天内预付5%～15%；技术资料费全部到齐后支付50%～60%；技术服务培训完毕后支付20%；合同产品考核验收完毕后支付15%左右。涉及硬件部分，合同生效后30天内预付5%～15%；凭全套设备装运单据支付65%～75%，合同产品验收完毕后支付5%～10%；保证期满支付剩余部分。

需注意的是，对于许可方提供的标准设备，可以不支付预付款。凡引进方支付预付款时，需要许可方提供指定银行开具的、不可撤销的、与预付款金额相同并以引进方为受益人的保函，以确保在许可方不履行合同时，引进方能追回预付款。

总付条件下的技术转让对引进方利少弊多。因为技术引进方承担技术是否适用的全部风险和较重的财务负担。所以只有在不需要许可方后续提供各种服务以及技术引进方有较充实的资金情况下才用总付方式。

（2）提成支付

提成支付是指技术引进方在合同规定期限内，按引进方引进技术后产生的实际收益向许可方支付一定比例的费用，作为对许可方转让技术补偿的支付方式。通常情况下，无论是按销售提成，还是按利润提成都涉及一个关键问题，就是技术许可方必须能够知道或控制技术引进方的财务核算。因此，提成支付方式常用于大企业集团内部之间的技术贸易转让。

（3）入门费加提成支付

入门费加提成支付方式是许可方、引进方相互妥协的一种产物。收取入门费可使许可方风险减少，而采取提成支付又能使引进方按转让技术的实际效果支付费用，加重了许可方的责任。

（三）价格解释的技巧

概括起来，价格解释的技巧有四句话。

1. 不问不答

买方不主动问不答，买方没问到不答，以免言多必失。

2. 有问必答

对对方提出的所有相关问题，都要一一做出回答。

3. 避实就虚

回答问题、提供的资料要以好讲的为主。不好讲的部分能挡则挡，以其“特点”、“异点”渲染充斥解释时间，转移买方的视线。对不能急于回答的问题，要态度诚恳地认真记下问题，过几天再说。总之，在遵守讲实话的原则下讲能讲的实话，尽力维护自己的价格立场。

4. 能言勿书

可以口头解释的不用文字写。俗话说“空口无凭”，错了可以改；而白纸黑字，如果真的出现错误，买方会抓住做文章，尤其是价格问题，谁也不会放过时机。

在解释价格上的“诚实”问题，并非如实掏出己方的底牌称之为“诚实”。诚实在谈判中是个相互行为。只有在买卖双方均以诚相待时才有实可言。

二、价格评论

买方对卖方的价格解释及通过解释了解到的卖方价格的高低性质做出否定性反应称“价格评论”。

（一）价格评论的方法

1. 评论既要猛，又要有节奏

“猛”即准中求狠，抓住对方短处，着力渲染，使其不降价就下不了台。掌握节奏就是在评论时不要把所有问题一下子都摆出来，而是要渐次提出。

2. 人人自由评论，个个均受限制

在价格谈判中，买方人员虽然都可以针对卖方报价进行评论，但鉴于卖方也在窥测买方的意图，因此谈判成员要事先分配任务，在主谈人员暗示下适时适度的发言。

3. 评论的重心是意在压价，重在说理

对于买方的评论，卖方不会轻易接受。买方要想让卖方降价，必须在评论中"以理压价"。评论阶段实质上就是"说理阶段"。

4. 评论中再侦察，侦察后再攻击，交错进行

卖方在买方评论面前为自己辩解是可理解的。在这个过程中，买方要注意倾听，通过其辩解，可以了解更多的情况，对于组织下面的进攻更有好处。

下面以货物、技术费、服务费这三类价格的评论为例进行说明。

（二）货物价格评论

涉及技术贸易中的设备价格评论，可由技术人员和商务人员合作完成。在评论时，可将技术人员分工，有人评工艺设备，有人评备件或材料。这里仍以前述"货物价格解释"部分中的"设备价格解释"为例。买方逐项评论后，卖方主动降了 20%的价。因为，卖方外购手续费比专业代理人的佣金还高（仅做销售代理人的佣金一般在 5%左右，保证一切服务的是 20%～30%），且合同规定在买方工厂"现场验收"，"卖方再检验"的费用多余。再说，合同为 FOB 价（到岸价），卖方解释中两次出现运输费、保险费等重复计价或收费过多。这样一计算，比 CIF 价（成本、运费、保险费在内的价格）还贵。所以卖方高出 70%的价，不能接受。不难发现在国际商务谈判中，价格评论应由商务人员承担。

在评论时候，是逐渐扩展、步步深入，卖方没有理由却不降价，评论就不能一掠而过。

（三）对技术费的评论

对技术费的评论应针对卖方价格解释的类型展开。

若卖方是以销售提成计价，买方的评论可先从产品单价开始，单价是否合理的依据有：一是卖方自己在国际市场上的售价，二是买方将来生产的产品能否卖到这个价。达不到这两条则要求降低单价。其次，压低提成年限，其理由可为：建设工期长，产品寿命短、产品要更新，市场饱和等。如果提成年数减少，如从 10 年压到 5 年，则等于压价 5%。最后，要审查提成率。如卖方从营业额中提成 3%，表面看不大，实际相当于在买方纯利 10%的情况下提成 30%多。如果 6%的提成率，在利润率 10%的情况下，则分去 60%的利润。如果卖方提成率在营业额的 10%，那么利润率在 10%时，买方则一无所获。采取营业额提成还是利润提成视双方地位而定。通常情况下，按照利润提成对技术引进方更有利。

若以销售提成加上专有技术费计价，买方首先应不同意这种说法，因为提成本身就是为支付专有技术费，这有重复计价之嫌。如果提成加上入门费，这是可以解释的；但入门费应适当。在提成公式定下后，入门费本身要合适。作为买方应坚持入门费小于提成费，最好取 1 比 3。有的卖方会坚持入门费大于提成费，往往反过来 3 比 1。在提成公式定下来后，若价格已足够高，买方应尽力砍掉入门费，或尽可能压到 1/10 以下。如果卖方不让步，则依据买方自己的还价意图，压低提成费，使这两个数的总和能为双方接受。

若该项费用卖方是以科研投资计价，评论的方法如下。

以某公司对计算机技术转让的技术费为例。首先，应核实卖方年科研投入的真实性。买方可提出科研投资费是否是 *X* 千万美元/年，继而分析该笔投资费占卖方营业额的百分之几，占其年利润的百分之几。如果一个公司的科研费是营业额的 20%，而年利润却为 10%时，则意味着如此高的科研费会拖垮该公司。继而，买方可核实卖方近 5 年的科研投资是否都是 *X* 千万美元。这可以从卖方产品目录上看出卖方产品创新的速度。如出了多少新产品，什么时候问世。最后，可从卖方建议产品的生产时间、产量看其投资回收效果，从而推断卖方科研投资的实际规模。从技术和产品的折旧的速度进而推断其技术费的实际价值。

如一个成套项目，包括技术费，服务费和设备、仪器、材料、备件等，通常把技术使用费控制在合同总价的 1/4 内、设备等硬件费用的 1/3 以内。然而技术使用费被视为卖方的“纯利润”，买卖双方往往争夺激烈，在技术使用费的价格调整上常常可达 40%～80%。比硬件费用可调性大，即压价可能性大。此外，该技术在同一地区是否已有转让，若系二次转让，则技术使用费可要求免费或者仅收正常值的一半。

阅读材料 5-9

美国 STANCO 公司同天津某石棉厂技术使用费谈判案

1986 年，美国 STANCO 公司提议同天津某石棉厂合资生产石棉制品，双方投资额为 700 万美元，美方以其专利技术作价 300 万美元作为投资的股本。经过中方企业的细致调查发现，美方的技术已经超出专利的保护期。在中方企业的一再要求下，美方公司将 300 万美元的技术费改为 30 万美元后，双方达成协议。

（四）对技术服务指导费的评论

对于卖方的技术指导费可以从两个角度评论。技术人员要评论其估计的服务量是否合理。另外，从服务单价进行评论，往往卖方通过各种理由把单价报得高出专家工资的三倍左右，这显然是高的；但卖方会坚持其利益损失，即每个专家本身创造的价值不限于其工资等理由，这也不能说没道理。买方应以劳务市场的标准价或习惯价格作为谈判的客观标准来限制对方。劳务市场的标准价或习惯价是指同一国家对不同国籍的劳务人员惯常采用的价格和同一国家不同行业习惯采用的劳务价格。对于培训费，买方可强调许多专有技术费的报价中含培训费，要求不再收培训费。

三、讨价还价

在买方对卖方的价格解释予以评论后，提出“重新报价”或“改善报价”的要求，视为“讨价”。而卖方在听了买方的评论后即修改了报价或未修改报价时，就要求买方提出希望成交的价格。如买方做了回答，则视为“还价”。“讨价还价”是多次重复的概念，包含了“讨价”与“还价”两个部分。

（一）讨价

1．讨价的方法

买方如何向卖方讨价？根据评论的依据和卖方态度制定讨价策略，如可要求“全面性重新报价”，也可要求“针对性重新报价。”

根据卖方的解释和态度，买方的评论基调是否定的态度时，即价格不合理，买方在评论阶段结束后，可要求卖方从整体上改善价格；即便不是基本否定的评价，作为买方“首次讨价”，亦可要求卖方全面再报价。对于总体重报的价，买方仍有权要求查看细目。不能总得降百分之几，或多少万美元，而是搞清调价反映在哪个项目上。如买方评论基调是肯定时，那么可以要求卖方先就某些明显不合理的部分再报价。但总体价格并不肯定，留待最后定价时谈判。

对于购买的组合商品或服务，正确的讨价步骤是：全面性讨价→针对性讨价→全面性讨价三个阶段。

2. 讨价应持的态度

因为讨价是伴随着价格评论进行的，故讨价应本着尊重对方、说理的方式进行。又因为讨价不是买方的还价，是启发、诱导卖方降价，为还价做准备，如果过于强硬，有可能过早进入僵局。故在初期、中期的讨价，即还价前的讨价应充分说理以求最大的效益。

3. 讨几次价买方才还价

买方要几次价，这应根据价格分析情况与卖方价格解释和价格改善的状况而定。只要卖方没有实质性改善，买方就应依报价计算的模糊、谈判成员的权限、卖方成交决心、双方关系好坏等情况来决定还价幅度。

（二）还价

在卖方做了数次调价后，强烈要求买方还价时，买方也应以还价来表示尊重对方。

1. 还价的方式

还价的方式从性质上讲分为两类：一是按比价还，在此情况下，买方无法准确掌握所谈商品本身的价值，只能以相近的同类商品的价格做参照进行还价；二是按分析的成本价还，在此情况下，买方能计算出所谈商品的成本，在此基础上加上一定比率的利润作为依据进行还价。这两种性质的还价又可具体分为以下做法：

（1）逐项还价，即对主要设备逐台还价，对技术费、培训费、技术指导费、工程设计、资料费分项还价；

（2）分组还价，根据价格分析时划出价格差距的档次分别还价，区别对待；

（3）总体还价，把货物与技术费分别集中还两个不同的价，或者仅还一个总价。

2. 应用的条件

上述还价的基本原则是哪种方式对“说理”有利就用哪种。具体讲，两种还价性质的选择取决于谈判者手中掌握的比价材料。如果比价材料丰富且准确，自然应选“按比价还”；反之，就用“分析的成本还价”。

3. 还价的起点

还价方式确定后，关键的问题是要确定还价的起点。还价起点即买方的初始报价。如何确定还价起点？

（1）应分析卖方在买方价格评论、讨价后价格改善了多少，对于所含水分较少的报价，还价起点应当较高；对于所含水分较多的报价，还价起点应当较低。

（2）看卖方改善后的报价与买方拟订的成交方案之间还有多大差距，如果差距小，则还价起点应该高；如果差距大，则还价起点应该低。

（3）买方是否准备在还价后让步。若让步，准备让几步。当买方准备还价次数较多时，还价起点应该较低；当买方准备还价的次数较少时，还价起点就应较低。

这三条是决定还价起点的基本条件。

四、价格谈判的结束

商务谈判双方可能达成的条件已进入自己成交的底线是价格谈判结束的前提，但不是结束价格谈判的条件；要最终结束价格谈判还应考核以下条件。

（一）降价率

降价率是指可能的成交价与第一个报价在不减报价内容的前提下降价的百分比，也就是净降价的比例。一般而言，成套项目，降价率约在30%左右。如果是技术费，则降价率更高，从50%直至70%。单机购买合同降价幅度较小。

降价率是个有参考意义的因素，有时决定成交与否。我们应坚持“具体报价具体分析”的原则。当然，在不同文化背景下谈判人员初始报价水平不同影响了谈判降价率的大小。

（二）货物分交

货物分交即把卖方提供的货物清单内容一一核实，明确买卖双方的权利、义务。卖方在决定最大降价方案时，绝不可能放松对买方在支付方面的义务。作为买方为摆脱谈判僵局，促成买卖，加大订购量是常用的手段之一。因此，价格谈判结束时也必然伴着买卖双方围绕“货物分交”的谈判。此问题的结束无疑可作为整个价格谈判结束的信号。

（三）最后争一个条件

当商务谈判双方的条件已进入了双方认为的可以接受的成交圈时，可能是买方或卖方提出最后一个条件作为结束谈判签订合同的前提。

以该种方式结束价格谈判有三个特点：一是总体价已进入成交圈内；二是作为最后一个条件总是“小数”，不宜过大；三是若一方已出了最后条件，让另一方表态时，这是获得“表态权”的一方的最后要价机会。所以谈判者应善于使谈判的次序形成有利于自己的机会。

五、报价技巧

通常，谈判一方报价拉开了正式谈判的帷幕。

（一）谁先报价

在报价阶段，谁先报价是要考虑的首要问题。先报价既有好处也有不利之处，好处在于先报价者比后报价更具有影响力。先报价的卖方实际上为谈判规定了个框框，最终协议可能在此范围内达成。第一个报价在整个谈判过程中会产生较大的影响力。因此，先报价的作用比后报价的影响要大得多。

阅读材料 5-10

先报价的好处

服装业利润往往有3～10倍之高。如果一件衣服进价100元，标价900元。请问，购买者如何还价？通常情况下，还到800元、700元；还到600元的购买者算是有勇气了；顾客很少还到500元、400元。为何？原因是还价与900元的报价差距太大，怕被人瞧不起，所以，宁可不还价而退出谈判，免得招惹是非。

作为卖方，其实际谈判目标在500元、400元的价位上，其最低目标只要高出成本即可。而购买者愿意出600元、700元，甚至800元时，卖方只要一天中有一个人愿意在900元的价格上与他讨价还价，其可得利润就相当可观。这便是先报价的好处。

先报价也有不利之处。首先，先报价容易暴露自己的想法，对方借此可以修改自己的报价，获得本来得不到的好处；其次，对方会集中力量对报价方发起进攻，迫使其降价，而不泄露自己出价多少，先报价方可能成为对方的一个靶子；再次，先报价方采取高的价格容易影响自己的商誉。

谈判桌上，谁先报价应视具体情况而定，不能一概而论。在竞争型谈判中，应当先报价以争取更大的影响力；在合作型的谈判中，一般是卖方先报价，而买方进行讨价还价。

（二）如何报价

1. 选择最高开盘价

实验中，选择最高开盘价是一条金科玉律。如果是卖方，应提出最高的可行价格；如果是买方，应提出最低的可行价格。

以卖方为例，选择最高开盘价的意义在于：

（1）高开盘价给卖方的要价定了一个最高的限度，开盘价一经确定就不可能提出更高的价格了；

（2）开盘价会影响对方对提供商品或服务的印象和评价；

（3）开盘价高，能为以后的磋商留下充分的余地；

（4）开盘价对最终成交水平有实质性影响，通常情况下，要求和目标越高，最终能够得到的好处也就越多，因为这会改变双方谈判人员的心理期望。

当然，开盘价报得高一些，并非漫天报价，应考虑报价的成功概率。

2. 选择报价方式

一般而言，我们提倡口头加书面的报价方式。

（三）报价时应注意的问题

在报价时应注意以下几个问题。

（1）报价要明确。报价必须让对方准确无误地了解己方的期望，切忌含含糊糊，造成对方误解。

（2）报价要果断，毫不犹豫。这样才能给对方留下诚实而又认真的印象。

（3）报价时不必做过多的解释。原则上讲，在对方未还价之前，既不要对己方的报价做过多的解释或说明，又应避开对方要求解释报价的根据等问题。

（4）在做口头报价时应尽量使谈判留有充分的余地；注意谈判各议题之间的内在联系；随时注意纠正对方某些概念性错误。

阅读材料 5-11

“以战取胜”谈判方针指导下的要价案

1984 年第 23 届奥运会赢利 1.5 亿美元，创造了奥运史上的一个奇迹。美国青年企业家尤伯罗斯的卓越谈判艺术使洛杉矶奥运会成为第一次赢利的奥运会。

奥运会每四年举办一届，承办方等同于具有独家占有的地位。尤伯罗斯一开始就对企业赞助商提出高的条件，规定每位赞助商不得低于 400 万美元。柯达公司凭借自身实力只愿出 100 万美元和一大批胶卷。对此，尤伯罗斯毫不让步，并断然把赞助权让给了富士公司。很高的要价并没有吓跑赞助商，由于奥运会的特殊地位，其他赞助商纷至沓来。最后，尤伯罗斯在众多赞助商中选择了 30 家，终于宽松地解决了承办奥运会所需资金，并获得了奥运会历史上第一次赢利。

读者不难看出，正是奥运会的特有性使尤伯罗斯走极端初始姿态的报价策略赢得胜利。在一般竞争型谈判中，谈判人员报价多是凭感觉报价。这种感觉来自对行业发展规律的把握和综合供求双方所有的信息。

六、谈判僵局的处理

商务谈判中出现僵局是件正常的事情。如何处理僵局？下面给出几种方法：

（1）重复讨论，加强沟通来解决僵局；

（2）可以在原则上达成一致，细节问题留待将来讨论；

（3）通过改变合同类型在形式上符合逻辑需要，而实质性内容不变；

（4）谈判双方成立联合研究小组确定时间和地点来解决僵局；

（5）采用休会战术；

（6）打破僵局需要时间，谈判人员要有耐心；

（7）借助第三方作为调解人打破僵局，如图 5-3 所示；

（8）避免谈判出现无法挽回的地步。

如果谈判破裂时，应立即采取行动阻止事态恶化到无法挽回地步。如果一方以退出谈判相要挟，己方切忌“以牙还牙”，应理性并委婉地告知对方适当控制情绪；此时，应劝谈判对方的人员说服其主谈留在谈判桌上；如谈判一方离席，可采取书面、电子邮件方式与对方冷静沟通。

借用第三方调解人打破僵局是十分必要的。阿拉伯人有一个有趣的故事：一位行将过世的老人把三个儿子召集到面前，要把家中 17 头羊分给三个孩子，大儿子得到总数的 1/2，二儿子应分总数的 1/3，三儿子得到总数的/1/9。三个儿子百思不得其解，因为 17 是质数，没有因子。

几天过去了，老人奄奄一息，三个儿子万分焦急。

此时，一位邻居牵了一头羊走过来说，把我的羊加进去进行分配。这样大儿子牵走 9 只羊，二儿子牵走6只羊，三儿子牵走2只羊；邻居也把自己的一头羊牵回了家。这个故事可以说是对第三方调解人作用的精辟总结。

图5-3给出了第三方作为调解人参与谈判打破僵局的方法。借用调解人打破僵局一般是在僵局出现后的一段时间；通常，调解人的能力、经验和才智比中立立场要重要。

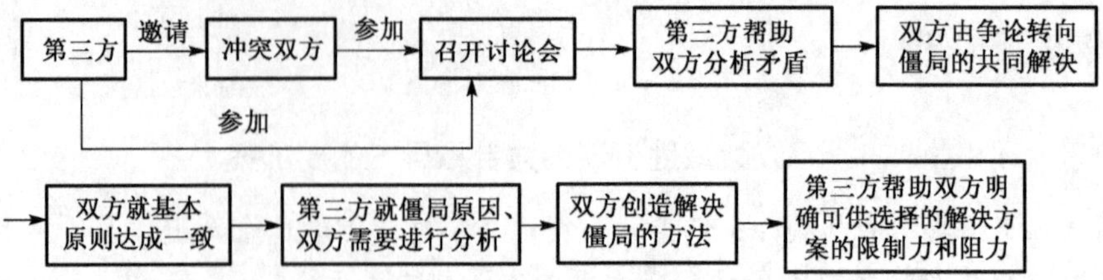

图5-3　借助第三方作为调解人打破僵局的方法

七、谈判双方策略的调整

（一）重新评价对方让步的条件

1. 对方行为与己方预计相符

我们旨在开始阶段建立融洽的工作气氛，双方已建立起一种暂时的平衡。如果双方能够巩固这种平衡，这会为达成协议指明方向。如果对手策略不变，己方不要轻易改变自己的策略，除非预计到改变策略会对己方带来利益，而且谈判时间的拖延并不会对成交产生不利的影响，才可一试。即便如此，有经验的谈判者也会珍惜已建立起来的工作气氛。

2. 对方的让步比预期的快且大

通常情况下，对方会以小的幅度和较慢的速度来做出让步。如果对方让步比己方预计得快又大，出现这种情况时，应进一步与对方磋商，争取对方再做出让步；同时，谈判者也可利用对方让步快的情况，加速谈判的进程。

3. 对方的让步比预期的慢且小

经过一段时间的沟通谈判，发现对方采取让步的战术比预期要慢，并且态度强硬。这有两种可能性：一种是己方原先的估计是正确的，对方的表现是在讹诈；另一种情况是对对方的让步估计判断失误。

对己方而言，关键是要判断对方是否在讹诈。而检验这一判断的唯一的策略是坚持既定方针，不做让步；即便是做出让步，幅度也很少。但是这种策略的不利之处是：如果对方没有讹诈，而是己方判断失误，对方坚持自己的条件是实情，那么有可能出现僵局。

（二）时间的影响

事实表明，谈判人员应对每轮谈判结束时间加以确定。双方应共同商定一个截止的时间，但有的时候，特别是双方就时间问题没有做出明确规定时，谈判一方有可能会利用时间限制的策略。任何一方把时间限制强加在谈判过程中必然会带来一种威胁。把威胁作为传达信息的手段，可能会加快谈判的进程，也许使谈判化为泡影。

（三）谈判目标的修正

己方谈判者原来的谈判目标是依据所能预见到的下列因素而制定的：

（1）己方的各项要求，对方可能做出的各种反映；

（2）为获得在预计范围内的结果要花费的时间和有关时间费用及折扣因素的估计；

（3）在所能预见范围内，对可能得到的每一项结果的预计。

双方之间初步接触可能导致谈判者对上述（1）、（2）两项进行修正。作为和对方初步谈判的结果，己方谈判者对原先预期的每一项结果，有必要做一定的修改。己方的谈判人员可根据从谈判开始阶段所取得的经验，对上述三个因素加以修改，进行重新估价。

第四节　商务谈判的交易明确阶段

一、向对方发出信号

在谈判早期阶段，对方可能在试探或用假象进行讨论并夸大其词，而己方的谈判者也将考虑到这一点并采取类似行动；随后，通过讨价还价阶段，谈判可能进入交易明确阶段。在交易明确阶段，谈判者可能从对方那里得到某种信号，这种信号表明对方不可能再做大的让步，这是显示对方主张的真正指示灯。当谈判者意识到他已收到这样一个信号时，他就明白在这些条件基础上，可能和对方成交。每个谈判者使用信号的形式是不同的，实践中可能有以下形式。

（1）谈判者用最少的言辞阐明自己的立场。他的话语可能表达出一定的承诺意愿，但不包含讹诈的意思。诸如："好，这就是我方最后的主张，现在就看你的了。"

（2）谈判者所提的建议是完整的、绝对的、没有不明确之处。

（3）不给自己留后路。如果他的建议未被接受，除非中断谈判，谈判者将没有别的出路。

（4）谈判者不断重复自己的立场。

（5）有的谈判者回答对方任何问题时尽可能简单，常常只回答"是"或"不"。

（6）在处理一些特殊问题时，谈判者能使对方信服的另一个方法是把企业间的谈判关系转变为他和对方人员个人间的关系。这样做，他就把流行于竞争组织之间的社会道德准则变成为相同社会关系团体中人与人之间提供合作基础的社会道德准则。这种情况通常在正式谈判场合之外出现。例如，在喝咖啡休息时或在饭前小饮时，谈判者用极其亲密的态度向对手传递信号。如果谈判双方有着相同的职业背景或其他共同的联系，谈判者将会谈到这些内容，以融洽感情。

二、交流和协调

在分析导致谈判者最后决定某个数字的原因时，有必要分清以下两点。

1. 焦点的协调

焦点的协调是指这样一种状况，即谈判双方都认识到通过磋商所取得一致的结果将满足各自的谈判目标，并为他们之间的分歧提供一个公平合理的解决方法。如果由一个独立的调解人出面进行协调，那各方一般会同意做成一笔公平交易。

（1）产生焦点协调的必要条件

产生焦点协调的必要条件是：

①谈判双方对于公平、合理的看法是一致的；

②谈判双方之间存在一定的分歧是必然的，但这种分歧能被一个双方所公认合理的磋商结果所解决。

如果要达到焦点协调，条件①和条件②都必须得到满足。假若买方所关心的只是以最低价格成交，而不管这种做法从长远看是否能给卖方带来足够的好处，那么焦点的协调就不会产生，因为双方的思想是尖锐对立的。

（2）可作为焦点协调的因素

能使谈判双方认识到某个具体方面可作为焦点协调的因素有以下几点。

①在以前谈判中，有双方都感到满意的先例。

②有可能使价格以整数来表示的机会。这种方法通常是使一个四位数的最后两位数，一个五位数的最后三位数或一个六位数的最后四位数变为零或很小的数。在实践中，卖方常利用“最后一个条件”方法来设计价格谈判，以使买方相应地对价格做出反应。价格尾数中零越少，表明把价格调整为整数将成为双方协调的焦点。例如，462 655 元调整到 460 000 元，或者 460 050 元就是有力的信号。

这是谈判者常用的策略，用以构成他的要求或者作为他对于对方要求的反应，通过这种方法，造成一种逐步趋向焦点协调的局面。如果这个要求为对方接受，这时谈判就会只涉及如何把焦点协调一致，而不再是接受或不接受的原则问题。

③双方要求的差距不大，在某种意义上这种差距可以比较明确地划分。

2. 力点的协调

力点的协调是指当时之所以达成结果是因为双方都认为这总比不成交好。所以，对于这一协调的结果，双方都认为是在特定的时限内能接受的最低的条件。

随着谈判深入，双方会做某些退让，这时任何特殊的动机所施加的影响将会发生变化。一旦谈判者的最低的谈判目标已获得，这种特殊动机的影响即下降；而另一种动机，如害怕干扰同对方的长期关系，将开始强烈地影响谈判者。

这种动机的变化还将反过来影响谈判者如何解释对方的行为。一开始，他不相信对方，而且可能漫不经心地对待对方；但后来，他可能转变为准备仔细听取对方的意见，并向对方提出一个折中的方案。这个方案不仅保护谈判者自身的利益，而且也将满足对方需要。直到谈判者那种要继续谈判以获取更高收益的自尊动机得到满足，才不致产生由其他行为动机驱使而造成不协调的问题。然而，假定谈判者自尊动机没有满足，他也会在权衡其他因素以后，诸如时间和费用，为企业获取业务的需要，等等，而退出谈判。

可见在谈判中，谈判者会随时修正对于对方行为的解释，以消除自己可能持有的片面看法。所以，从客观上讲，谈判者一般不肯轻易承认对方将不再退让。

那么，谈判者在谈判过程中，应从哪些迹象进行观察？

（1）对方一再重复一项简单的要求。由于重复，对方增加了自己对这项要求的承诺约束。这就意味着如果己方不同意，对方只能退出谈判。因此，可以把得到这项要求看作是对方的最低谈判目标的一部分。

（2）对方确立一条不可打破的逻辑链条。如果对方为支持自己的某项要求而展示一条逻辑链条的话，也可以说明对方受到一定的约束。要是对方先做出了这样的展示，后来又放弃了这个要求，那对方的威信尊严将受损害。

（3）对方表示不做任何部分让步。由于对方不给自己留有后退的余地，也就是即使做部分让步，也必须换取部分收益。这样，他就将自己置于或是成功或是受辱的境地。因此，谈判者将深深地约束自己反对做出任何让步。

3．谈判者策略选择

双方能否协调的关键，在于他们的需要是否一致。如果这里需要的一致性达到了一定程度，并使协调成为切实可行，这时协调的形式和协调焦点将是谈判者价值观统一的一种反映。

如果己方的谈判者力求实现焦点的协调，在抉择时，就应该考虑双方当时的态度。如果这种态度是与焦点的协调相一致，而这个焦点又代表着己方认为能够取得的最好结果，那么一切努力都应该对着这个焦点。如果认为对方将对某个焦点持相反态度，则采取的策略应是：在一定时限内，获得有利于己方的谈判成效，并使对方相信，己方致力谋求的谈判结果对于对方来说应该也是可以接受的。

第五节　商务谈判的结束阶段

一、最后的回顾

在谈判双方即将达成一致前，谈判小组人员有必要进行最后一次回顾。回顾的主要内容和目的是：

（1）评估己方谈判目标的实现程度，明确还有哪些问题没有得到解决；

（2）对自己所期望的交易结果的每项交易条件进行最后决定，同时，明确自己对各种交易条件准备让步的限度；

（3）决定采用何种特殊的谈判战术；

（4）安排核实交易记录事宜。

这种回顾的时间与形式取决于谈判的规模。对于小型谈判，可以在一天谈判结束后的十分钟休息时间里进行；对于大型谈判，可以安排一个正式会议进行回顾总结。这样的回顾会议往往被安排在己方与对方最后一次谈判前举行，并不是双方全面取得一致意见之后进行。

谈判的最后阶段是谈判者必须做出决定的时刻，并且面临着是否达成交易的最后抉择。因此，谈判人员应该以本企业的总体利益为根本，对尚未解决的问题做慎重考虑，看看己方是否应该宁可失去这笔交易也不做让步。

二、最后的让步

在最后的回顾总结之后，还需要进行最后一轮谈判。在最后的谈判中，为了消除分歧，己方可能需要做出一些让步，这就是最后的让步。前面已指出，谈判者要做出让步的困难是：既要保持自己的信誉，又要表示出愿意与对方合作，以取得对方的回报。在谈判的结束阶段，为了使最后的让步能消除分歧，达成一致，谈判人员需要掌握让步的时间和分寸。

（一）让步时间选择

如果退让得过早，对方会误认为这是一个新的让步，并得寸进尺。如果时间太晚，除非让步的价值十分重要，它将失去应有的作用，即对于对方只有很少的影响或甚至不发生影响。

为了选择好时间，建议最后的让步应分为两部分。主要部分应在最后期限之前，即使对方在刚好有足够的时间回顾和考虑的时刻做出；次要部分的让步，如果它是非常必要的，宜安排在最后时刻做出。

做出最后让步的方式应注意强调这种让步的终局性。

（二）让步幅度的掌握

让步幅度的大小必须足以成为预示最后成交的标志。如让步幅度太大，对方不大可能相信它代表己方最后的条件；如让步幅度太小，对方则认为微不足道，有时感到是对其侮辱，结果将一无所得。

在决定最后让步幅度时，一个主要因素是考察对方接受这一让步谈判者的级别。对某些企业来说，最后谈判通常不是以前的一般谈判人员参加，而是对方高级人员出面。如果谈判者能事前预见到这一点，那么他应该确保届时他能做这样一个让步，这个让步刚好能满足较高职位的地位和尊严需要；但又不过大，因为如果幅度过大会使对方领导指责他的下属没有做好他们的工作，并坚持要求他们继续进行谈判。

在做出最后让步后，己方必须保持坚定，坚决不再让步。一般而言，对方将用某些战术来干扰谈判者，如侮辱性的语言，或退出谈判相威胁。

三、让步与要求同时并提

己方在做出最后的让步后，对方可能得寸进尺，让己方做出更大的让步，这就违背了我们做最后让步的初衷了。所以除非己方的让步是对方现实要求的全面接受；否则，必须让对方知道，不管在己方做出最后让步之前或在做出让步的全部过程中，都指望对方做出相应的让步。谈判者向对方发出信号的方法如下。

（1）谈判者在提出让步时，可示意对方这是他自己个人的意思，这个让步很可能使他与公司之间产生矛盾。己方可以透露给对方这样的信息：己方的最后让步是违背上级指示的，这样的让步很可能会受到上级的责备，你们最好也能提出一个回报性的让步，这样也可以对企业有个交代。例如，可以这样说："我愿意同意你关于价格的建议，虽然我将为此而受到严重的批评；但关于交货期条款，你必须帮我的忙。"

（2）并不直接给予让步，而是指出己方愿意这样做，但要以对方的让步作为交换。谈判者可以这样说："我考虑过关于技术问题的建议，坦率地说，我看这没多大问题，只要我们能达成一个关于交货时间的协议。"请注意，"我看这没有多大问题"这句话是在向对方传递某种信息，即谈判者愿意对此让步，但不是现在，而是在对方退让以后。

四、保证协议名副其实

谈判中的困难之一是保证双方对于所谈的内容有一致的理解。名词术语的不同（如使用的词语，对一方来说是术语，对另一方来说却不是）、语言的不同，等等，都可能引起误会。因此，在交易达成时，双方对同意的条款应有一致的认识。下面将某些容易产生错误的问题列出，对于这些问题，商务谈判者应特别小心。下面以国际商务谈判协议内容为例。

（一）价格方面的问题

（1）价格是否包括税捐、关税或其他法定的费用。如果包括的话，在合同的有效期内，倘使这些税率增加，应由谁支付增加的税务费用。

（2）对于合同价格并不包括的项目是否已明确。

（3）价格的确定是否已考虑价格变动因素。

（二）合同完成的问题

（1）对“完成”是否有明确的解释。它是否包括客户对设备的测试。

（2）如果某些零部件丢失，但影响设备的性能和运转，能否签发一张完成或接受的证明书。

（3）合同的完成是否能分阶段进行。这点是否已明确确定。

（三）规格方面的问题

（1）买方取得执照、许可证和图纸的批准等义务是否明确规定，并注明每件完成的时间。

（2）如果标准可参考，是否已明确标准的版本以及与合同哪些部分有关。

（3）对于在工厂或现场的材料或设备测试，以及它们的公差限度和测试方法是否做了明确的规定。

（四）清关、卸货与仓储等问题

（1）是否明确由谁来负责清关，谁来负责交货，谁来负责卸货和仓储。

（2）一些永久性或临时性的工作由谁负责安排、处理。

（五）索赔处理

（1）处理的范围。

（2）处理是否排除未来的法律诉讼。

在任何谈判中，谈判双方都应当彻底检查上述问题，以保证双方真正能理解一致。这样做可能会带来一个弊端：这有可能给一方以改变过去的立场的机会，并重新协商已解决的某个问题。我们也承认有这种风险，但这同双方因解释完全不同而影响将来合同的履行相比，显然是利大于弊。

五、谈判的记录

谈判记录是起草合同的依据，谈判记录也可以作为日后处理纠纷的依据。因此谈判结束，双方离去前，要安排专门人员做书面记录，并由双方核实草签。在核实谈判记录时主要有以下三种方法。

（1）通读谈判记录或条款以表明双方在各个条款上均一致同意。这是通常当谈判涉及商业条款及规格时须使用的方法。

（2）每次的谈判记录由一方在当晚整理就绪并在第二天作为议事日程的第一个项目宣读后

由双方通过。只有在这个记录通过之后才能再继续进行谈判，这项工作比较费时，但对于较长时间的谈判可以采取这种方法。

（3）对于较短时间的谈判，可由一方整理后，在谈判结束时宣读谈判记录并通过。事实上，对于昨天发生的事如果没有记载，极易引起争执；记录人员很容易犯的错误是他往往会记下他认为人们说了些什么而不是实际上人们说了些什么。

本章思考题

1. 商务谈判有哪些阶段？
2. 价格谈判的内容有哪些？
3. 影响技术使用费的因素有哪些？
4. 技术费的支付方式有哪些？
5. 如何在谈判开始阶段做回顾总结？
6. 如何在谈判结束阶段做回顾总结？

第六章

在线电子商务谈判

伴随互联网用户的迅速发展，电子商务大行其道。在线商务谈判支持系统发挥着越来越重要的作用。本章重点介绍基于代理技术的在线商务谈判支持系统的操作流程。

第一节　在线电子商务谈判诠释

电子商务是企业与个人之间、企业与企业之间、企业与政府之间通过由计算机编程和网络传输的电子数据信息，来开展各种商务活动的新形式。它作为一种全新的业务方式，代表着未来贸易方式的发展方向。伴随 Internet 用户的迅速发展，电子商务交易额在急剧上升。1995 年全球电子商务交易额仅为 2 亿美元，2006 年突破 6 200 亿美元。2012 年中国电子商务市场交易规模为 8.1 万亿元，增长 27.9%，其中 B2B 电子商务交易额 6.68 万亿元，占电子商务交易额的 82.5%，占中国 GDP 的 12.9% 。据《电子商务“十二五”发展规划》预测，到 2015 年，我国电子商务交易额将翻两番，达到 18 万亿元。目前我国有 90%的电子商务交易都采用网上谈判，达成交易后再通过银行进行离线支付或网上支付。电子商务突破了传统贸易方式以单项物流为主的运作格局，实现网上货物、信息、货币的三流一体，解除了传统贸易活动中物质、时空、支付等问题对交易双方的限制，对传统的贸易方式产生了强大冲击。

一、电子商务的含义及优点

（一）电子商务的含义

电子商务，简单地说，就是一套运用电子计算机及网络技术等现代科学手段进行的商务活动。在国际商务实践中，人们对电子商务的理解通常分为狭义和广义两个层面[①]：

1. 狭义的电子商务

狭义的电子商务（E-commerce）也就是电子交易，主要指利用网络进行交易活动，包括通过互联网买卖产品和提供服务。产品可以是实体化的，如汽车、电视；也可以是数字化的，如新闻、录像、软件等产品；此外，还可以提供各类服务，如安排旅游、远程教育等。总之，电子商务并不仅仅局限于在线买卖，它将从生产到消费各个方面影响开展商务活动的方式。除了网上购物，电子商务还大大改变了产品的定制、分配和交换的手段。

---

① 王全胜.电子商务原理.北京：北京大学出版社，2002：5.

2. 广义的电子商务

广义的电子商务（E-business）不仅包括企业间的商务活动，还包括企业内部的商务活动，如生产、管理、财务等，它不仅仅是硬件和软件的结合，而且是把买卖双方、厂家与合作伙伴在Internet、Intranet（企业内部网）和Extranet（企业外联网）上利用网络技术与原有的系统结合起来进行业务活动。从这个意义上讲，电子商务所指的商务不仅包含交易，而且涵盖了贸易、经营、管理、服务和消费等各个业务领域，其主题是多元化的，功能是全方位的，涉及社会经济活动的各个层面。

（二）电子商务的优点

电子商务与传统商务活动相比具有以下优点。

1. 降低企业交易成本

对于卖方而言，电子商务可以降低企业的促销成本。企业借助Internet可以在全球市场寻求最优价格的供应商。

2. 便捷双方信息交流

信息交流是买卖双方实现交易的基础。传统商务信息交流是通过电话、电报或传真等工具，这与Internet上的信息以Web超文本（包含图像、声音、文本信息）传输在内容和速度上是不可比拟的。

3. 减少企业库存

通过Internet可以将市场需求信息传递给企业决策者，同时也把需求信息及时传递给供应商，从而实现“零库存管理”。

4. 增强企业竞争力

传统交易受时间和空间的限制，而基于Internet的电子商务可以一天24小时无间断运作，网上的业务可以开展到传统营销人员和广告促销所达不到的市场范围，增加了企业的商机，提高了企业竞争力。

二、电子商务特性

电子商务具有四个特性：适用性、专业技术性、行为性、安全性。

1. 适用性

电子商务是利用电子化技术实现商品和服务的交换，减少贸易和服务流程的中间环节，用电子单证和电子数据交换替代以往的纸质和书面单证的往来，既提高了效率，又节省了成本；同时，电子商务提高了组织管理的效率，改变了企业管理方式。信息技术是电子商务的基础，但更重要的是商务运作。

2. 专业技术性

电子商务综合了多种技术，其基础是信息技术，其中包括电子数据交换技术（EDI）、电子资金转账技术、数据共享技术、网络安全技术。企业开展电子商务，要有电子商务的信息技术策略解决方案，这需要寻找一个可信赖的专业技术组织。

3. 行为性

电子商务不单纯是一种技术，主要还是商务。它保留了所有商务的特征，延续了许多传统商务的理念、商业规则，只是依靠网络作为商务活动的平台。电子商务不仅保留了传统商务的特点，并且还在网络的基础上衍生出新的商务管理方法。电子商务包括的行为有：货物贸易，例如网上商品展示、查询、订购、在线支付、在线数字认证等；服务贸易，包括网上服务项目的传输、资金的电子运作、网上股票交易、网上拍卖以及其他网上服务项目；管理活动，包括内部管理活动以及为支持企业的货物贸易或服务贸易行为而提供的各种信息服务活动，例如企业内部网提供的资金管理活动、企业的对外网站提供的各种咨询活动等。

4. 安全性

在电子商务中，安全性是一个至关重要的核心问题，它决定了电子商务的成败。企业电子商务大多采用了网络安全措施及先进的技术，在增强顾客方便获得商家信息的同时，也增加了对敏感信息或有价值信息的保护。电子商务的安全性包括四个方面内容：保密性，保证数据和各种敏感信息未经授权不会泄漏；完整性，防止数据和各种信息被非授权建立、修改和破坏；身份认证，确认交易双方的有效身份；抗否认性，防止交易双方对已发生的交易行为的否认。

三、在线电子商务谈判支持系统的特征与类型

（一）在线电子商务谈判支持系统的特征

1. 电子商务谈判的优势

在线电子商务谈判是指利用 Internet、E-mail、视频会议等电子方式进行的谈判。通过电子商务谈判，谈判者可以既协作又竞争地分享信息，从而可以提高谈判效率。同传统谈判方式比较，电子商务谈判有以下优势。

（1）实现多方实施即时交互和通信。Internet、E-mail、视频会议等电子方式的应用使谈判者突破了时空的局限，不再安排固定的时间、地点、场所。谈判各方可以通过多种方式实时交互，如热线协调、网络会议、信息交换和文件资料共享等。

（2）节省费用，理性地处理谈判中的问题。使用网络和 E-mail 等方式进行沟通，有助于谈判各方将人事分开，各方的关系建立在正确的认识、清晰的沟通、适当的情绪上，保证了谈判的公平性。同时，电子商务谈判使谈判者彼此之间存在一个“缓冲区”，使得谈判者在时间和空间上进行更周密的思考。通过在线谈判可以减少谈判的费用，增强谈判的灵活性，提高效率。

（3）提高谈判者参与度。在线电子商务谈判支持系统可以提高多点谈判的可能性，大大提高谈判的整合性。McGuire 等人的研究也表明，在传统面对面的谈判中，男性首先提出可行性方案的比率是女性的 2 倍；而在电子商务谈判下，这一比率趋向于平均。此外，在传统的面对面谈判中，由于社会阶层等原因，谈判者可能无法畅所欲言；但是在电子商务谈判中，谈判者都无法得知谈判各方的社会阶层，因此，更倾向于畅所欲言、提供更多的解决方案。特别是在双方通过面对面沟通或在圆满合作中已建立起信任关系之后，便可以充分利用在线谈判的优点。

（4）提高文档处理的效率。电子商务谈判系统可以自动地进行有关谈判记录和相关文件的处理与归档，谈判者和调解人能方便地查询谈判中已讨论的问题和已达成的协议，使谈判过程有据可查。与传统谈判相比，节省了大量的记录工作，提高了效率，降低了成本。

（5）具有较高的安全性。通过用户身份识别、安全和保密技术，谈判服务可以由可信任的第三方提供，谈判注册和文件应由第三方维护，谈判文件仅可被授权的用户查询，系统中可利用公钥、私钥以及 CA 认证技术增加保密性。

2. 电子商务谈判的劣势

同传统谈判方式比较，其劣势如下。

（1）谈判双方不易建立信任关系。在电子商务谈判中，由于谈判各方只通过电子媒介沟通，缺乏面对面的交流，一些很重要的非语言方式，例如身体语言、微笑、眼神等不能在电子商务谈判中使用，因此难以摸清对方的真实想法，不易建立信任关系。

（2）谈判双方的反馈不及时。由于电子商务谈判并不是实时的，彼此间沟通存在一定的时滞，因此双方无法从对方获得及时的反馈，这在无形中降低了谈判者的动机水平。

（3）支付存在一定问题。由于目前我国金融手段落后、信用制度尚不健全，这给谈判双方的支付带来一定的局限性，进而会影响谈判双方的交易达成。

（二）在线电子商务谈判的类型

1. 简单式在线电子商务谈判

所谓简单式在线电子商务谈判是指借助即时通信技术手段实现双方交易谈判的过程，例如，在线 QQ 谈判、E-mail 谈判、视频谈判等。相对于视频谈判而言，QQ 在线谈判和 E-mail 谈判能够在谈判双方之间制造一个缓冲区，使双方有时间进行周密的思考。但是，E-mail 谈判由于缺少声音和表情元素（QQ 可实现听到声音看到表情），也容易使人感到缺少信任和亲和感，因此，适宜谈判内容简单的商务谈判。简单式在线电子商务谈判主要包括 B2B 和 B2C 两种方式。

2. 复杂式在线电子商务谈判

所谓复杂式在线电子商务谈判就是企业借助互联网发布供求信息，借助 Agent 代理技术自动搜寻合作伙伴，自动进行讨价还价，并达成协议的商务谈判。受技术影响，电子商务谈判系统可以处理规范性、标准化的信息（如商品规格的描述），而对于谈判宏观环境分析、谈判者性格分析等非标准化信息的处理尚不够完善。因此，完全依靠电子商务谈判系统来达成商务协议的实践尚未出现。更多的是把电子商务谈判系统作为人员谈判的支持系统。电子商务谈判支持系统可以通过对谈判协议的动态设置，进行招投标等特定类型的谈判活动。这种谈判是在一方和多方之间开展的，一方与多方表示有合作的意愿，而多方之间是一种竞争关系。

四、在线电子商务谈判过程

在此主要介绍简单式在线电子商务谈判过程，对于复杂式在线电子商务谈判支持系统的谈判过程留在第二节介绍。

1. B2B 在线谈判流程（购买方与贸易商的谈判）

（1）购买方向销售商发出“用户订单”，该订单包括产品名称、数量等一系列有关产品的问题。

（2）销售商收到订单后，根据订单要求向生产该产品的供货商查询产品情况，发出“订单查询”。

（3）供货商收到并审核完“订单查询”后，给销售商能否供货的答复。

（4）销售商在确认供货商能够满足购买方需要的情况下，联系运输商发出有关货物运输情况的“运输查询”。

（5）运输商在收到“运输查询”后，给销售商返回运输服务的具体细节。

（6）在确认货物、运输没有问题后，销售商给购买方的“用户订单”满意的回答，同时要给供货商发出“发货通知”，并通知运输商运输。

（7）运输商接到“运输通知”后开始发货。购买方向支付网关发出“付款通知”。支付网关和银行结算票据等。

（8）支付网关向销售商发出交易成功的“转账通知”。

（9）交易完成。

2. B2B 在线谈判流程（购买方与供货方的谈判）

（1）供货方接收购买方的订单，解析 EDI 标准数据，保存订单必需数据，存入数据库（Database，DB）。

（2）将订单（Purchase Order，PO）信息上传至 ERP 系统。ERP 系统创建销售订单，然后将相关信息反馈给 ERP 系统。

（3）B2B 系统返回订单信息给购买方。

（4）ERP 系统创建生产命令，生产现场管理系统下载生产命令，安排生产，产生相关产品数据。

（5）获取 ERP 传递的 IDOC 信息，存入 DB。获取货物数据、包装列表等。

（6）B2B 生成运单（Ship Notice）。

（7）接收购买方对运单的确认。

（8）将发票发送给客户。

3. B2C 在线谈判流程

根据艾瑞咨询集团《2011—2012 年中国电子商务行业年度监测报告》，2011 年 B2B 市场交易额（商品价格总额）占比遥遥领先，份额达 85.8%，但份额相对下降。网络购物市场交易额占比 12.1%，比例呈逐年攀升的走势，预计 2015 年该占比超过 15%。在线旅游交易额占比增长平稳，占比在 2%上下浮动。整体而言，B2C 网络购物、在线旅游、生活服务类电商将是 2C（面向消费者）电商的新增长点。截至 2013 年 6 月底，我国网民规模达 5.91 亿，互联网普及率为 44.1%①。

可见，无论是 B2B 还是 B2C，在线电子商务谈判都属于简单式电子谈判，在实质上与传统商务谈判差异不大。作为电子商务谈判的买方可以借助于网络搜索引擎了解更多的信息，卖方处于相对激烈的竞争环境下。

B2C 在线谈判流程如下。

（1）商家通过自身的网站或呼叫中心接收购买方的订单，经由 ERP 系统核对库存后自动生成订单（Purchase Order，PO）。

（2）B2C 系统返回订单信息给购买方。

（3）商家向支付网关发出“收款请求”，由支付网关经过购买方提供的支付方式（如银行）结算。

（4）ERP 系统创建拣货命令，仓库现场管理系统下载拣货命令，安排拣货，产生相关产品数据。

（5）获取 ERP 传递的 IDOC 信息，存入 DB。获取货物数据，包装列表等。

---

① 2013 年 7 月 17 日消息，中国互联网络信息中心（CNNIC）在京发布《第 32 次中国互联网络发展状况统计报告》，http://tech.qq.com/a/20130717/013273.htm。

（6）商家生成运单（Shipping Notice）发送至购买方。

（7）接收购买方对运单的确认。

第二节　基于代理技术的在线电子商务谈判支持系统[①]

一、在线电子商务谈判支持系统有关研究现状

1. 设计谈判支持系统时要考虑的问题

谈判支持系统（On-Line Negotiation Support System，NSS）是群体支持系统的一个分支，其目的在于促进交易、寻求冲突一致性的解决。NSS概念的产生源于20世纪80年代后期[②③④]。随着对谈判支持研究的深入，人们发现谈判支持系统的决策过程最终要获得一致意见。这要求在设计谈判支持系统时要考虑以下几点[⑤]：

（1）应使用户独立并考虑他们决策能力的大小；

（2）谈判支持系统能表述用户自己的利益；

（3）能使用户自己相互依赖以达到谈判的目标；

（4）系统具有报价、讨价还价、拒绝、接受的能力，并在满足用户要求时能终止谈判。

NSS结合现代通信技术和谈判决策理论，支持信息收集与分析和通信协议，支持和辅助谈判者达成相互满意的协议。NSS包括谈判每一方的决策支持系统（DSS）和各方之间的电子通信渠道，它可以提供己方的需求分析、对方的策略分析、支持交互作用。NSS因其对信息收集、加工处理和储存能力强，谈判过程的程序化、结构化、并行通信能力高，在价格条件的要价方面可以为谈判者提供多种可选择的方案，并可对谈判即将或已达成协议进行改进。

随着互联网、电子商务迅速发展，已经出现了基于Web的NSS软件。例如[⑥]，加拿大的麦克玛斯特大学开发了一种基于Web的谈判支持系统，虽然它不能提供建议解，但却能在WEB环境下提供较为全面的谈判过程支持。同时加拿大的卡尔顿大学开发了可以提供建议解的谈判支持系统，但受限于简单的系统通信方式，对复杂谈判项目的组织不能提供全面的过程支持。研究表明[⑦]，有NSS支持的谈判结果及协议的公正性上，都高于无NSS支持的谈判。互联网技术从根本上改变了表述问题和构建谈判过程的方式，允许支持谈判中的更多谈判活动，包括潜在的谈判者的有效匹配、数据收集处理、谈判客观标准的整理建档、谈判策略的形成等[⑧]。

---

① 在线电子商务谈判支持系统目前尚处于研究开发期，本节在参考国内外相关文献基础上做一介绍。

② Chidambaram L., Jones B.Impact of communication medium and computer support on Group perceptions and performance: A comparison of face-to-face and dispersed meetings[J].MIS quarterly 1993,17(4):465-491.

③ Desanetis G, Gallupe R.B.A foundation for the study of Group Decision Support Systems[J].Management Science, 1987, 33(5): 589-609.

④ Gregory..E.Kirsten,Gordon Lo.Aspire: Integration of Negotiation Support System and Software Agents for E-Business Negotiation. International Journal of Internet and Enterprise Management[J], 2002, 1(3):293-315.

⑤ GregoryE.Kersten,Hsiangehu Lai. Negotiation Support and E-negotiation Systems: An overview[J]. Group Decision Negotiation, 2007(16):553-586.

⑥ 曾子明，孟波. 基于MAS的电子商务谈判支持系统 [J].计算机工程，2005(7): 1-3, 17.

⑦ Lim J.An experimental investigation of the impact of NSS and proximity on negotiation outcomes [J] Behaviour & Information Technology,2000,19(5):329-338.

⑧ M.Bichler,G.Kersten, S.Streeker. Towards a Structured Design of Electronic Negotiations[J].Group Decision and Negotiation, 2003,12(4):311-335.

2. NSS可区分的系统

根据NSS设计和功能的本质性差异，可将其分为以下几个系统。

（1）准备和评价系统。该系统是在谈判桌外操作，帮助谈判者在线收集、处理加工信息，形成有利的偏好陈述，考察谈判策略的实施可能性，帮助谈判者克服认知的局限，明确双方的真实利益。

（2）过程支持系统。该系统可以替代传统面对面的谈判，帮助谈判者获得对谈判者情况的主观描述，实现解决方案。过程支持系统可以在双方远程控制下达成共同的最优协议。

目前，在线电子商务谈判支持系统都只是对谈判磋商阶段提供过程或解的支持，尚无法提供对整个谈判过程的支持。面对复杂的电子商务谈判过程，在线电子商务谈判中需解决的问题是：如何在谈判信息收集分析基础上，智能化地把谈判者的非规则化的策略通过系统语言加以完善,为整个商务谈判过程服务。要解决这个问题涉及多学科的融合，如心理学和社会学、信息系统和计算机科学、管理和经济、工程学、伦理学和人类学等多门知识。

二、基于代理技术的在线电子商务谈判支持系统诠释

（一）问题描述

在买卖双方谈判中，基于代理技术的在线商务谈判支持系统需要解决的问题有：

（1）如何代替谈判人员在Internet中自动搜索信息，并对对方的方案采用某种决策模型进行求解，对各方案求出其效用值；

（2）系统需要对初步筛选的方案进行改进；

（3）能够从谈判人员历史的方案选择记录中自动学习和模仿谈判人员的偏好。

针对上述问题，首先由Agent系统执行搜索任务，在网络上搜索谈判对手提供的方案；Agent系统接收到对方方案后，按照多目标决策模型估量此方案与目标的差距大小。如果二者在设定的阈值之外，表明此方案有待进一步改进；Agent系统对改进后的方案重新进行谈判，直到谈判双方都能妥协一致，此时求出的方案为谈判双方的满意解。假设一个谈判是多回合的。首先由卖方Agent提出一个提议，该提议是由系统经过复杂计算而给出的；然后买方Agent要做出响应，包括接受或拒绝该提议或退出谈判。如果接受，则表明谈判结束；如果拒绝，则表明其退出；如果Agent不接受该提议，那么它要提出一个新的方案。在谈判前，谈判方可以限定谈判时间，如果时间超时，则谈判强制结束；谈判人员也可以设置谈判回合的次数，如果谈判回合超出限制次数，则谈判强制结束，如图6-1所示。

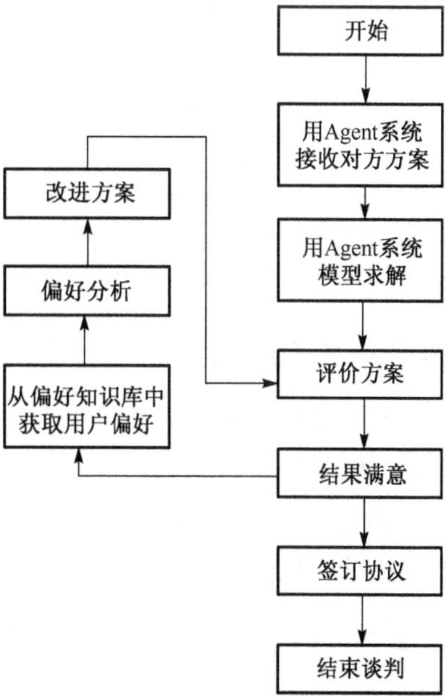

图6-1 多目标决策模型+偏好知识获取机制①②

① 曾子命，孟波. 基于MAS的电子商务谈判支持系统[J].计算机工程，2005(7): 1-3, 17.

② 李绍英. 基于代理技术的在线商务谈判研究[J].法制与社会，2006(8): 169-170.

（二）以网上招投标谈判为例说明在线商务谈判支持系统操作流程

网上招投标谈判流程如图 6-2 所示。

第一步：发标方登录谈判代理系统，并设置谈判要素和谈判策略[①]。

第二步：谈判代理系统接收发标方信息，并根据发标方谈判要素给投标方发布信息。

第三步：投标方登录谈判代理系统接收谈判信息，并设置自己的谈判要素。

第四步：谈判代理系统根据发标方设置谈判要素和谈判策略，对投标方设置谈判要素进行初步选择处理，若符合条件，则将合适投标方信息发送给发标方；若不符合，则谈判失败。

第五步：发标方若同意投标方设置谈判要素，则深入谈判并且签订书面合同；若不同意，则发标方根据情况设置新的谈判要素和谈判策略，重走流程，直到双方签订书面合同，否则，谈判失败。

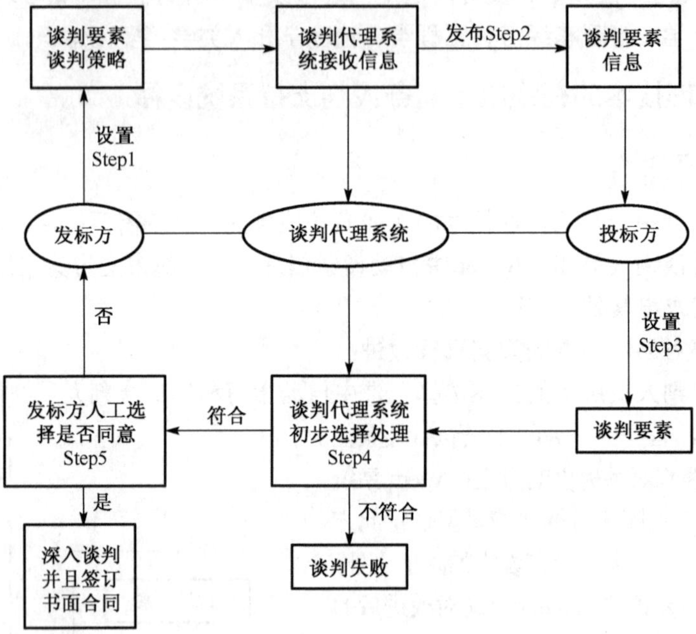

图 6-2　网上招投标谈判流程

（三）谈判环境分析

（1）谈判环境具有动态性。在基于 Agent 的商务谈判中，谈判环境是连续不断地变化的。

（2）环境的学习性。谈判的 Agent 具有网上动态学习的能力，收集对方谈判策略信息。

（3）谈判的要素值。其值可以是离散的或连续的变量，为使其简单化，应将连续的变量映射为不可变量，离散的量划分为粒度度量。

本章思考题

1．什么是在线电子商务谈判支持系统？与传统谈判相比，有何优缺点？

2．简述基于代理技术的在线电子商务谈判支持系统的构成。

---

① 谈判要素为标的物的详细描述，比如商品的价格、型号和交货日期等。谈判策略包括：强硬型、防御型和温和型谈判策略。强硬型在自身具有优势下使用，扩大自身利益；防御型用于决策和行为谨慎的人；温和型有助于短期内达成合作。

第七章

商务谈判的法律规范

一项成功的商务谈判的内容最终要以合同形式加以确认，并且通过合同的法律效力来保证实施。本章就商务谈判所涉及各种法律规范做一介绍，主要内容包括：合同的签订；合同的格式；合同的履行；合同的违约处理。

第一节　商务谈判的合同签订

商务谈判的合同一旦签订，即由它来确定、变更或终止买卖双方相互的权利义务关系。因此，它具有法律性。本节主要介绍商务合同及其法律效力、合同的特征及种类、合同签订的原则。

一、商务合同及其法律效力

谈判的内容及结果最终要以合同的形式加以确认，它是当事人依法订立的有关权利义务的协议，是调整双方劳务、商品、技术、服务等交换关系的法律工具。世界各国的法律传统不同，对合同定义的法律表述也存在着诸多差异。我国大陆法系将合同称为“契约”，并将它作为引起民法中债权债务关系发生的主要依据；英美法系国家则习惯于从“诺言”的角度去解释合同。

1. 合同的法律特征

我国法学界认为，合同又称为契约，具有广义和狭义两种。广义的合同泛指双方或多方当事人之间订立的发生一定权利、义务关系的协议；狭义的合同专指“当事人之间设立、变更、终止民事关系的协议”（《民法通则》第 85 条）。从《民法通则》关于合同的定义可以看出，合同具有以下法律特征：

（1）合同是一种民事法律行为；

（2）合同是当事人之间设立、变更、终止民事法律关系的协议；

（3）合同是在当事人平等的基础上达成的协议。

2. 合同的法律约束力

合同一旦依法成立，在当事人之间便产生如下法律约束力：

（1）当事人必须全面、适当地履行合同中约定的各项义务；

（2）当事人一方不履行或未能全部履行合同义务时，便构成违约行为，要依法承担民事责任；另一方当事人有权请求法院强制其履行义务，并支付违约金或赔偿损失；

（3）合同依法成立以后，除非通过双方当事人协商同意，或者出现了法律规定的原因，可以将合同变更或解除外，任何一方当事人都不得擅自更改或解除合同。

二、商务合同的特征及种类

（一）商务合同的特征

1. 合同条文明确、规范

合同作为一种法律文件，应当同时具备严肃性、规范性。首先，条款的用词要明确，专业术语以及表达方式要准确、规范。其次，要注意合同行文的精炼，把握整个合同的内在逻辑，使前后文贯通，不相互矛盾。

2. 合同当事人应有合法行为能力

签订商务合同的主体必须具有法人资格，即有一定的组织机构和正常的业务范围；有独立支配的财产或依法经营管理的财产；能以自己的名义进行民事活动，享有民事权利，承担民事义务；能在仲裁机构和法院起诉和应诉。

3. 体现权利义务平衡

合同条款的拟订必须体现权利与义务两者平衡的原则，当事人所享受的权利与承担的义务相对应。

（二）商务合同的种类

商务合同范围广泛、种类繁多且形式复杂。

在货物贸易方面，有货物买卖合同、成套设备进出口合同、包销合同、代理合同、补偿贸易合同等。

在劳务服务贸易方面，有工程承包合同、劳务合作合同、船舶修理合同等。

在技术引进方面，有技术开发合同、技术合作合同、技术引进合同、技术转让合同、商标使用合同、专利许可实施合同等。

在资金融通方面，有商业信用贷款合同、银行信用贷款合同、进口设备贷款合同、开发基金合同、长短期贷款合同等。

在投资方面，有中外合资经营企业合同、中外合作经营企业合同、中外合作勘察开发自然资源合同、合作生产合同等。

在其他方面，有保证合同、保险合同、委托合同、租赁合同、职工劳动合同、刊登广告合同、仲裁合同、运输合同、经营管理合同等。

三、商务合同签订的原则

商务合同类别可能不同，但是在签订合同时却有其通用的原则。

（一）注重法律依据

这条原则要求在签订合同时，要严格遵循我国的有关国家安全、公共健康、社会治安、外国企业管理、外交政策等方面的法律和法令。同时，在国际商务合同中应主动了解对方所在国有关许可证、税收等方面的法令。另外，对国际组织，如联合国、国际商会颁布的或推荐的一些国际惯例的引用会使合同条款更加国际化，简化洽谈过程，而且签约后也易于得到双方政府的批准。

（二）追求条件平衡

条件平衡是指商务合同条文对双方义务的规定不是偏向某一方，而是公正地依其所得赋予应尽的义务。

原则上讲，“平衡”就贯穿在合同的结构之中，每一章、每一段甚至于每一句中，只有以“平衡”为宗旨，合同才为双方所接受；否则，可能造成合同执行中的不顺利。如“支付与交货”亦称“对价”的最根本因素应平衡。围绕“交货”，由“保证与提前”、“验收与条件”等双方应尽的义务来平衡。

（三）条文明确严谨

商务合同是双方行事的法律依据，因此语言应该明确，不能因国家不同、文化习惯不同而使用晦涩难懂的词句。在条文结构上，尤其是规定的条件之间的逻辑关系上要严谨，令任何一方都无空可钻。

用词造句的明确主要指专业、法律方面的术语，表达方式在同行业中标准化。若无标准说法，则应使双方共同理解以后，再用一致同意的文字描述。结构、逻辑的严谨系指条文紧扣技术附件、买卖价格的条件，并且条文之间互不矛盾、相互补充，使合同正文、附件为不可分割的一体。

第二节　商务谈判的合同格式

商务谈判所达成的经济合作的方式，由于内容不同，决定了商务合同格式也是多种多样的。本节将从商务合同应具备的条款及合同成立需符合的程序及形式要件两个方面加以介绍说明，最后举例说明商务合同的格式。

一、商务合同应具备的条款

商务合同的基本条款是合同的主要内容，是据以确定双方当事人权利、义务和责任的合同条款。它主要由三个部分组成：

（1）法律规定的条款，即法律明文规定合同必须具备的条款；

（2）合同性质所决定的条款，即法律虽没明文规定，但根据合同的性质不可缺少的条款；

（3）合同当事人要求必须订明的条款，即当事人一方要求或双方约定合同必须具备的条款。

（一）合同的必备条款

依据法律规定和实践经验，合同的必备条款一般包括如下方面。

（1）合同当事人的名称、国籍、住所（营业地点）。这些条款可确定当事人情况，确定其是否具有签订合同的资格。

（2）合同签约日期、地点条款。合同成立日期是确定合同有效期的起点，签约地点是确定司法管辖和选择适用法律的依据之一。

（3）合同标的种类、范围、技术条件、质量、标准、数量条款。这几项是合同中的主要条款，违反此类条款，受损害方不仅可以提出损害补偿要求，而且可以要求取消合同，因此，应规定得越明确越好。合同标的有的是物，有的是行为。任何商务合同都是为了一定的标的而设立的，没有标的或标的不明确的合同是没有实际意义的，也是无法执行的。

（4）合同的价格条款、支付金额、支付方式和各种附带费用的条款，计价单位、保值条款等要明确规定。国际贸易中的价格条件比较复杂，形成了一些国际惯例。在技术贸易合同中对价格的表述就更加复杂，不仅要写明支付金额和支付方式，还要写明计算方法和提成的基数等。

（5）合同履行期限、地点和方式的条款。这些条款是实现合同权利、承担合同义务的具体要求，直接关系合同的履行。这类条款欠缺或不明确、不具体往往导致合同不能履行或履行结果不符合当事人的意愿。

（6）合同中的违约赔偿条款和其他责任条款。合同履行过程中，如一方违约，则违约方必须承担法律责任，另一方有权要求赔偿损失。另一方面，除要求赔偿损失外，也可以要求违约方采取其他合理的补救措施。

（二）合同的选用条款

（1）合同能否转让或合同转让的条件；

（2）合同发生争议时的解决方法；

（3）合同使用的文字及其效力；

（4）履行合同承担风险的界限条款：

（5）合同标的物保险范围及保险费由何方负担的条款；

（6）合同解释的条件；

（7）合同还可以约定违约金的数额和损失赔偿的计算方法，以及延期支付的金额利息计算方法。

（三）合同附件

在商务合同的主体之外，对合同中某些未能详尽说明的内容，一般作为合同的附件在合同中注明。附件也是合同的组成部分，与合同文件具有同样的法律效力。不同种类的合同，附件的内容不同。

二、商务合同订立的程序和形式

商务合同的订立必须经过一定的程序，也就是合同双方当事人就合同条款内容进行协商，直至取得一致同意的过程。合同订立的形式是双方明确权利义务关系的方式。

（一）实质要件

商务合同订立的实质要件是合同订立所需具备的程序。合同的订立首先要求合同当事人的意思表示一致，换言之，合同双方进行协商，达成一致协议的过程是合同订立的实质要件。它主要包括要约和承诺两个内容。

1. 要约

要约又称报盘、发盘，是指合同当事人一方就订立合同的主要条款向另一方提出建议的意思表示。发起要约的一方为要约人，另一方为受要约人。要约人向受要约人发出的要约，必须具备法定条件，才能成为对当事人有约束力的法律行为。要约一般要具备以下条件：

（1）要约人必须清楚地表明愿意按自己所提出的要约内容订立合同的意思；

（2）要约人与被要约人必须是特定的，要约是特定的当事人一方向特定的被要约人一方做出的意思表示；

（3）要约的内容必须明确，肯定要包括拟签订合同的重要条件，即要约的内容应足以决定合同的主要条款，只有这样，被要约人才能决定是否接受要约；

（4）要约必须传达到受要约人才能生效。

2. 承诺

承诺又叫接受，是受要约人向要约人做出的对要约表示完全同意的意思表示。承诺只能以明示的方式进行，沉默不构成承诺。一项有效的要约一经有效的承诺，合同即告成立。承诺应具备以下条件：

（1）承诺必须由受要约人做出，包括本人及其授权委托的代理人，任何第三者的承诺表示都是无效的；

（2）承诺的内容与要约的内容必须完全相符，承诺人对要约的承诺必须是对要约中足以决定合同主要条款条件的全部接受，如有增减、限制或修改，则不能构成承诺；

（3）承诺必须向要约人本人或其授权委托的代理人发出，向其他任何第三者表示都是无效的；

（4）承诺必须在要约的有效期内做出；

（5）承诺的传递方式必须符合要约所提出的要求，如要约未做规定，可按要约所采用的传递方式，或比要约更为快捷的方式。

承诺自要约人收到承诺时方可生效，法律另有规定者除外。

（二）程序要件

商务合同成立的方式，主要有以下三种。

1. 自动成立

自动成立适用于双方当事人当面签订合同而又无须批准的情况。

2. 确认成立

通过信件、电报、电传达成协议，一方当事人要求签订确认书的，签订确认书时方为合同成立。

3. 批准成立

凡是当事人一方国家法律、行政法规规定必须经由国家批准的合同，一定要经过国家有关部门批准才能有效成立。

订立商务合同，就是双方当事人进行要约和承诺的协商过程，具体而言，要经过要约——反要约——再要约——再反要约直到最后一个新的要约做出承诺的过程。

反要约，又叫还盘或还价，是指受约人以口头或书面形式对要约内容提出的修改意见或限制性条件。反要约按其性质来说是对要约的拒绝。要约一经反要约，就立即生效，原要约人不再受要约的约束，受要约人也不得以后再要求接受原来的要约。凡是对要约提出的修改，表示部分同意或附有条件的接受，都被认为是对原要约的拒绝和新要约的提出。一项商务合同往往要经过多次要约与反要约的反复过程才能订立。

（三）订立的形式要件

我国 1999 年 3 月 15 日第九届人民代表大会第二次会议通过的《中华人民共和国合同法》实现了中国合同法制度的统一，结束了《经济合同法》《技术合同法》《涉外经济合同法》三足鼎立的局面。第 2 章第 10 条款规定："当事人订立合同，有书面形式、口头形式和其他形式。法律、行政法规规定采用书面形式的，应当采用书面形式。当事人约定采用书面形式的，应当采用书面形式。"第 11 条规定："书面形式是指合同书、信件以及数据电文（包括电报、电传、传真、电子数据交换和电子邮件）等可以有形地表现所载内容的形式。"

一般情况下，商务合同采用书面形式，特别是在国际商务合同中，由于合同金额较大，情况复杂，涉及不同国家的法律制度，为维护合同的严肃性，使合同内容明确细致，通常采用书面合同形式。

三、商务合同的格式

商务合同因标的物不同，其格式也多种多样。下面以技术贸易合同为例进行说明。

×××专利技术许可证合同

签约时间：

签字地点：

合同号：

中国，北京，××公司（以下简称"接受方"）为一方，××国××公司（以下简称"许可方"）为另一方：

鉴于许可方是××技术的专利权持有者，鉴于许可方有权，并且也同意将××专利技术的使用权、制造权和产品的销售权授予接受方；鉴于接受方希望利用许可方的专利技术制造和销售产品；双方授权谈判代表通过友好协商，同意就以下条款签订本合同。

第一条　定　义

1.1"专利技术"——是指本合同附件一中所列的技术，该技术已于×年×月×日经中国专利局批准，获得了专利权，其专利编号为×××。

1.2"许可方"——是指××国××市××公司，或者该公司的法人代表、代理和财产继承者。

1.3"接受方"——是指中国××公司，或者该公司的法人代表、代理和财产继承者。

1.4"合同产品"——是指合同附件二中所列的产品。

1.5"合同工厂"——是指生产合同产品的工厂，该工厂在××省××市，名叫××工厂。

1.6"净销售价"——是指合同产品的销售发票价格扣除包装费、运输费、保险费、佣金、商业折扣、税费、外购件等费用后的余额。

1.7"专利资料"——是指本合同附件一中所列的有关资料。

1.8"合同生效日"——是指本合同双方有关当局的最后一方的批准日期。

第二条　合同范围

2.1 接受方同意从许可方取得，许可方同意向接受方授予合同产品的设计、制造和销售的权利。合同产品的名称、型号、规格和技术参数详见本合同附件二。

2.2 许可方授予接受方在中国设计制造合同产品，使用、销售和出口合同产品的许可权，这种权利是非独占性的，是不可转让的权利。

2.3 许可方负责向接受方提供合同产品的专利资料，包括专利的名称、内容、申请情况和专利编号等，具体资料详见本合同附件一。

2.4 在合同的执行中，如果接受方需要许可方提供技术服务或一部分生产所需的零部件或原材料，许可方有义务以最优惠的价格向接受方提供，届时双方另行协商签订合同。

2.5 许可方同意接受方使用其商标的权利，在合同产品上可以采用双方的联合商标，或者标明“根据许可方的许可证制造”的字样。

第三条　合同价格

3.1 按照第二条规定的内容和范围，本合同采用提成方式计算价格，计价的货币为美元。

3.2 本合同提成费的计算时间从合同生效之日后的第×个月开始，按日历年度计算，每年的 12 月 31 日为提成费的结算日。

3.3 提成费按当年度合同产品销售后的净销售价格计算，提成率为 *X*%，合同产品未销出去的不应计算提成费。

3.4 在提成费结算日后 10 天之内,接受方应以书面通知的形式向许可方提交上一年度合同产品的销售数量、净销售额和应支付的提成费，净销售额和提成费的具体计算方法详见本合同附件三。

3.5 许可方如需查核接受方的账目，应在接到接受方根据第 3、4 条规定开出的书面通知后 10 天之内通知接受方，具体的查账内容和程序详见本合同附件四。

第四条　支付条件

4.1 本合同第三条中规定的提成费，接受方将通过××银行（此处为接受方的业务银行）和××银行（此处为许可方的业务银行）支付给许可方，支付中使用的货币为美元。

4.2 许可方在收到接受方按第 3.4 条的规定发出的书面通知后,应立即开具有关的单据，接受方在收到许可方出具的下列单据后 30 天内，经审核无误，即支付提成费给许可方：

A.提成费计算单一式四份；

B.商业发票一式四份；

C.即期汇票一式两份。

4.3 按本合同规定，如许可方需要向接受方支付罚款或赔偿时，接受方可从上述支付中直接扣除。

第五条　资料的交付和改进

5.1 许可方应按本合同附件二的规定向接受方提供专利资料的名称、内容以及许可方向专利局申请专利的有关情况。

5.2 许可方应在签订合同的同时，将第 5.1 条中规定的专利资料交付给接受方。（注：由于专利资料都是现成的，因此要求许可方在签约时提交。）

5.3 在合同有效期内，双方对合同产品涉及的技术如有改进和发展，应相互免费将改进和发展的技术资料提供给对方使用。

5.4 改进和发展的技术，其所有权属于改进和发展的一方，另一方不得利用这些技术资料去申请专利或转让给第三方。

第六条 侵权和保证

6.1 许可方保证是本合同一切专利技术和专利资料的合法持有者，并且有权向接受方转让，如果在合同执行过程中一旦发生第三方指控侵权，则由许可方负责与第三方交涉，并承担由此引起的一切法律和经济上的责任。

6.2 许可方保证本合同中涉及的专利在合同执行期间是有效的和合法的。如果由于许可方的原因导致专利提前失效，许可方应将专利失效后接受方支付的费用偿还给接受方，并按 *X*% 的年息加计利息，与本金一起偿付给接受方。

6.3 在合同有效期间，许可方应按照中国专利局的有关规定按时缴纳专利维持费，以保持专利的有效性。

6.4 在合同执行期间，如果本合同涉及专利的法律性质发生了变化，许可方应立即将此情况以书面形式告之接受方，然后双方再协商本合同的执行问题。

第七条 税 费

7.1 中华人民共和国政府根据其现行税法向接受方征收的有关执行本合同的一切税费由接受方负担。

7.2 中华人民共和国政府根据其现行税法向许可方征收的与执行合同有关的一切税费由许可方负担。

第八条 争议的解决

8.1 因执行本合同所发生的或与合同有关的一切争议，双方应通过友好协商解决。

8.2 如双方通过协商不能达成协议时，则应提交中国的仲裁机构或中国的有关法院解决。如果是诉诸仲裁，则由中国国际贸易促进委员会对外经济贸易仲裁委员会按该地的仲裁程序暂行规则进行仲裁；如果是通过诉讼，则由中华人民共和国有关的人民法院根据中国的有关法律进行审理。

8.3 仲裁裁决和法院的判决是终局决定，对双方均有约束力。

8.4 仲裁费或诉讼费由败诉方负担。

8.5 在争议的处理过程中，除正在进行仲裁或诉讼的部分外，合同的其他部分将继续执行。

第九条 合同生效和其他

9.1 本合同由双方授权代表于×年×月×日在北京签字。各方应分别向其有关当局申请批准，以最后一方的批准日期为本合同的生效日期。双方应尽最大努力争取在 60 天内获得合同的批准，然后用电传通知对方，并用信件确认。

9.2 本合同自签字之日起 6 个月如仍不能生效，双方均有权取消合同，一旦本合同被取消，接受方应将第 5.2 条中规定的专利资料退还给许可方。

9.3 本合同的有效期从合同生效日算起共×年，有效期满后本合同自动失效。

9.4 本合同失效后，如果合同中涉及的专利仍然有效，接受方不得继续使用此专利，如需继续使用，则应与许可方续签合同；本合同失效后，如果合同中涉及的专利也随之失效，接受方可以继续使用此专利而不需要向许可方支付任何费用。

9.5 本合同期满时，双方发生的未了债权和债务不受合同期满的影响，应继续履行各自的责任。

9.6 在合同执行中，对合同条款的任何变更、修改和增减，都须经双方协商同意并签署书面文件，并作为合同的组成部分，与合同具有同等效力。

9.7 本合同由第一条至第九条和附件一至附件四组成，合同的正文和附件是不可分割的部分，具有同等法律效力。

9.8 本合同用英文书就，双方各持两份，在合同有效期内，双方通信以英文进行，正式通知应以书面形式，航空挂号邮寄，一式两份。合同双方的法定地址如下：

A. 接受方：××公司

地址：××国××市××街道

电传：××××

电挂：××××

B. 许可方：××公司

地址：××国××市××街道

电挂：××××

接受方代表：　　　　　　　　许可方代表：

（签字）　　　　　　　　　　（签字）

附件略。

第三节　商务谈判的合同履行

商务合同的履行是指商务合同依法成立后，双方当事人根据合同规定的各项条款，在适当的时间、地点，用适当的方法全面履行合同义务的行为。本节就合同履行中应符合的条件、履行的原则以及履行的担保加以说明。

一、商务谈判中合同履行应符合的条件

商务合同得以履行的前提是合同的法律效力。合同法的有效性是其得以履行的依据，只有合同依法成立，才具有法律的约束力，才受法律保护。合同的履行应符合以下条件。

（一）履行主体

商务合同履行的主体是指履行合同义务和接受合同履行的企业、其他经济组织和自然人。在多数情况下，由合同义务当事人向合同权力当事人履行其义务；但是在某些情况下，合同履行主体也可以是第三人，由第三人代替义务人履行的义务必须是根据法律规定和依合同性质、义务人可以不亲自履行的义务。

（二）履行标的

履行标的是指合同当事人向权利人履行义务应交付的对象。合同当事人必须严格地按合同标的履行义务。

（三）履行期限

履行期限是指合同当事人向权利人履行义务和权利人接受义务人履行的时间。合同当事人必须按履行期限履行合同。其合同中约定的期限不明，当事人又协商不成功，则合同的当事人可以随时履行，也可随时要求履行，但都应给对方一定的准备时间。

（四）履行地点

履行地点是指合同当事人履行义务和权利人接受履行的地点。当事人应在合同中约定的地点履行。

（五）履行方法

履行方法是指义务人履行义务的方式。合同当事人应严格依法律规定和合同约定的方法履行，否则即为不适当履行。

二、商务谈判中合同履行的原则

（一）实际履行

实际履行原则是商务合同双方当事人必须严格按照合同规定的标的来履行各自的义务。该原则是在履行合同中必须遵守的原则。合同标的物未经权利人同意，义务人不得随意变更，也不得用其他标的代替。

实际履行原则包含两个方面的含义。

（1）标的的不可替代。商务合同中规定的是什么标的，在履行时严格按照这个规定履行，不得擅自改换标的而用其他物品或金钱代替履行。

（2）不能以承担违约责任来代替履行。合同当事人一方违约，违约方即使支付了违约金、赔偿金，也不能免除其履行合同的责任。

（二）适当履行

适当履行是指合同中双方当事人之间任何一方必须在适当的时间、地点以及适当的方式来履行自己的义务。其实质是要求商务合同能获得最佳经济效果，顺利履行合同是双方共同期望的目的。适当履行就是合同的双方当事人要完全按履约主体、标的、期限、履约地点、方法等条件按规定来履行合同。

（三）全面履行

全面履行原则是指合同当事人必须按照合同规定的各项条款全面履行各自义务。该原则是对实际履行原则的补充和扩展，其实际意义在于指导和督促当事人保质、保量、按时地全面完成合同规定的义务，防止违约情况的发生。全面履行原则是判定商务合同是否履行、是否违约的标准，也是衡量商务合同履行程度和承担违约责任的尺度。

（四）协作履行

协作履行原则是指要求合同双方当事人本着团结协作、互惠互利的精神，共同实现合同义务，履行各自应尽的职责。商务合同是当事人之间具有经济利益的协议，彼此加强合作，共同按期完成合同规定的义务是十分有必要的。

（五）诚实信用

诚实信用原则是自罗马法以来各国法律公认的原则，我国民法通则将诚实信用规定为民法的基本原则，因此它当然地适用于商务合同的履行。

以上五个原则是商务合同履行必须遵循的基本原则，而其中的协作履行原则和诚实信用原则是为贯彻实际履行原则和适当履行原则服务的。

三、商务谈判中合同履行的担保

商务谈判中合同履行的担保是指合同双方当事人的一方或第三方以确保合同能切实履行为目的，应另一方要求而采取的保证措施。这是促使合同得以全面履行的法律手段。

通常，合同双方当事人在合同中订立担保条款这种法律形式来保证合同的全面履行。这种经过签订担保条款表现出的合同担保和主合同密切联系，又有自主的特征，它从属于主合同，不能脱离主合同而独立存在；合同的变更可能会引起合同担保的变更；只有提供担保的一方不履行合同并不承担应负责任时，才发生要求履行担保义务的问题。各国法律规定，担保分为两类：一类是物的担保；一类是人的担保。

（一）物的担保

在商务合同履行中，物的担保也可称为物权担保和担保权益，是专指以确保债务清偿为目的，而在债务人或第三人的有形财产或无形财产上所设定的担保物权。物权担保的形式主要有以下几种。

1. 保留已出售货物的所有权

在商务合同中，卖方在买方付清货款前，常常保留对其出售的货物的所有权。目前，在商务合同中最常用的担保方法是使用银行信用证。

2. 财产留置

财产留置是指商务合同的当事人，依合同约定，一方占有对方财产，对方不按合同给付应付款项并超过约定期限的，占有人有权留置该财产；并依法律规定，从留置财产的折价或变卖的价款中优先受偿。

3. 财产抵押

财产抵押指合同当事人中的债务人或者第三方为保证合同的履行，将自己特定的财产提供给债权人作为抵押物，用以担保合同的履行。当债务人不履行合同时，债权人在法律和合同规定的范围内，把抵押物折价或变卖，并从中优先受偿。

4. 定金

定金是当事人的一方为证明协议的成立和保证协议的履行，预付给对方一定数额的货币。合同签订时，对定金必须以书面形式进行约定，同时还应约定定金的数额和交付期限。给付定金一方如果不履行债务，无权要求另一方返还定金；接受定金的一方如果不履行债务，需向另一方双倍返还债务。合同债务人履行债务后，依照约定，定金应抵作价款或者收回。在我国合同法中对“订金”没有明确规定，它不具有定金的担保作用，可以视为合同的预付款。

5. 违约金

商务合同当事人一方不实际履行或不适当的履行合同协议时，必须支付给对方一定数量的货币，也就是一方违约不履行协议时，不论是否给对方造成损失，都应该支付违约金。

（二）人的担保

商务合同中人的担保是指保证人（自然人或法人）以其自己的信誉和资产为他人的债务所提供的履约保证。在被保证人不履行合同时即由保证人（担保人）负责履行合同或给予赔偿。人的担保分为两种：一种是传统的人的担保，称为保证；另一种是担保。

1. 保证

它是保证人与债权人约定，当债务人不履行合同债务时，保证人有义务帮助债务人负责履行；当债务人不履行协议给对方造成损失而无法赔偿时，保证人有义务帮助被保证人赔偿对方的损失。

2. 担保

第二次世界大战后，国际经贸实践中产生了一种新的担保方式，人们习惯称之为担保。由于大多数情况下由银行充当担保人，由银行向受益人提供担保，所以又称为银行担保。银行担保是以银行出具担保书向债权人承保的。作为担保人的银行声明：主债务人不履行自己在合同中所承担的义务或未完成保函所规定的义务时，由银行依保函规定清偿债务。

3. 银行保函或备用信用证

银行保函或备用信用证是银行根据申请人的要求，开给受益人的一种有条件付款或履行义务的承诺。开证行声明，只要受益人履行信用证内规定的条件，银行保证承担付款或违约付款责任。在运用担保方法时，应注意以下问题：

（1）由银行、企业提供担保的合同，其保证书应经公证机关公证；

（2）采用履约保证金的合同应当写明履约保证金的数额，支付时间、地点及方式，以及履约或违约后约定保证金的处置和罚责；

（3）约定银行或其他企业担保的合同，应明确规定担保人的担保范围，担保人只在此范围内对被担保人的违约承担连带责任；

（4）法律规定禁止流通或禁止强制执行的财产不能作为抵押物；

（5）由于合同内容变更而随之扩大担保人的担保范围时，应事先得到担保人的同意，否则担保人不负附加的担保责任；

（6）由于合同主体变更，原合同主体设定的担保失效，除非担保人同意为新的合同当事人继续承担担保责任；

（7）订立商务合同时，要求对方提供担保是合理的。

第四节　商务合同的违约处理

商务合同签订后，合同就具有法律效力。双方当事人应严格按合同约定条件履行合同义务。除了发生法律规定或合同约定的不可抗力事件外，双方当事人一方有不履行合同、不完全履行合同、不适当履行合同的事实或行为，或者不能提出未履行合同的确切证据而中止履行合同，都是违反合同的，都要承担违约责任。违约责任制度是商务合同的重要组成部分。

一、商务合同的违约

违约是指当事人一方或双方不履行或不完全履行合同，或履行合同不符合合同要求。造成商务合同不能履行、不完全履行或不合规定履行的原因主要有以下几个方面：

（1）由于合同主体没有履约能力而造成的违约；

（2）由于合同不能按约定的期限、地点履行而造成的违约；

（3）由于合同标的不明确、不具体而造成违约；

（4）由于对合同审查管理不严，合同缺乏可行性研究，所签订合同不能实际履行；

（5）国际商品市场行情变化或者价格大幅度升降，从而影响到合同的全面履行，造成合同当事人违约。

二、商务合同的违约责任及处理

违反商务合同的责任通常称为违约责任，是指双方当事人因过错造成合同不能履行或不能完全履行，依照法律规定或依合同约定应承担的法律制裁。我国的法律主要规定了如下违约责任处理方式。

（一）继续履行

合同义务没有履行或者履行不符合约定的，守约方可以要求违约方按照合同约定继续履行，直至实现合同目的。此种情况多适用于标的物是特定的、必须履行的，并且是不得替代履行的情况。对于非金钱债务，如果是法律上或者事实上不能履行，或者债务的标的不适于强制履行或者履行费用过高以及债权人在合理期限内未要求履行的，一般应当采取其他方式承担违约责任。

（二）赔偿损失

赔偿损失是当事人一方因不履行合同而使对方遭受经济损失所应承担的责任。赔偿损失是涉外经济合同违约补助的基本方法，也是国际商业之间最普通、最有效的一种补助方法。

承担赔偿损失需具备以下四个条件：

（1）合同双方当事人有不履行合同的事实；

（2）合同当事人（受损失者）有实际损失发生；

（3）合同当事人不履行合同与实际损失的发生有因果关系；

（4）合同当事人不履行合同有过错。

对于赔偿损失的范围各国规定不一。如有些英美法系的国家规定只赔偿直接损失。损失赔偿包括直接的损失赔偿、间接的损失赔偿和附属的损失赔偿。我国的《合同法》第 113 条规定："当事人一方不履行合同义务或者履行合同义务不符合约定，给对方造成损失的，损失赔偿额应当相当于因违约所造成的损失，包括合同履约后可以获得的利益，但不得超过违反合同一方订立合同时预见到或者应当预见到的因违反合同可能造成的损失……"。

当事人双方都违反合同时，应各自承担相应责任；当事人一方违反合同而使另一方受到损失时，受损一方应及时采取措施防止损失的扩大，否则将无权就扩大的那部分损失要求另一方赔偿；若采取其他补救措施后尚不能完全弥补另一方受到的损失的，另一方有权要求赔偿损失；

为避免违反合同后在损失赔偿的计算上发生争执，当事人可以在合同中预先约定赔偿额的计算方法。

（三）支付违约金

支付违约金是指合同当事人因不履行合同向对方支付一定数量的货币金额。商务合同的违约金本质上是一种补偿性的经济制裁措施。《中华人民共和国合同法》第 114 条是违约金的专门条款。该条款规定："当事人可以约定一方违约时应当根据违约的情况向对方支付一定数额的违约金，也可以约定因违约产生的损失赔偿额的计算方法。约定的违约金低于造成的损失的，当事人可以请求人民法院或者仲裁机构予以增加；约定的违约金过分高于造成的损失的，当事人可以请求人民法院或者仲裁机构予以减少。当事人就迟延履行约定违约金的，违约方支付违约金后，还应当履行债务。"这就是说，如果在合同中约定了违约金，一旦当事人一方违约，给付违约金就是所承担的主要责任。

如果违反合同而给另一方造成损失的，违约金视为违反合同的损失赔偿，另一方不得再要求赔偿损失。它与损失赔偿的区别是：

（1）损失赔偿只是在受损害方存在实际损失的情况下才能适用，违约金则不管当事人是否受到实际损失，只要一方有违约的事实，对方就有权要求违约金；

（2）损失赔偿范围应相当于对方就违约所受到的损失，违约金则是双方在合同中约定的，可能与所受损失有出入。

（四）采取补救措施

补救措施是债务人履行合同义务不符合约定，债权人在请求人民法院或者仲裁机构强制债务人实际履行合同义务的同时，可根据合同履行情况要求债务人采取的补救履行措施。我国《合同法》规定，当事人履行合同义务，质量不符合约定的，应当按照当事人的约定承担违约责任。对违约责任没有约定或者约定不明确，受损害方根据标的的性质以及损失的大小，可以合理选择要求对方承担修理、更换、重做、退货、减少价款或者报酬等违约责任。采取补救措施后，守约方仍然还有其他损失的，违约方还应当赔偿损失。

（五）解除合同

当事人一方违约时，另一方在一定条件之下有权解除合同，这是国际上普遍承认和采用的违约补救方法。

（六）暂时中止履行合同

这是商务合同履行违约时的一种自我补救方法。

（七）其他措施

三、商务合同的违约免责

违约的免责就是指当事人一方因合同约定的情况或国际上公认的不负违约责任的情况出现而没有履行合同时，可以免除违约的责任。

根据我国现行法律规定以及当前适用的国际惯例，不履行、不完全履行或者不适当履行合同，具备下列条件之一的，即可免除责任。

(1)因受不可抗力影响而免除责任。所谓不可抗力事件是指当事人在订立合同时不能预见，对其发生和后果不能避免，且不能克服的事件。

对于不可抗力事件的范围，根据我国司法实践、国际贸易惯例和多数国家的法律解释，商务合同的不可抗力一般包括两个方面：一是表现为自然灾害，如严重的地震、火灾、水灾、风灾等；二是社会现象，如战争、严重的动乱等。

如果是当事人个人的原因，致使合同不能履行或者发生在当事人不履行合同后，不能作为不可抗力事件处理。为避免发生争议，订立商务合同时，应订立不可抗力条款免责条款，约定不可抗力事件的范围。如果不可抗力的事件影响合同履行时，遇有不可抗力事件的一方当事人应及时通知另一方，以便另一方早做准备，尽量减少损失，并且应在合理期限内向另一方提供有关机构出具的证明。

发生不可抗力事件所引起的法律后果主要有两种情况：一是免除全部履行责任，即解除合同；二是免除部分履行责任，或延期履行，即变更合同。究竟何种情况下解除合同，何种情况下变更合同，应以不可抗力事件对该合同的影响而定。

(2) 因政府行政命令或措施的影响而免除责任。商务合同的履行，因有关政府的行政命令或措施而受到影响的情况，是时有发生的。遇到这类情况，按照国际惯例，当事人可以免除承担责任。

(3) 因双方当事人约定的条件出现而免除责任。当事人双方可以约定，一方当事人在某些条件下不履行合同，或者履行合同义务不符合约定的条件，可以免除当事人承担违反合同的责任。

(4) 一方当事人不履行合同，完全是由于对方当事人的过错时，可以免除责任。

(5) 因标的物本身的自然属性和合理损耗造成损失的，可以免除责任。

本章思考题

1. 简述商务合同的特征及种类。
2. 我国的法律主要规定了哪些违约责任的处理方式？

阅读材料 7-1

谈判准备提示二则

提示 1：早起的鸟儿有食吃

在上班前或下班后想着给你的顾客打电话，那些顾客是你要推销的对象，而且他们都是很早到办公室很晚才离开（这也是他们能成功的原因）。成功的销售人员也要比其他人早来晚走，比其他人早一个小时开始工作。一天结束后，要为明天做好计划。

提示 2：了解顾客的职业，做好你的准备工作

在与顾客谈判之前，调查一下他们的职业。不要跟你的顾客说："谈谈您的公司吧。"通过浏览他们公司的网站、阅读有关公司的出版物，了解贵方企业。知道他们行业的趋势和挑战之后，你就可以问他们一些特别的问题……，你可以更清楚地知道你的产品将如何帮助他们。

谈判开始阶段提示四则

提示1：建立关系

顾客喜欢销售人员是销售关系中最重要的组成部分，在讨论交易前，先和顾客建立关系。当你进入顾客办公室时，环顾四周看看，有没有家庭照片？旅行照片？奖状？执照？你们之间的共同爱好？找到共同点。在进行实质性业务交谈前，先建立良好的个人关系。

提示2：通过称赞顾客来拉近距离

可以通过称赞顾客来满足他们的自尊心。你可以称赞他们的着装、工作、获得的成就，等等。事实上，每个人都想得到别人的欣赏。要让顾客知道，如果他们穿上你的服装产品，他们看上去有多好！要注意：不是说你的服装有多好，而是如果他们穿了或使用了你的产品，他们看上去有多好。这样会鼓动你的顾客对你的产品感兴趣。

提示3：使用推荐书

推荐书可以让顾客确信买你的商品是做出了正确的选择。推荐信给你的商品带来了信誉，成为很满意的顾客群的一员会让顾客很有安全感。顾客可能会这样想："如果其他人对这款产品很满意，我也会很满意的。"如果他们不信任你，他们也会信任那些已经购买商品的人。

提示4：把记录下来的重点发邮件给顾客

不要依赖于记忆力来记下潜在客户的重点诉求，谈判期间记录下来，你的潜在客户将会欣慰并知道你关注他们的需要。当你回到办公室，邮件告诉他们：

（1）概括你们讨论的话题；

（2）你想要选择的；

（3）从现在到以后的计划建议。

使顾客了解你的工作和生活。

提示5：让顾客从你身上获得知识和智慧

谈判过程中，与其说谈判人员在推销商品或服务，不如说在推销你的思想。因此，有价值的思想沟通和交流才能更好地赢得顾客的尊重和友情。

第三篇　商务谈判技巧

尽管，技巧是商务谈判的重要组成部分，但不是谈判的全部。第一篇介绍了商务谈判的需要理论和博弈论，第二篇介绍了我们用此理论来指导商务谈判的准备和实施工作。接下来，本篇将对商务谈判应用技巧组合和使用技巧的方法做出详细的介绍。

根据罗伯尔词典的定义，“技巧”一词的含义是“一种举动，一种必要的行动手段，一种为取得某个结果的做法。”《牛津英语词典》对策略下的定义是：“策略是一个预测最后并获得某种结果的过程。”技巧一词包含策略和战术两层含义，策略被看作为谈判做出的全局性部署，是所使用的各种技巧的组合，而战术被看作为实施策略所使用的具体方法。本篇首先讨论谈判中的策略和战术；然后，分析谈判中时间和权力的运用技巧。

第八章

商务谈判技巧诠释

古往今来，人们在谈判中所使用的技巧不胜枚举。本章按照“点”、“面”结合的思路把策略分为时机性策略、方法方位性策略和代理人策略；按照所使用战术对谈判双方关系的影响程度把战术分为亲和性战术、扰乱性战术和旨在施加压力性战术手段三种类型。

第一节　技巧的含义

一、定义

（一）策略的含义

商务谈判策略是谈判者洽谈中，为达到某个预定的近期或远期目标所采取的一些行动和方法。我们暂且把它归纳为三点：

（1）它是一种面向未来的整体概念；

（2）它是实现某些目标的意愿，策略选择对谈判进展起决定性的作用；

（3）它是经过充分论证后的恰当选择。

（二）战术的含义

同谈判的策略相比，谈判的实施是与某一情境、某一行动或论证的某一阶段相关联技巧的串联。我们把这样的技巧归纳在一起，概括地称作“战术”。

二、策略方针和路线的选择

谈判策略选择不能同谈判战术选择混为一谈。策略选择是个“做什么”，而不是“怎么做”的问题；战术选择是要解决“怎么做”的问题。商务谈判者如何做出策略选择？

1. 首先要规定谈判的总体方针

谈判的总体方针是采取谋求一致的方针，还是用皆大欢喜的方针，或是以战取胜的方针。

2. 规定所期望的结局类型

例如，要谋求怎样的协议，是全盘性的还是局部性的？是书面合同还是口头保证？是具体的条款还是概括性的原则？是直接达成协议还是日后另做计议？是“拒之门外”，还是“以诚相见”？等等。

3. 在现有的选择中，做出最优选择

选择何种类型的谈判方针决定了谈判者策略的选择。在多种备选策略中进行最优选择必须依赖于谈判实际过程中的检验。

4. 对谈判范围做出规定

对谈判范围做出规定包括四个方面内容：

①如何确定谈判范围的界限：确定哪些是可谈判的，哪些是必要时可能谈判的，哪些是在任何情况下都不能谈判的；

②是否采取主动，努力占据有利地位；还是以逸待劳，在对方可能出现进攻或反攻之前驻足不前、静观待命；

③时间的价值有多大？是需要速战速决，还是手中尚有一定的机动时间；怎样使时间有利于己方；以怎样的速度来控制辩论和事态的进程，是加速，还是从容不迫；

④可接受何种程度或类型的风险，可向对方强加何种程度和类型的危险。

5. 规定采取何种“策略风格”

是用“点”的策略，还是“面”的策略。此外，也可以从另一个角度把它们分为“进攻性”风格和“防守性”风格。

6. 为配合策略实施所采用的战术选择

（1）在什么时候，打出什么牌？应通过施加压力，还是显示力量，或是坚持说服来做出行动？在论据上应依靠哪些要点？

（2）如何安排第三者的干预？是否需要从现在起就建立某种联盟策略？怎样才能达到这一目标？

（3）是否应估计到意外因素？如果答复是肯定的，那么这些因素究竟会带来好处还是造成混乱？应在什么情况下利用这些因素？

（4）是否可以、是否应该求助于威胁、恫吓、讹诈等手段？如何建立起信任与互惠？

第二节　技巧的类型

一、谈判策略类型

（一）时机性策略

谈判桌上双方需求内容和需要的程度是变化的，正是这种变化使时机性策略有了使用的基础。“时机性策略”运用的关键在于一种恰到好处的时机感。如果谈判中有新的因素出现，运用该策略就较为容易；如果一切因素都静止不动，运用起来就较为困难了。但是，只要运用得当，它可以一改僵局，变静态为动态。

阅读材料 8-1

时机性策略在前苏联和美国的军备谈判中的运用

在前苏联和美国的军备谈判中双方对彼此削减导弹的数量和种类达不成协议，谈判陷于僵局。戈尔巴乔夫于1986年2月28日在谈判中提出“先就欧洲中远程导弹单独达成协议的零点方案”，使美国及其盟国大哗。美国谈判方没有考虑到对手会提出此类建议。前苏联的新建议十分有效，它有力地推动了谈判进程。这里所使用的策略就是时机性策略。

“时机性策略”可分为以下几种：忍耐、出其不意、造成既成事实、不动声色的退却、假撤退、逆向行动、设立限制等。下面是一些具体的事例，虽然这些事例表面上与商务谈判相去甚远，但细细体会便会发现隐含在这些事例中的原则可以运用到商务谈判中。

1. 忍耐

这种策略不是单纯的谦让或沉默，而是强忍焦虑，等待时机。生活的经验教会我们懂得如何忍耐。年轻人有时难以做到忍耐。忍耐的反面是“操之过急”。至于在某一具体条件下，究竟是忍耐，还是立即行动更有成功的把握，那要靠自己的判断去权衡。

中文中的“忍”字是心上一把刀，可见常人是难以做到忍耐的。我们看金庸先生的武侠小说，他笔下英雄豪杰般的主人公多出世时就失去父亲或母亲或父母双亡，不是被道姑救起，就是被和尚解救，尝尽人间酸甜苦辣；到后来都成了“华山论剑”的绝顶高手。金庸先生的小说完美诠释了“宝剑锋自磨砺出”、“梅花香自苦寒来”的规律。

阅读材料 8-2

贵格会教徒的例子

当贵格会教徒在聚会中遇到对某个问题看法有分歧之时，他们的传统做法是宣布静默一段时间。如果分歧依然如旧，执事就把问题推迟到下一次或以后的集会上再讨论。如此一而再，再而三，可以无限期地推迟下去，直到问题最终获得解决。

忍耐避免了直接的冲突，终究取得了结果。

适可而止也是一种忍耐。商务谈判者必须懂得放到什么时候该收住了。律师必须懂得对证人的盘问进行到什么程度该结束。在生活中，最重要的当然是要懂得该在什么时候去攫取某种利益；然而，仅次于此的，是要懂得该在什么时候放弃某种利益。人生在世就是一舍一得的过程，舍得是一种哲学，也是人生的艺术。

在商务谈判中，忍耐运用恰当会收到很好的效果。1992年，石家庄油脂化工厂与济南某外商独资企业洽谈关于十一烯酸出口事宜。8月中旬双方开始接触，生产厂家报价为1 700元/吨。后来，由于生产厂家急于寻找外销渠道，这家独资企业国际业务部经理××在沉默等待对方三个月后，生产厂家居然改善报价为1 200元/吨，并负责国内至青岛码头的运费。在这个案例中，忍耐的策略起到了意想不到的奇效。

2. 出其不意

出其不意策略是指谈判一方利用突然袭击的方法和手段，使对方在毫无准备的情况下不知所措，从而获得出奇制胜的谈判结果。出其不意的特点在于以奇夺人，运用突发性的惊奇之举使对方感到震撼。在商务谈判中，例如语调突然升降的信号，可以作为这种变化的前奏。温斯顿·丘吉尔善于总结生活中有趣的人和事物，他曾记载一个狗熊感冒的故事：“我总是力求把我从一些朴实的传闻中悟得的种种策略的真谛写下来，我很着重它们。有个相当著名的传说：有个人要给一头狗熊喂药粉。他极为仔细地配好药，并把药末卷入一个大纸筒，正当他要把药吹进狗熊的喉咙里去时，那狗熊却打了个喷嚏，于是……。”

出其不意本质上是一种心理战。有些谈判人员故意设计一些令人惊奇的情况或者突然提出一些意想不到的问题，从而改变双方力量对比。例如：

（1）惊奇的情况：谈判一方提出新的要求、产品新的包装、新让步、新战术，谈判地点的改变，谈判升级等。

（2）惊奇的时间：会谈截止日期的提出，会期缩短或无限期延长，惊人的耐心表现。

（3）惊奇的行动：退出商谈、休会、推脱、放出烟幕、突发辱骂、愤怒、报复和对个人的攻击、行为超出异常等。

（4）惊奇的资料：新的具有支持性的统计数字，特别的规定、极难回答的问题、别致的回答。

（5）惊奇的人物：主谈人改变、新成员的加入、突然退场以及有人突然缺席或迟到时。

（6）惊奇的权威：高级主管的出场。

（7）惊奇的地方：漂亮豪华的办公室，反之选择嘈杂的地方和许多人的大型集会场所，甚至令人不舒服的椅子。

作为谈判的另一方，如遇到上述情况要沉着冷静，不慌不忙，争取充分的时间多想一想。

出其不意战术常用于打破谈判僵局，不应不加区别地运用于一切谈判过程之中。如果谈判进行得很顺利，谈判人员突然想用出其不意的策略来加速谈判进程，这样的结果往往会适得其反，可能会制造不信任感以及紧张气氛，有时还会阻塞谈判双方信息的沟通。

3. 造成既成事实

既成事实策略是指谈判者采取某些对方意料之外的行动为自己先取得较为有利的地位，在此基础上再与对方进行谈判。中国成语“将在外，军令有所不受”就是讲的这个道理。采取这种策略时应该抢先行动，达到己方的目的，然后看对方如何动作。但是，也应事先估计到一旦失败后会导致的后果。

4. 不动声色地退却

此策略在不明显地刺激对方也不明确地承认自己失误的情况下改变自己的谈判手段，让对手忽略你的失误，不再重视你的过错，要做到不动声色，必须在行为、姿态、交易条件的改变上要注意不致使它成为提醒对方的由头。

1964年美国总统大选时，对手指使新闻界抓住一些据说是戈德华特参议员发表过的言论①，猛加抨击。戈德华特辩解说，别人胡编乱引他的话，有些话根本没讲过，有些话被人断章取义，完全改变了原意。他一再努力辩解，可是最后丢掉了民意的支持；因为，报纸不可能一错再错啊——至少大多数选民是这么想的。在丁·博韦尔的《塞缪尔·约翰逊》中②，记载了一个成

① 巴里·戈德华特（1909—1998），美国共和党籍政治家，1964 年被提名总统选举候选人。戈德华特反对罗斯福新政的制度和治国理念，并且与保守派联盟一同击败战后的新政联盟。在总统选举中以大的票数差距败给民主党的林登·约翰逊。约翰逊及其阵营将戈德华特丑化为反动分子代表，但戈德华特的支持者则赞扬他对于联邦政府权力、工会、以及福利国家制度的反抗。总统选举失败后，他一直是美国保守派的主要领导人之一，其支持者集聚在他的政治主张继承者罗纳德·里根旗下，促使里根赢得了 1981 年的总统大选。

② 丁·博韦尔（1740—1795 年），英国作家。这里提到的是他为第一部英语辞典的编著者 S· 约翰逊所作的著名传记。塞缪尔·约翰逊（1709—1784）是英国作家、文学评论家和诗人。1728 年进入牛津大学学习。因家贫而中途辍学。1737 年开始为《绅士杂志》撰写文章。以后自编周刊《漫步者》（1750—1752）。经过九年的奋斗，终于编成《英语大辞典》（1755）。

功的办法：有一次，某位夫人诘问约翰逊的一个笔误，约翰逊没有为自己辩解，而是回答说："因为无知，夫人，完全是因为无知。"他没有袒护自己在辞典中犯的明显错误，却以此回避了对手的诘问，从整体上保住了该辞典的名誉。

5. 假撤退

假撤退策略是在表面上做出退出谈判的姿态，而实际上却在继续主导谈判的策略。运用这种策略，需要耐心、自制。目的是让对方以为你真的已经退出，而实际上你依然在左右局势。1949 年，蒋家王朝败局已定，蒋介石为赢得喘息时间，主动下野，推出代理总统李宗仁与共产党谈判。其实，蒋介石运用了"假撤退"的策略。结果，被中国共产党识破了其阴谋。

6. 逆向行动

这种策略，就是你本来可以向前，却偏偏向后。采取与公认的一般倾向恰恰相反的行动。伯纳德·巴鲁克曾经说[①]：在股票市场上获利的总是那些最先"吃进而又最先抛出的人"。成为股神者都是熟识逆向行动的高手。这种策略听起来好像很容易，但实际做起来较为困难，要不然，人人都成为操股专家了。

7. 设立限制

设立限制策略就是"到此为止"。法国人以惯用时间限制作为策略手段而著称。这种方法的运用有以下几种情况：

（1）严格的议事日程，如"我已订好了明天下午返程的机票，希望在此之前达成协议"；

（2）对谈判问题或者谈判方式的限制，如"看来今天我们只能先讨论这一个问题，因为你们所需的第二个问题的资料我们没有带来"；

（3）对谈判人员进行限制，如"我们主管出差了，你们只有找到副经理商量此事"。

（二）方法和方位性策略

"方法和方位性策略"讲的是"面"的策略，主要形式有：合伙、联系、脱钩、纵横交错、散射、随机化、任意取例、"意大利香肠"，等等。

1. 合伙

"合伙"策略是让对方感到我们是朋友。努力争取各方面对你的行动（无论是直接的行动，还是间接的行动）的支持。北约组织[②]和原华沙条约组织、区域性国际组织都是合伙策略的样板。

2. 联系

现代企业经常使用公共关系的一种策略就是联系。例如，万宝路牌香烟包装上的牛仔、宝洁公司请张德培为飘柔洗发水做的广告——张德培信赖飘柔、城市形象大使，等等。这些证明性的广告、照片把产品同那些赞赏它的形象代言人联系在一起。许多消费者会竟相仿效，去购买那些产品。

3. 脱钩

脱钩是一种与"联系"恰好相反的策略，就是"我不是你的朋友"。例如，当售卖的产品质量出现问题时，曾经为企业做广告的明星声言与该企业没有关系。

---

① 伯纳德·巴鲁克（1870—1965 年），美国著名金融家，曾任数届美国总统的经济顾问。

② 北大西洋公约组织（简称"北约"）是最大的多国联盟军事集团组织，1949 年在华盛顿成立。经过半个世纪的发展演变，现已由原先的 12 个缔约国增至 28 个，势力遍及北美和欧洲大部分地区。

4. 纵横交错

“纵横交错”策略，就是采用相互纠缠的方法来使问题复杂化。使用这种策略就是把许多事情都扯到谈判中来。在使用这种策略时，一定要谨慎把握枝节问题，切不可小题大做，过分纠缠；否则，对方会趁机把它当个大问题反攻过来，要你在重大问题上做出让步。当你在调集力量、寻找证据、施加压力，以谋求突破谈判的某个目标之时，这种策略可做掩护，就如下棋时，以许多子集中围吃对方的一颗子或一片子，用的也是这种方法。又如涉及中国南海争端，一些小国自己量力不够，拉别人入伙就是想使问题复杂化，显然采用此手段的国家用心是险恶的。

5. 散射

“散射”策略的目的，在于尽可能扩大进攻的范围。有时围绕某一问题纠缠不前，谈判者可以采用这种策略将谈判范围扩大，使得影响谈判进程和结果的因素在数量上和影响的机会上都有所增加，这样可能创造出解决问题的新条件。商业上的中间人又称“掮客”①，他们的职业就是广交朋友，设法把买者、卖者以及其他必要的各方撮合到一起。

阅读材料 8-3

乔·吉拉德的销售秘诀

1928 年 11 月 1 日，乔·吉拉德出生于美国底特律的一个贫民家庭。他 9 岁时开始给人擦鞋、送报，赚钱补贴家用；16 岁就离开了学校，成为了一名锅炉工，并在那里感染了严重的气喘病，后来成为一位建筑师。35 岁以前，乔·吉拉德患有严重的口吃，换过四十个工作仍一事无成。35 岁那年，乔·吉拉德破产了，负债高达 6 万美元。为了生存，他走进了一家汽车经销店。乔·吉拉德在 15 年汽车销售生涯里售出 31 001 辆汽车，创纪录地进入吉尼斯大全。他用诚恳征服了顾客，他利用所有的场合向所有的人发送名片，他认为在每一个顾客的身后有 250 名潜在的客户。因此他热情地无微不至地关怀每个走进汽车销售店的顾客。有时，他会在运动场散发名片。大量地发送名片收到了显著的效果，找他买车的人络绎不绝。

6. 随机化

这种策略就是靠概率、运用机会定理来取得成功。这种策略要求谈判者有较扎实的工程数学基础和推断能力，同时对于偶然因素的把握应非常敏锐。

阅读材料 8-4

人为操纵输赢比例

20 世纪 20 年代，墨西哥大赌棍巴伦·朗用一种“造房子”伎俩设法操纵输赢比例。他纠集一大群帮手，在卖马票的窗口前排起了长队。这帮人不让别人对最有希望获胜的那几匹马下注。同时，他们自己又故意对其他几匹跑得不那么快的马下注，打乱输赢比例，以迷惑广大赌客。

这时，他的另外一批帮手则通过场外下注，往获胜希望最大的马身上大笔押钱。最后，那匹马跑赢了，输赢比例几乎达 1 000: 1。受骗上当的赌客不得不按此比例，忍痛解囊。

---

① 根据现代汉语词典的解释，指那些替人介绍买卖从中赚取佣金的人。

在1964年英国的一次跑狗大赛中，约翰·特纳也采用“造房子”的伎俩，在幕后操纵。他弄了一帮人拥到卖票的窗前排队兴风作浪，居然把输赢比例抬到了9 875:1。事情败露后，受害者将特纳告上了法庭。在英国，场外赌客的地位是合法的，1965年法官做出裁决：“这种计谋毫无违法之处。”并将此事说成是一场“智斗”。

7. 任意取例

这个策略指的是选取某一事例，以偏概全。2002年美国一些著名的大企业，如安然、世通公司等纷纷倒闭，而在一年前，他们却是投资家信赖的企业。为何这些企业的股票被投资者青睐？主要有两个原因：一是这些企业的首席执行官（CEO）们用数字游戏经营了一种信任；二是有众多的投资家用了巴伦·朗“造房子”的伎俩，他们通过互联网来操纵输赢的比例。现实中，一些企业也向来惯用这一招，他们摆出自己做过的调查，向公众显示产品的可靠性。在商务谈判中，对方拿出来的统计数据往往可能也是以可控的随机抽样为基础的，因此不可轻信，而必须严加甄别。

阅读材料8-5

甲壳虫乐队的经典案例

20世纪60年代，英国甲壳虫乐队在一定程度上也是靠这种“以偏概全”的策略打开局面的。早在乐队尚且不为公众所知的时候，布赖恩·艾波斯坦看到了乐队的潜力。当初，乐队只是在利物浦地区有些影响，灌制的唱片尚挤不进全国畅销唱片的目录。

布赖恩·艾波斯坦首先把甲壳虫乐队的唱片放到每个城镇书店的橱窗里，然后找一批代理人到处购买甲壳虫乐队的唱片，告诉这些人从前门买走唱片后，再从后门把唱片放回橱窗。人们都有一种从众心理，看到别人热买唱片，自己也尝试一下。于是，甲壳虫乐队的声望就这样一下子上去了，而且“甲壳虫热”还传到了欧洲和北美的其他许多国家。这项策略的结果之一，竟使英国有一两年能借出口乐队唱片来平衡国际收支。

8. “意大利香肠”

这项策略的内容是，意欲取其尺利，则每次谋其毫厘，最后全部到手。据说，这项策略的名称是前匈牙利共产党总书记拉科西·马加什命名的。拉科西在向他的同事解释如何运用“意大利香肠”策略时说，你想得到一根意大利香肠，而你的对手把它抓得正牢，这时你一定不要去贸然公开抢夺。你先恳求他给你薄薄的一片，对此，香肠的主人不会在意，至少不会十分当真地计较。第二天，你再求他给你薄薄的一片，第三天还是如此。这样，日复一日，一片接一片，整个香肠就会归你所有了。

这种策略在谈判中运用得很普遍，效果也很明显，特别是在一些马拉松式的谈判中，通过谈判者的种种理由或借口不断地与对方讨价还价，会收到意想不到的效果。在谈判结束达成协议时，再回过头来看，就会发现其条件比以前优惠了很多。

该项战术更适合于下列形式或业务的谈判：

（1）对不熟悉的谈判可不断地提新条件试探着对方，从不熟悉到熟悉；

（2）对长时间马拉松式的谈判，有足够时间与机会向对手讨价还价，以求得到圆满的结局；

（3）多项目的谈判可在各项目条件上提要求，争取问题的多方面解决；

（4）长期合作方的谈判。此时由于合作时间长，对该项业务内容应知之甚多，故可提出一些更实际的要求。多一次合作，就可多一份要求，迫使对方不断做出让步。

要使这种策略奏效，必须始终不露你正想从对方手中要走些什么的“醉翁之意”，必须做到不动声色。

（三）代理人策略

代理人策略就是谈判时有“拍板权”的人不出面，而是找一个代理人去和对方谈判。运用代理人策略会使对方处于不利的地位，因为代理人的权利有限，要不要同对方签署协议、己方的条件是什么等一切由己方有“拍板权”的人最后决定。所以参加商务谈判时，一定要搞清楚对方谈判者有无“拍板”的权力，切忌同没有“拍板权”的谈判对手谈判。不难发现，有时你是同对方的代理人在谈判。

对选择代理人的谈判一方来说，如何选择、运用代理人是决定此策略成功与否的关键。弗朗西斯·培根在《论谈判》一文中曾写到如何运用代理人：

凡处置……此类事情，则一般而言，与其本人出面交涉，不若假手于第三者……但若委人代办，则宁用其处事则忠于所托，禀报则如实相告的寻常之辈，也不用其行则每好借人所托而滋事逞能，言则惯于夸大其词以取悦于人的狡黠之徒。委人既宜用其乐当此任者，是可得其促成之功；又宜用其堪当此任者，是可展其专擅之能。如阐扬是非，晓达利害，用气豪胆壮之人；游说劝导、微言大义，用能言善辩之人；明征暗察、探究虚实，用乖巧诡谲之人；廓清迷雾，挑明事理，用率直唐突之人。再则宜用其一向有幸胜任所托者，是可鼓其信心，尽其竭诚，不负所托之力。

二、战术类型

（一）谈判中常用战术类型

我们把谈判中常用战术技巧按对双方关系影响的性质和程度分为三种类型。第一类属于亲和性战术与手段，第二类属于扰乱性战术与手段，第三类属于旨在施加压力的战术。

1. 亲和性战术与手段

（1）攻心战

攻心战的基本思想是通过心理与情感上的沟通使分歧得到解决，从而达成协议。在商务洽谈中经常使用的攻心战术如下。

① 创造满意感。它是一种使对方在精神上感到满足的战术。使用该战术时要充分尊重对方、有礼貌；耐心倾听对方提出的问题，并尽力回答，并使你的解答令人信服。在条件许可下，可请当地政府官员出面接待会见，营造浓厚的友好气氛，促使其接受自己的条件。莎士比亚曾说过：“人们满意时，就会付出高价。”

② 头碰头。它是一种在商务谈判桌之外，双方领导人会谈以解决棘手问题的做法。通常，由双方主谈加一名助手或翻译进行。头碰头战术有较强的心理效果，无形中会加重主谈的责任感。根据谈判形势需要，这种会谈可随时进行。

谈判领导人通过“头碰头”方式对合作的前景确定了基本原则和框架，细节条款往往由下属进行谈判。

③ 鸿门宴。楚汉相争，项羽在鸿门设宴的故事为大家所熟知。在商务谈判中，“鸿门宴”之策是取其“宴”之形。宴会对缓解气氛、减除心理上的戒备或对立情绪有一定效果。运用鸿门宴战术时要注意两点：一是参加宴席的人员不可有与谈判无关的人员；二是不可过早地切入主题，否则只会“欲速则不达”。

④ 恻隐术。恻隐术就是通过装可怜相、为难相，唤起对方的同情心。有的日本谈判者常使用此招。常见的表现形式有：一是说可怜话，如“这样决定下来，回去要被批评、无法交差”，“我已退到崖边了，要掉下去了”，“要砍头”；二是装可怜相，有日本企业代表在谈判桌上磕头，请求条件；买方有人以为：“他实在是可怜”，动摇了买方的谈判意志；三是流眼泪，有的谈判人员可能会在谈判场上流眼泪来博得对方同情，这一招很有感染力。日本人在变判时常使用恻隐术可能与日本人对谈判中买卖双方关系的界定有关。具体可参阅第十一章第二节的内容。

⑤“润滑剂”。在正式谈判前，谈判人员可以有意识地同谈判对手进行场外接触，以便增进双方的了解，从而促进谈判的顺利进行。在此过程中，谈判者经常会给对方送一些礼品来表示友好和联络感情，这通常被称为“润滑剂”战术。要注意，这里讲的“润滑剂”与行贿不一样。“润滑剂”是个微妙的战术。

谈判人员在使用“润滑剂”战术时，要注意对方的法律和风俗习惯。每个地区所采取的“润滑剂”手段各不相同，而且在西方谈判专家眼里，施用“润滑剂”是一种对“道德”准则的背叛。在使用“润滑剂”的数量上要做到“入乡随俗”。在有些情况下，高价值的东西如果对方不喜欢，往往无助于问题的解决。相反，有些价值虽不高，但合对方的心意，往往会收到明显的效果。

如果该战术使用的不得当，可能被认为是行贿。行贿被基督教义视为一种罪恶，它不符合西方大部分国家的法律和道德准则。如美国国会的规定是，如果美国企业在经营中采用行贿手法，只要超过 25 美元就可能受到法律的制裁。但是在其他国家，例如在东南亚地区，商业行贿是生活中的“家常便饭”，没有行贿就不会做成生意，虽然政府在下气力解决这一问题。因此，在使用这种战术时，我们提倡公平竞争的原则，坚决与商业贿赂做斗争。

⑥“投其所好”战术。投其所好是指在谈判中迎合对方的喜好，使其在心理或情感上得到满足。在与对方建立了共同的感情基础后，再进一步提出自己的要求和条件，使对方易于接受和认可，进而使自己的谈判目标得以实现。心理学研究表明，如果双方有共同语言，那么感情就容易沟通，就会互相产生信任和好感，从而乐于合作。这种现象在心理学上称为“相信性”，它是“投其所好”这一战术的心理学基础。

在商务谈判中，运用投其所好战术的具体方式很多，比如通过给谈判对手提供令人难忘的款待、赏心悦目的精致礼品、观光旅游等形式。另外，投其所好战术的运用还有一种重要的途径，就是通过了解、谈论甚至参与对手所关心和喜爱的活动，使自己主动介入对方，产生相似性感应，在心理上得到满足。

在谈判过程中，投其所好战术还表现在针对对手的谈判风格，迎合其口味，使其得到满足。比如“感情型”的谈判对手希望得到对方承认，对于这一类型的谈判者，要适时抛出一些赞美、颂扬的话语。对于“虚荣性”的谈判对手，针对其自我意识强、好表现自己的心理特点，可以为他创造自我表现的机会，让其尽情表现……究竟采用什么方式投其所好，要视对方需要和爱好的具体情况而定。所以，在谈判之前必须充分了解谈判对手的个人情况，灵活运用这一战术。

阅读材料 8-6

象棋帮助交易达成案

我某公司与泰国一家公司洽谈钢板网和瓦楞钉生意。谈判进展不顺利，双方提出的交易条件相差甚远，中方有意放弃。一天，中方谈判人员李经理上街购物，无意中发现泰方谈判代表徐先生在街头象棋摊边盘桓多时，一副饶有兴趣的样子。小李代表心里一动。这天黄昏，李经理带着一副精工制作的象棋来到徐先生下榻的宾馆。“下一盘棋怎么样？”年过半百的徐先生居然像孩子一样兴高采烈。原来，徐先生出身于象棋世家，他的儿子又酷爱收集各种各样的象棋。双方切磋棋艺，意犹未尽，李经理又和徐先生畅谈事业、成就、家世，徐先生对李经理大为赞赏，当即表示：“能和你这样的人交上朋友，这笔生意我不赚钱都值得！”两天后，协议在徐先生下榻的宾馆签了字。

这个案例从另一个角度说明我方谈判人员的准备工作不够细致。

（2）擒将战

商务谈判事态的发展取决于双方主谈人。因此，围绕主谈人或关键人物就出现了一场激烈的战斗。其战术有“激将、宠将和感将”。

①激将法。它指以话语激对方的主谈人或其重要助手，使其感到坚持自己的观点和立场已损害自己的形象与自尊心，从而动摇或改变所持的态度。谈判人员可采用直接激对方和间接激对方主谈两种方法。间接激怒对方是指通过激其主要助手，让他去影响主谈。可以“能力大小”、“权力高低”、“信誉好坏”等话语去激对方。例如，有的卖方主谈会说：“买方谁是主谈人，我要求与有签约决定权的人谈判”。此话显然贬低了对方的主谈，尤其是资历浅的谈判人，急于表现自己的决定权或去争取决定权而做出有利于卖方的举动。又如买方可以用激将法：“既然你有决定权，为什么不回答我方要求，你还要回国请示吗？”迫使对方正视我方的要求。采用激将法时应注意“激将”是用“话语”，不是用“态度”。恶狠狠的态度不能达到激将的目的，只会“激怒”对方，于事无补。在运用激将法时，最忌讳人身攻击，不要针对对方的身体缺陷、人品等进行刺激。

②宠将法。以切合实际或不切合实际的语言颂扬对方，使对方产生好感、放松思想警戒、软化谈判立场，使己方目标得以实现的做法称为“宠将法”。例如，给对方主谈戴“高帽”，抓住对方的特征：年老，则“老当益壮”；年轻，则“年轻有为”、“精明强干”、“前途无量”。这些话也许有切题之处，目的是为了拉拢对方。无疑，“宠将法”可有力地软化对方态度。在运用“宠将法”时要注意：首先，要抓准有决定权的对象；其次，使用的分寸要恰当；再次，使用时要求“立竿见影”，不求“长效”。正确面对对手采用此战术的对策是：对自己有正确的认识，在谈判中应抛弃“个人感受”，而追求“谈判实效”；减少被“虚荣”击败的机会，保持坦荡的工作作风。

③感将法。以温和礼貌的语言和勤勉、守信的行动使对方感到不好意思坚持原方案，从而达到谈判效果的做法谓之“感将法”。感将法关键是感动对方，因此在谈判中：一要定位准确，采取的行为确实让对方感动；二是态度要诚恳，让对方感到己方的真诚。例如，日本某公司为了做某项目，不惜派几十人次到买方现场搞技术交流，提供多方案的大量资料，使对方感到“诚”。再如有的谈判者将自己的现报价和与已签订的合同都给买方看，使买方感到“实在”。在使用该战术时，要注意“暗含的”目标，即注意己方的事实材料与谈判实现的目标的差别。应通过“差别”保持己方的机动性，运用的资料亦应以“差别”为前提予以筛选准备。

（3）“和盘托出”的战术。“和盘托出”，从字面上讲，是愿意向对方提供全部情况。实际上，完全把自己暴露给对方是不可能的。这里讲的“和盘托出”是指向对方透露百分之九十的情况。在使用“和盘托出”战术时，能有保留、有选择地“和盘托出”将是有益的。

在商务谈判中，有的洽谈人员的性格直爽和坦率。他们不但有与对方达成协议的能力，还能够不断地为对方提供情况，提出建设性意见。这种性格很可嘉，它能使对方与我方积极配合。

（4）“我只求得到百分之六十的利益”

在与对方谈判时，要关心双方的利益。李嘉成的生意经是：有钱大家赚，这样才有人愿意合作。假如一笔生意你赚 10 元是正常的，而只要 9 元，让对方人多赚 1 元。表面上看己方少赚了 1 元；但是，从此之后，对方希望和你做生意，而且又介绍他们的朋友和你做生意。这就是典型的“我只求得到百分之六十的利益”。

（5）“高尔夫球俱乐部”战术

该战术经常是在洽谈陷入僵局时的一种战术。众所周知，“高尔夫球俱乐部”里充满了信任和尊敬的气氛。根据各国的习惯不同，其表现形式也不尽相同，英国人喜欢去绅士俱乐部；日本人喜欢在澡堂一起洗澡闲谈；芬兰人偏好去蒸汽浴室；中国广东人则喜好喝早茶聊天。这种战术，对于双方建立一种合作精神是有益的。该战术的价值在于避开正式的谈判场合，把洽谈转到轻松的环境中。

（6）“成立特别研究小组”战术

当谈判陷入僵局时，可以成立一个特别研究小组来解决。它可以把妨碍会谈进行的因素单独抽出来进行专门研究，这是成立特别研究小组最大的好处。这样也给研究小组成员一个压力，他们必须全权代表整个谈判班子解决这个问题；与此同时，商务谈判双方的其他成员可以将注意力集中在别的议题上，或者考虑其他需要处理的问题。

2. 扰乱性战术与手段

（1）影子战

影子战是一种以虚为主，以情报见长的谈判艺术。充分利用谈判双方信息的不对称制造一些符合逻辑的假象，迷惑对手，以达到扰乱对方的目的，使其接受自己的条件。

①稻草人。稻草人就是以假当真。运用“稻草人”的方法有：改变谈判日程、调整谈判人员、人为制造一个对手的竞争者、让翻译故意透露一些信息、让对方感到买方除与他谈判外还与其他卖方在谈判等。又如，卖方从包中亮出打印好的价目表向买方宣称，该价是“公平的标准价”，不可谈判，使买方谈判意识软弱。其实任何价格都可以谈判。商务谈判人员只花了少许“印刷费”可节省大量谈判时间。运用稻草人战术的前提是要知己知彼，掌握好分寸，不能滥用。

使用该战术时，应注意谈判人员表情，得手时不可忘形；陈述时应着力渲染真实部分；充分体现“出言必信”，“出口不悔”的“讲信誉”的形象；否则，会适得其反。

②空城计。商务谈判中的“空城计”就是以无充有，或者以“不完全的有”充“完全的有”。按国外谈判专家的理解，空城计是“开最高的价（作为卖方）、出最低的价（作为买方）震惊对方”的做法。采用“空城计”的两个前提：一要看交易的情况、需求关系、市场情况；二要有灵活性，不能把自己架在空城上。同时，采用该战术时态度应是强硬的。只有“最强硬”的态度才可保证“空城”的实际威力。

③欲擒故纵。它指尽管己方必须要达成协议，但是在谈判时故意让对手感到自己满不在乎的态度，从而降低对方的胃口，确立己方以预想条件成交的方法。具体讲，务必使自己的态度保持不紧

不慢的状态，例如在日程安排上，不要表现得很急切，而是随和对方，既显得有礼貌又可相机利用于己有利的条件。在对方态度强硬时，采取“不怕后果”的轻蔑态度，为自己制造心理优势。

该战术的基点是“擒”，因此“纵”是“积极”的“纵”。通过积极的“纵”激起对方成交的欲望而降低谈判的价码。怎么做才谓之“积极”呢？首先，每次“纵”都要给对方“机会”。如改变与卖方原定日程，说：“因有别的重要会见”，在神秘中仍给对方一个机会；待卖方得到这个机会时，会增加一分“珍惜感”。其次，避免从情感上伤害对方。再次，“纵”时手中要有吸引对方的条件，不使自己被动。

④声东击西。声东击西是指在无关紧要的事情上纠缠不休，或在小问题上做文章，以分散对方注意力，在对方无警觉的情况下，顺利实现自己的谈判意图。

声东击西的特点是灵活机动、富于变化，既不强攻硬战，也不轻易放弃。

案例讨论

声东击西、投石问路

一位买主要购买 3 000 件产品，他先问如果买 100、1 000、3 000、5 000 和 10 000 件的单价如何。一旦卖方给出了价格，敏锐的买主就可分析出对方的成本、设备费用分摊、生产能力、价格策略、谈判经验丰富等信息。

问题：

对买主的一系列提问，卖方应如何回答才好？

⑤木马计。在商务谈判中，以好像关注、有兴趣甚至认真考虑对方建议的态度，把对方的信息搞到手，再反过来攻击对方，以求有利于己方的做法，称之为“木马计”。该计谋在谈判中随处可见。例如，卖方装作很理解自己的报价“内容”太多，价格也高，买方有困难，请买方告诉他“你能支付多少”，倘若买方讲了，他就可以调整谈判策略，不盲目作战。

运用“木马计”的关键是让对方感觉所提问题无可疑之处。此外，还要让对方感到此举是对自己有利。再者，要注意时间差，有个“延后时间”，往往是今天获取的信息，明天才用。犹如写文章打伏笔，效果不在当时，而在后面。所以商务谈判者应善于运用这个“滞后的”时间，否则效果不好。

（2）蘑菇战

人们常讲“软磨硬泡”，其精髓在于以耐心、韧性作为武器，在相持的过程中拖垮对方的意志，从而达到预期的目标。

①疲劳战。在商务谈判中，有些谈判者善于使用疲劳战术。一般来说，有以下三种情形。一是经过白天长时间的谈判后，仍继续彻夜长谈。如某项目谈判，双方一直谈到次日清晨三点才达成协议，晚上没有睡觉，当整理完资料时，卖方竟倒在旅馆沙发上睡了。结果，由于买方专门有人检查所有谈判记录，而卖方仅为获得了合同而高兴，计漏了一台设备的价款，直到签约时才发现。经过再次谈判，买方认为“卖方不是计漏，而是降价”，“且已达成协议，已向单位领导通报，不宜改动。”二是对某个谈判议题的争论点，安排人轮流辩论，给会谈一种紧张感，也会取得造成对方精神疲倦之效。三是对于某种答复拖延，让对方等得疲倦不堪而丧失耐心、兴趣以至自动放弃。

②泥菩萨。商务谈判中对于自己不同意的建议，持一种否定的态度后，无论对方如何解释和陈述，都立场坚定的坚持己见。只有等到对方无望了，改变了态度和建议，才重新开始谈判。使用泥菩萨战术时，首先要注意不能使自己处于胡搅蛮缠的境地；其次说话要少；最后要注意自己威严的形象。

③挡箭牌。挡箭牌的作用是在自己的身体前面树起一道保护墙，保护自己免受攻击。商务谈判中的挡箭牌是寻找各种借口、遁词的做法。一种做法是以“假决策人”当挡箭牌，以避免正面或即刻回答对方的问题，如，“你提的问题我很理解，但需向运输部门汇报”。第二种做法是以上级为挡箭牌，如“我本人无权回答贵方的问题，需向上级请示才能答复”。第三种做法以“第三者”为挡箭牌，如“我本人的谈判任务结束了，贵方从现在起提出的所有建议均乐于转达，若嫌麻烦，贵方也可直接找有关领导反映”。

（3）运动战

商务谈判时准备几项预防措施，这种不限于一个阵地的谈判战术，属于“运动战”。

①货比三家。这种战术是商业上的千古信条，具体做法是把具有竞争性的贸易谈判伙伴邀请来，同时展开谈判，得到的条件进行对比，择优签约。

在商务谈判中，实施有效的“货比三家”战术应注意如下几个问题：a. 选择的对象要势均力敌，比起来才有效；b. 对参加竞争的各家应一视同仁，但以绝对平等的方式对待交易是不现实的，因此重点应选择成交希望大的对象；c. 时间安排，要便于对比，既能分组穿插，又能将结果及时汇总；d. 比的内容要科学，因为人的认识水平不同，感情的善恶不同，工作方法不同，因此比出来的结果或许明显相反，或许分辩不清，因此应有统一的评比方法及内容；e.在采取货比三家战术时，应绝对保守经济秘密。

②“红白脸”。“红白脸”是一种软硬兼施的战术。其做法是在己方谈判人员安排中既有扮演“白脸”角色的，又有扮演“红脸”角色的，互相配合。

使用该战术时应注意：a.扮白脸的“鹰派”谈判者要“凶”，又要出言在理，保持良好形象；态度强硬、寸步难让，但又处处讲理；b.扮红脸的“鸽派”谈判者应是主谈人或关键人员，要求善于把握火候，让“白脸”好下台；c. 若是一个人同时扮演“红脸白脸”时，要机动灵活，说出的“硬话”要给自己留有余地，否则会把自己给架空了。当然，万一过了头陷于被动时，最好的解决方法是“休会”。

阅读材料 8-7

“红白脸”战术的应用

美国富豪霍华·休斯一贯以强硬姿态出现在谈判桌上。一次，在他要购买一批数量飞机的谈判中，休斯提出要在协议上写明他的多达三十四项内容的具体要求，而且其中十一项要求必须得到满足。由于他立场强硬，方式简单，不考虑对方的面子，激起了飞机制造商的不满，对方也拒不相让，飞机制造商宣布退出谈判。这时，休斯派出他的私人代表出面洽商，条件是只要能满足他们要求的十一项基本条件就可以达成协议。谈判结果竟取得了休斯提出的三十四项要求中的三十项。

他的私人代表如何取得这样辉煌的战果？

他的代表说：“那很简单，在每次谈不拢时，我就问对方，你到底是希望与我一起解决这个问题，还是留待与霍华·休斯来解决。”结果对方自然愿意与他协商，条款就这样逐项地谈妥了。

在这个谈判中，先由“白脸”出场，寸步不让，再由“红脸”上场。由于之前“白脸”的对比，对方更容易接受“红脸”的提议。

读者需要明确的是“红白脸”战术必须给人以真实感，否则会适得其反。

③ 化整为零。化整为零是指在谈判中将整体分成几块，以求各个击破，最终实现整体目标。谈判陷于僵局时化整为零地谈，无疑是有所补益的。

在运用化整为零战术时要注意几点：一是化整为零并非越细越好，应考虑单个项目的相对独立性；二是在化整为零时要注意整体目标；三是要做到分而不散。

（4）外围战。为保证全局谈判效果，谈判者要针对影响双方谈判决心的因素予以消除，扫清谈判外围障碍，这种战术称为“外围战”战术。

① 打虚头。打虚头是指在开始谈判价格前，分析对方报价和水分，力求打掉水分后再还价的做法。打虚头重在三点：一要找准；二是重在说理；三是要狠。

② 反间计。反间计是指离间对方谈判人员之间的不和，以寻找机会实现自己的谈判目标。反间计的使用关键点是寻找矛盾，利用矛盾；没有矛盾，制造矛盾。

阅读材料 8-8

使用外围战扫清谈判障碍案

美国有位谈判专家要在家中建个游泳池。他在报纸上发了招标的广告，结果有 A、B、C 三位承包商来投标，谈判专家仔细地看了这三张标单后，发现三方所提供的温水设备、过滤网、抽水设备、设计和付款条件都不一样，总费用差距很大。如何使用外围战扫清谈判外围障碍呢？

他约请这三位承包商到他家里谈判，第一个约好早上 9 点钟，第二个约定 9 点 15 分，第三个则约在 9 点 30 分。第二天，三位承包商如约而至，他们都没有得到主人的马上接见，只得坐在客厅里彼此交谈着等候。

10 点钟的时候，主人出来请 A 承包商到书房商谈。A 先生一进门就宣称他的游泳池一向注重质量，好的游泳池的设计标准和建造要求他都符合，顺便还提及 B 承包商通常使用陈旧的过滤网，而 C 承包商正处于破产的边缘。随后，在与 B 承包商谈判中了解到 A、C 所提供的水管都是塑胶管，B 所提供的才是真正的铜管。C 承包商告诉主人，其他人所使用的过滤网都是劣质品，无法保证后期服务，而他则是绝对做到保质保量。

谈判专家通过仔细倾听和旁敲侧击的提问，基本上弄清了游泳池的建筑设计要求及三位承包商的基本情况，发现 C 承包商的价格最低，而 B 承包商的建筑设计质量最好。最后他选中了 B 建造游泳池，而只付 C 承包商的价钱。

扫清外围战术的案例往往有欺骗人之感，谈判人员应谨慎使用。

③ 缓兵计。谈判中为争取时间和机会，对于对方的说辞和条件推迟答复，使其处在进退维谷、等待状态的做法称之为“缓兵计”。具体做法有：利用授权限制，请其“等待回答”；主动安排新的会谈，以各种题目的探讨拖延会谈的时间。

运用缓兵计最忌拖沓。"缓兵"不是"拖延"，要主动进攻，要有答复期，工作应继续紧张地展开。

3. 旨在施加压力的战术

必须指出，此类战术只在特定条件下使用，因为此类战术的使用关系谈判的前途并有可能招致对方的报复，需要保证在不损害自己的情况下付诸实施，因此对该战术的使用应予以认真的对待。

（1）"走钢丝"战术。这种战术又称为"边缘政策"，是指在商务谈判中由于谈判一方坚持自己的条件，而另一方摆出要么接受，要么退出谈判的姿态。采用此战术时应考虑两种结果：一种结果是对方接受所提出的条件；另一种结果是对方不为所动，继续坚持自己的条件，这种结果会使谈判成为泡影。假设出现第二种情况，可采用"中间周旋"的战术，想法使谈判继续进行。

（2）强攻战。强攻战是在谈判中以绝不退让的强硬立场迫使对方让步的战术。谈判者使用该战术在制造心理优势、维护自己利益方面有一定作用。强硬的谈判者一般表现为：开始时就走极端的路线，要价极高或出价极低，并坚持其要求，退步很少；随着谈判进行，让步越来越小，不怕形成僵局。

① 针锋相对。针对谈判对手的论点和论据，以毫不妥协的态度，逐一予以驳斥，并坚持自己立场的做法。一般是一方坚持其条件，另一方对此冷眼相对，毫不退让，也不怕僵。例如，一方拍案而起，扬言："不谈了！"另一方则冷眼相对驳道："谈不谈是你的权利，但你要对你的行为的后果负责任。"

使用该战术时一忌发火，二忌无理，同时还要注意说话切题。具体做法为：对方说什么，你跟着驳什么，并提出新的意见。

阅读材料 8-9

邓小平针锋相对回应南海问题

邓小平在 1988 年在北京会见到访的前菲律宾总统科·阿基诺。这位前菲律宾总统在跟邓小平谈话的时候，谈到了南沙群岛。谈到南沙主权问题时，阿基诺总统说："至少在地理上，那些岛屿离菲律宾更近。"邓小平同志抽了口烟，说："在地理上，菲律宾离中国也很近。"邓小平针锋相对机智地回击了这位总统。

② 扮疯相。在商务谈判中，依语言或行为表现出急、怒、狂、暴的姿态来唬住对手，动摇谈判对手决心的做法谓"扮疯相"。其表现的形式有"拍、摔、撕、喊、走"。如有的商人谈急了拍桌子，摔笔记本；有的谈判人员见对方还价太低，气得把报价单撕成碎片；有的外商夹起笔记本拂袖而去，把门关得震天响。这是商务谈判中常见的伎俩。我国商务谈判人员不可用以上做法；相反，面对这些应持慎重、沉着、勇敢的态度，要揭露批驳对手并给对方以教训。如法国的女律师谈判桌上手舞足蹈，中方主谈冷静而严肃地对她说："小姐，请安静，这儿不是跳舞厅，请不要跳舞了，回到座位上。"这种处理方式效果很好。对甩袖而去的人，暂且不理会他，冷几天再说。

③ 最大预算。这一战术是指在谈判中给对方的谈判条件划定一个范围，以自己的最高预算或最大授权迫使对方再修改建议。如卖方将某项目报价从 7 亿日元降到 6 亿日元，买方说："你的方案内容不错，但我只有 5.5 亿日元的预算"。这便是"最大预算"战术的运用。

运用最大预算战术时应注意：一要留有变通的余地，万一在对方不管你“最大”真假与否，坚持原立场时可以有后手救危局；二是应有“保密”观念，该战术最终会反过来向对方证实自己的底牌，一旦泄密该策略就失去了任何意义；三要掌握好时机，“时机”选择应在多次交锋、对卖方报价的水分充分压挤，并有靠拢之后。实际上，该战术只能起扼制对方的作用，很难按此实际条件成交，所以态度亦应灵活，不宜僵化立场，而贻误战机。

④ 虚与委蛇战术。《庄子·应帝王》说：“乡吾示之以未始出吾宗，吾与之虚而委蛇”。这里的“委蛇”是指随便应顺。虚与委蛇是指先提出一个低于己方实际要求的谈判起点，以让利来吸引对方，试图击败参与竞争的同类对手，然后再与被引诱上钩的卖方进行谈判，迫使其让步，达到自己的目的。

在买卖双方的竞争中，一方如果能首先击败同类竞争对手，就会占据主动地位。当对方觉得别无所求时，就会委曲求全。

阅读材料 8-10

虚与委蛇战术案例

系山英太郎[①]是日本有名的富翁。他想建设一座高尔夫球场。几经努力，他终于选中了一块市值2亿日元的场地，可是竞争者很多。怎样才能得到这块场地，而且使价格不至于提高呢？于是，他找到了该地主的经纪人，表明了自己想购买这块场地的意愿。

经纪人知道系山是个有钱的主儿，便想敲他一笔，说：“这块场地周围环境优越，建造高尔夫球场保证赚钱，要买的人很多，如果你肯出5亿日元，我将优先给予考虑。”

“5亿日元吗？”系山表现出对地价行情一无所知的样子，“不贵，不贵，我愿意购买。”

经纪人将这个情况向地主做了报告，地主也大喜过望，他们都觉得5亿日元的价格已高得过头了，所以回绝了其他的竞争者。

经纪人多次找上门和系山确认地价。他不是避而不见，就是推三托四，说买地之事尚需斟酌斟酌。过了些时日，系山最后才说：“场地我当然要买的，不过价钱怎么样呢？”

“你不是答应过出价5亿元的吗？”经纪人提醒道。

“这是你开的价钱，事实上地价最多只值2亿日元，你难道没听出我说‘不贵，不贵’的讥讽意味吗？你怎么把一句笑话当真了呢？”

经纪人这才发现已经中了系山的圈套，就照实说：“地价确实只值2亿日元，系山先生就按这个数目付款如何？”

系山回答说：“真是笑话，如果按这个价格付款，我就不需要犹豫了。”

经纪人进退维谷，由于其他人已退出竞争，最后只好以1.5亿日元成交。

---

① 系山英太郎（1942—2010），日本大学经济系毕业。年轻时创下日本进口车销售纪录，名留日本证券史。系山英太郎是被誉为“日本巴菲特”的投资大师，他白手起家，30岁即拥有几十亿资产，经营18家公司，是JAL（日本航空）最大股东，是三菱重工最大个人股东，个人投资4 150亿日元，是唯一连续10年登上《福布斯》“全球亿万富翁排行榜”的日本人，一个在日本泡沫经济和全球不景气中仍然保持财富增值的魔法资本家。此外，他32岁投身政治，成为日本历史上最年轻的参议员，曾任前首相中曾根康弘秘书，在日本政商界呼风唤雨，1996年，他退出政坛，返回商界。

系山英太郎是被拒之门外的私生子，父亲曾是60年代的日本首富。他少年时期打架、勒索、贩卖黄色照片，是小流氓头目和警察局的常客。20岁时，把客户的订金挥霍一空，不得已卖身还债。30岁时，谁惹恼系山，就收购谁的股票。40岁时，没有所谓争议的竞选，决不辞去议员的职务。50岁时，提出证券经纪人和技术图表根本不可信。60岁时，立志散财，把智慧和财富贡献给全世界。

系山是个精明的商人，利用经纪人的好胜心的心理大做文章。

对于一块只值2亿日元的土地，对方出了5亿日元，这当然可说是天价了，经纪人和地主也因意外的收入而狂喜。然而，卖主却忘了重要的一点，系山报价是口头方式，没有书面文字，而口头承诺对于系山来说毫无约束力。而经纪人却因为有人能出5亿日元，而拒绝其他的竞争者。

由此可见，我们在谈判过程中应根据具体情况看能否运用该战术。同时我们也要防止对手的这一战术。

（3）“先取得，后给予”战术。这种战术的运用就是在给予之前，先从别人那里获得好处。向别人做出小小让步的前提是首先得到对方的一个小让步；在自己做出较大的让步前，先取得对方一个大的让步；在介绍他自己的情况前，首先得到对方的情况。经验丰富的谈判人员采取这种先取后给的战术，固然能在短期内获得积极的商业利益，也可以为会谈定下基础。但从长远来看，有产生和出现僵局的危险，因为没有任何一方会愿意总是先给予后取得的。

（4）在会谈记录上做文章。采用此战术是在每一阶段谈判结束做记录时在措词上遣词造句，尽量把协商一致的问题改写得更加符合己方的利益。

（5）谈判升格。当商务谈判双方分歧无法解决时，请双方高级领导出面以定乾坤的做法是谈判升格的战术。

（二）若干谈判关键情境中战术的运用

除了上述三类谈判战术外，下面专门介绍三种特别关键情境——让步阶段、谈判出现僵局、遇到强硬对手时的战术选择。

1. 让步战术的运用

谈判桌上，谁先做出单方面的让步，谁就削弱了自己的地位。做出让步的谈判者，有可能遭到“丧失形象”和“丧失地位”的双重损失。因此，谈判者总是不愿意先做出让步。但是，谈判是相互妥协的过程，可以说，没有让步就没有谈判。谈判双方对让步的价值取得一致的共识十分重要。

（1）如何提出让步

谈判者在采取让步行动之前，往往会发出某种信号，做出某种表态。其主要目的就是为了向对方表明必须遵循的准则，规定让步的条件限制及让步的具体界限，呼吁对方促成互相让步的过程。在任何情况下，也不要把自己的让步说成是“合理”的、“慷慨”的。谈判者有必要就如何谈及让步阶段这一事表明自己的疑惑，有时甚至可以重申做出让步的理由。

谈判者应对自己的让步做出规划。从时机角度看，谈判者应先使自己占据相当优势的地位，然后才采取让步行动，而不应在自己处于软弱时做出让步。处于优势地位让步能造成一种压力，迫使对方首先表明自己的意向，甚至在可能的条件下做出初步保证。以下面的谈话方式为例。“啊，现在再继续价格问题的谈判对我方来说是很困难的。如果你能按你的意思谈谈交货问题，我想大概有助于我们重新考虑价格问题。但现在这样是不可能的。你的交货条件是什么？先讨论讨论如何？”

（2）让步的原则

商务谈判过程中让步的原则如下：

①双方应明确让步对推动谈判的价值；

②首次让步速度要慢、幅度要小；

③必须让对方懂得，我方每次做出的都是重大的牺牲；

④以适当的速度向着预定的成交点推进；

⑤只有在最需要的时候才让步，不做无谓的让步，要期望得高些。

（3）如何选择让步的方式

调查结果显示，商务谈判人员常用的让步方式有三种：一是顽强型，即在谈判时很少做出让步；二是递减型让步，即通常每做一次让步，幅度要比上一次让步幅度小；三是递增型让步，即每做一次让步，幅度要比上次让步幅度大。多数情况下，谈判者会使用第一和第二种让步方式，但这不能否认第三种方式的存在及其合理性。

案例讨论

让步方式的差异

项次	让步频率和幅度			
1	100	0	0	0
2	10	20	30	40
3	40	30	20	10
4	25	25	25	25
5	50	50	0	0
6	0	0	0	100
7	50	30	25	–5

假设给你 100 元，分四次做出让步，不同文化的谈判人员的让步频率和幅度由上面列出。读者可以分析每种让步方式的优缺点。

表中第 2 项让步是常见方式，称为递增式让步；第 3 项为递减式让步；第 6 项为顽强式让步。最后一项表明一方在谈判中让步过快而超出了预算，再从对方手中要回 5 元。这样的例子也不少。我国四川一家企业曾购买美国飞机发动机 40 台，每台 980 万美元；谈判几乎就要结束时，中方谈判代表认为美国一方应赠送一台发动机。在中方代表坚持下，僵持了 27 个小时后，美方赠送了一台飞机发动机。这个例子有点第 7 项让步方式的味道。

如何结束谈判？结束谈判的方法有很多，如做出各方都可接受的让步，在二者都可接受的条件中选择一个等。

2. 谈判出现僵局时的战术运用

如果我们把商务谈判分为竞争性谈判和合作性谈判两种类型。竞争性谈判中双方力量的对比主要倚仗威胁、威慑和强制手段；合作性谈判中起作用的是双方的影响，主要凭借理性和心理上的力量，并把论证、劝导、探索新的抉择和取舍作为优先使用的手段。如何摆脱谈判僵局？

必须保持冷静和清醒，善于从体力上、心理上“顶住”压力。其次，应当在谈判止步不前时扪心自问是否主要责任在于己方。譬如，过分束缚了自己的手脚，或态度上咄咄逼人，威胁对方、出尔反尔或不恰当的虚张声势，等等。在进行上述两方面的分析后，建议可采取以下措施。

（1）采用“鼓励”性技巧。采用“鼓励”性技巧，就是谈判者表现得豁达大度，心胸开阔，想方设法创造出一种有利于缓解紧张关系的气氛。美国谈判学专家尼尔伦伯格对谈判中的“鼓励性行为”和“防御性行为”进行了对比：前者的目的是谋求得到信息，而后者的目的在于对信息做出估价，通过矫正、指责等形式进行估价；前者旨在通过共同提出和分析问题，以便更好地掌握情况等方面来确定造成止步不前的困难，而不是致力于通过影响、说服、威胁等手段克服困难；前者在更大程度上唤起人们的自发性，它倾向于发挥情感因素，寻求感情上的认同，而不是使用漠不关心、消极被动等手段；前者主张承认谈判各方的平等地位，而不采取唯我独尊、拒绝相互依存的态度。

（2）采用“让对方了解自己态度的伸缩性，然而并不立即做出让步”的技巧。采用此技巧意味着发出己方的信号。首先表明自己的意向，其次表明自己对谈判对方的期望，最后声称己方伸缩性的条件。

（3）采用“休会”战术。休会战术是谈判人员为控制谈判进程，缓和谈判气氛而常用的一种战术。运用该战术时可采取以下几种方式：非正式或正式的暂停谈判；决定以后在另一地点再作会晤；共同决定重新审查自己的谈判方针；提供重要的新消息，在可能的情况下提供使人出乎意外的消息从而要求休会；通过意向性声明或根据当时具体情况确定的原则来达成预备性协定，从而使双方分歧的程度稍作变动；共同商定在较短期间内，不论发生什么情况务必使谈判告一段落；毫不犹豫地把自己的失望或感受告知对方，并了解对方的“情绪”。

关于休会战术的安排可按如下程序进行：谈判一方要说明休会的必要性，比如，“我想，如果现在休息一下，可能有利于我们双方更好地谈判……”；简要总结一下刚才的进展情况，并且提出休息的时间，比如“十五分钟够不够”。在使用休会战术时应避免提出新议题。在需要休息的时候，不要让对方产生讨论新的议题的激情。

休会后如何重新进行谈判？在休息期间，谈判一方要考虑以下问题：研究怎样进行下一阶段的谈判；归纳一下刚刚讨论的问题；检查己方的工作情况，或者对以后的谈判提出一些新的设想，同时考虑以后的谈判方案和如何做开场陈述。最好带着新的建议重新坐到谈判桌前。休息以后，采取以下步骤开始谈判：要用几分钟时间“入题”。这样，可以再次协调双方的关系。重申双方已一致同意的谈判议程；重申双方已同意的其余的洽谈计划或者共同修改的某个计划；再次做出开场陈述。

休会是一个很有潜在影响的战术，适当地运用这一技巧，可以帮助双方突破僵局。

（4）采用“假定……将会（如何）”的战术。该战术目的是使交易的形式不拘一格。比如，在谈判中，不断提出如下问题：“如果我方再增加一倍的订货，价格会便宜吗？”“如果我们自己检验产品质量，你们在技术上会有什么新的要求？”

在谈判开始阶段采取这种方法，有助于双方为了共同的利益选择最佳的成交方式。然而，如果谈判已深入，运用则往往会引起分歧。如果双方为报价作了许多准备，甚至已经在讨价还价了，而在此时对方突然说“如果我对报价做些重大的修改，会如何？”，这样可能更加有损于谈判的气氛。

（5）借助调解人。调解人的角色是帮助各方相互沟通，全方位思考问题。调解人应公正，帮助各方寻求他们自己的新方案，提出解决问题的办法，向各方解释事态。从某种程度上讲，优秀的商务谈判人员应能扮演既是谈判者又是调解人的角色。

（6）挽回破裂的谈判。不能忘记坐到谈判桌上的目的是为了成功而非失败。即使在谈判破裂时，也应立即行动阻止事态恶化到无法挽回地步，切记“以牙还牙”的方式，谈判者应控制损失的范围。当己方的主谈愤怒离去时，己方代表应解释其行为的原因；另一方的辅谈应站起来挽留。如果对方某成员离席，劝其同事请回来；如全体离席，应立即派己方与对方关系密切者把对方请回来；或借助第三者。

（7）重复讨论，以确信的确存在僵局。

（8）原则上达成一致。

（9）保持耐心。

3. 在遇到强硬对手时的战术

（1）采用“柔性强硬”的战术。当谈判对手在实质问题上固执己见，而在形式上还通情达理时，可采用“柔性强硬”的战术。柔性的关键在于用丰富的想象力，寻求既不影响双方利害得失，又不损害双方根本利益的解决办法。在谈判的开始阶段，谈判者应有耐心，但也需要坚定果断，确保威信。谈判者必须肯定对方的积极意愿，并使对方懂得自己承认他在谈判中的合作性，承认对方享有坚持不同观点的权利，必要时可以谈谈双方的共同计划，昔日的友情或是期望中的合作关系，等等。谈判者应善于发现对方立场中的“有效区域”，而不是采取“势不两立”或“有你无我”的态度。“柔性强硬”的战术是在对方是竞争性谈判对手时的一种选择，如果对方不理会，那该如何？

（2）采用“针锋相对”的战术。当上述办法仍无法奏效时，谈判者可采取“针锋相对”的战术。“大棒加胡萝卜”是可行的策略之一。如果谈判对手全面采取恫吓手段，并企图把谈判者逼到忍无可忍的境地，那对后者来说，无非一是要认识到这种情况事实上已构成对抗状态，二是求助于某些威慑性技巧，三是退出谈判。

第三节　商务谈判技巧的运用

一、商务谈判技巧制订的思维过程

思维是成功运用技巧的基础。

（一）思维的过程

思维的过程就是运用概念进行判断、推理、论证的过程，其中，概念是思维的出发点，由它组成判断，然后由判断进行推理，再由推理进行论证。其中，判断源于概念的展开，而推理和论证则是概念、判断的联系和转化的形式。由此逻辑过程所形成的思维成果，就成为商务谈判中技巧的形成基础。

1. 商务谈判中的概念

概念是策略思维活动的基本单元。在谈判过程中，无论是谈判主体的性质，还是价格、信息等物质流因素以及谈判的时空环境，对它们的认识和选择都存在着许多基本点。而能否正确地把握和理解这些基本点，取决于在谈判中能否建立起准确的概念体系。你要说服对方接受你的方案，就必须说服对方接受其中的概念、逻辑和推理；商务合同中的条款由各种概念构成。如果概念不明确，易引起纠纷。

谈判中，离开准确的概念无法正确运用谈判技巧。例如，上海某企业引进美国企业的陶瓷流延成型技术，合同中的交货条款规定“以在中方企业试车成功作为交货条件”。这是一个概念，但不是一个准确完整的概念。因为根据此概念或条款，当事人不知道试车一次，还是两次、三次，也不知道试车成功需要多长时间，何时可以提出异议等。总之，这样的交货条款，由于概念的原因，就没有判明是非的标准了。结果美方在试车五次、花了近两年时间后确认自己的技术存在问题，中方等于免费为美方提供了实验的场所。

要正确地制定谈判技巧，就必须注意谈判中概念的运用问题。从谈判的准备开始，就应逐步建立一整套概念体系，以适应谈判策略运用的需要。由于商务谈判涉及面广，在谈判过程中往往既要涉及有关法规、惯例等概念，又要涉及不同国家的交易习惯。因此，作为一个谈判者，必须具备辩证思维的概念知识，才能在谈判中占据主动。

2. 商务谈判中判断的运用

判断就是人们在思维中对事物所做出的断定。人们对事物情况做出断定，思维中也就形成了判断。例如，“对方现在的做法，完全是在装可怜，想要获取我们的同情。”这就是一个判断。策略思维中的判断，对于谈判中策略的制定和实施有着重要的指导作用。谈判者在思维中做出的判断有差异，随之采取的策略也就不同，正确判断加上高超的技巧，会使谈判收到好的效果。

辩证思维中的判断体现了“同一与差别”、“肯定与否定”、“特殊与一般”的对立统一关系，即“肯定中有否定”和“否定中有肯定”。商务谈判中的很多技巧的运用体现了这种辩证思维模式，举例如下。

（1）一对一交换。我方答应对方一个物质条件，而对方必须满足我一个条件作为交换。从辩证思维角度来说，就是我对你提出的条件给予了肯定，则你应相应地给我方一个肯定的判断。

（2）信息陷阱。即在表示肯定意义的信息中隐含否定意义，否定中也可能隐含肯定意义，从而让对方在判断上出现逻辑错误，迷失正确方向。

3. 商务谈判中推理的运用

推理就是根据已知判断推导出未知结论的思维过程。通过推理得出新的判断，或者实现有差别的不同判断之间的统一。一般而言，辩证思维中的推理包括三个方面内容。

（1）任何一个推理都要有一定的前提知识，它是推理的出发点。具体表现为：谈判者必须拥有商务谈判的足够的正确信息，才能完成正确的推理。

（2）任何推理都要有把前提知识中两个不同方面统一起来的中间环节。这种中间环节为前提知识向结论知识的过渡提供了依据。它反映了从前提知识到推理结论的一种思维链。所以，寻找出一定的中间环节对于推理具有重要意义。

（3）任何一个推理都要有一个结论。结论是通过推理过程而得出的新判断，它是整个推理过程的终点，实现了前提知识中两个不同方面的统一，并且这种统一是极有价值的思维升华。

在谈判过程中，运用形式逻辑进行推理是经常采用的方式。如果用“P”表示推理过程的前提知识，用“Q”表示推理的结论，那么，这种推理过程的一般形式就可以表示为：如果P，那么Q或非Q。

这种推理是形式逻辑思维的方式。在商务判断中，有的谈判者利用这种推理模式来论证自己观点，给对手造成判断上的失误。举例说明：我方产品成本增加了，如原材料、能源价格上涨了，人员工资也增加了，加工成本也相应增加，因此，该商品的价格应上调10%。

这是一个典型的依形式逻辑进行推理的例子。但是，如果从辩证逻辑方式来看的话，上述推理是有问题的。因为，对方是利用形式逻辑的表面正确性来代替辩证逻辑推理所要求的“客观性”、“具体性”、“历史性”。针对形式逻辑推理模式，需要具体分析。例如，能源、原材料、人工等费用具体上涨了多少？能否应使价格上调10%？其中主观成分多大？就历史而言，过去是否遇到此类问题，应如何处理？有无先例？现状又如何？未来的发展趋势如何？如此这般进行分析和推理，就不会被对方的推理所迷惑；相反，还能发现对方的漏洞。

4. 商务谈判中的论证

从辩证逻辑推理的角度看，论证是根据客观事物的内部联系，应用辩证思维的模式，以一些已被证实为真实的判断来确定某个判断的真实性或虚假性的思维过程和方法。因此，论证也是综合运用概念、判断、推理等各种思维形式及其规律和逻辑方法的过程。论证过程对技巧的实施和运用具有重要意义。谈判中的论证主要包括两种类型：一是解释型的逻辑论证，这在价格解释、讨价还价时经常用到；二是预见型的逻辑论证，即假定其决策设想或问题设想就是一个应该实施的最终决策，或者将要发生的问题，如果按此设想去做假定，那么某种结果或设想的问题就一定会出现。

任何论证过程都是由论题、论据和论证方式三部分组成。在论证过程中要严格遵循规则，才能使论证具有科学性和说服力。其要求如下。

（1）论题的规则

①论题清楚和确切，不能含糊其辞，不能有歧义；

②在同一论证过程中必须保证所要证明的论题是始终如一的，为同一论题；避免“偷换论题”或“转移论题”的逻辑错误。

（2）论据的规则

①论据要真实可靠，否则就会犯“虚假论据”的逻辑错误；

②论据必须充足。

（3）论证方式的规则。在商务谈判陈述过程中，论证既是对我方的观点阐述，也是作为正面的立论、树立形象的一种基本方法。因此必须做到内容缜密、条理清晰、论据确凿、环环相扣、有气势。整个论证过程应该具有一种使对手信服、无懈可击的感觉。

（4）论证的战术手段。为使商务谈判者能够正确运用进攻性或防御性论证，我们提出以下论证的战术手段作为参考。

①若要证明某项建议的功效，采用演绎法；

②为证明某建议的好坏，运用因果推理法或逻辑归纳法；

③证明是否需要维持或修改一项建议，也应采取上面的方法；

④为解释一项建议，应采取类比法或归纳法；

⑤为针锋相对地提出一种解决办法，应采用因果推理法。

（5）论证还需注意的方面

另外，论证还需注意以下七个方面：

①让对方先发表意见；

②不要一上来就抛出最有力的论据；

③持续提出微不足道的论据，为的是消耗、分散、转移对方的注意力；

④通过提问对方来拖延时间；

⑤交叉变换“话题”；

⑥运用归谬法；

⑦运用反证法。

罗列上述建议的目的是帮助提醒谈判者，在进行论证时能使其有机地组合起来，特别是要适用于各种不同的情境。另外，我们可以在商务谈判的实践中更加系统地对论证进行研究，并将它同辩论和交流这个普遍性问题联系起来，更好地进行各种各样的商务谈判。

（二）思维的特点

在商务谈判过程中，谈判者思维要真正发挥作用，还须具备以下特点。

1. 思维的广阔性

一个成功的谈判者能对谈判议题进行全方位扫描，能准确地估价来源于各个方面的信息情报，区分其本质性与非本质性的联系。这种广阔性可使论题的每个细节暴露在谈判桌上，以便各个击破。

2. 思维的快速性

谈判中的思维快速性是指针对论题快速地应答或反击，其对象或为某一枝节，或为某一主体。其功效不在于说服对手，而在于震吓对手的意志。快速性思维的特征在于无论捕捉什么论题均依靠思维的高速运转，提前做出预案，决不等铺天盖地的信息都到后再还击。

3. 思维的逆向性

以反问或以否定的角度来论述问题，驳斥对方的论点。在策略思维快速反应下，谈判者如果顺着对方思维会容易受制于人，且不讲不好，讲了也不好。思维的逆向性是进攻和防卫的有效论战武器。

4. 思维的机动性

思维的机动性即善于随机应变而不为成见所禁锢。成功的谈判者能随时依据实际情况，灵活地采取不同的应对措施。

二、商务谈判技巧的规划

（一）制定技巧的程序

制定商务谈判技巧的程序是指按照辩证思维的模式和特点来制定谈判技巧的逻辑步骤。制定谈判技巧的一般步骤如下。

1. 从全局出发收集和整理信息情报

资料收集是制定谈判技巧的关键起点。商务谈判系统层次多、因素复杂、包含无数的信息。要想了解谈判中所涉及的种种问题、趋势和分歧，就必须对谈判涉及的资料详尽收集。例如，关于谈判主体的价值观、文化素质、地位、社会背景、民族习惯等诸多信息；关于谈判物质条件和时空环境等方面的信息；在谈判进程中随时随地都可能出现的复杂问题、分歧、事件，等等。

面对这些信息情报，谈判者必须能够运用思维所要求的特点，对信息加以分解和筛选，确定每一部分的真实含义，撇开假象的干扰做出正确的判断。其中最重要的判断包括：对谈判过程中此消彼长趋势的判断；对谈判过程中转瞬即逝的时机的判断；对对方情报真实性以及对手心理状态变化的判断，等等。

2. 寻找主要矛盾

在经过信息收集整理与科学分析判断后，就要寻找主要矛盾，即谈判技巧实施的方向。这要求谈判者须认清所要解决问题的性质、特点、范围，找到问题的症结及其产生的原因。举例说明，比如谈判主体在具体谈判过程中所表现出来的需要往往是复杂的，涉及不止一种需要、一个层次和一种关系。在复杂的需要体系中，必定有一种（或几种）需要会成为谈判者的基本需要，而它往往隐含在其他一些需要之中。

谈判者的任务在于通过科学地观察与分析找到对手的基本需要，而这就是谈判技巧制定中的主要矛盾。

3. 确定策略目标

谈判目标是技巧实施所要达到的功能目标。这一目标是整个活动的归宿。具体的策略要服务于谈判总目标。策略目标则借助于策略的具体实施与运用，规定着谈判全局运动的方向，并支配着整个谈判过程。确定谈判策略的目标是一件审慎的任务。目标的确立必须建立在前两个步骤的基础上，由主谈人统筹考虑。

在寻找了谈判对手的基本需要后，谈判策略所要达到的目标也就基本确定了，即策略的实施和运用规定着谈判全局发展的方向，并支配着谈判的过程。

4. 形成假设性解决方案

这是制定谈判策略的一个核心与关键步骤。对各种可供选择的假设性解决方案的要求是必须满足策略目标，同时又有利于己方，降低交易风险。假设性解决方案可拟订出多个，从中选出最优方案。在拟订假设性解决方案时，应掌握三个原则，即目标性、可行性和多样性。

5. 对解决方案进行深入评估

各种假设性解决方案拟订后，要尽可能采用现代化可行性分析和决策技术，对各个备选方案进行冷静分析、严格论证、反复比较和深入地评估。

6. 具体策略的最后形成

这是制定谈判技巧的最后步骤，同时它又是具体的谈判策略运用于谈判进程的起点。它包括两方面的内容：一是主谈者在深入评估的基础上，从各种备选方案中择其“上策”、“中策”、“下策”；二是将选定的方案变为谈判中的行动方案，使之成为具体的策略。这是一个从一般到具体的过程，它包括每个谈判人员在策略活动中的具体分工，策略活动的时空安排以及策略实施过程中的各种应急、应变的措施，等等。

（二）谈判技巧的运用依据

1. 法律依据

商务谈判作为企业一项微观经济活动，具有自身规律和规范，这种方法和规范由通行法律以及各种商务惯例所决定。因此，商务谈判技巧使用的前提是在谈判中应遵循市场经济的规范。

2. 道德标准

商务谈判技巧的运用总是面临“道德风险”。事实上，许多谈判策略的运用处于违法和“道德风险”的边缘，或者说不甚符合伦理道德标准。对于不符合道德原则的谈判技巧最好不要使用。

三、商务谈判技巧的变换

商务谈判技巧的变换过程，同时也是一个按照既定逻辑步骤展开技巧思维的过程。简单的技巧变换可以以一个策略体系为基础实施变换，而复杂变换则要涉及两个以上甚至所有的策略体系。并且，在特定的商务谈判过程中技巧变换的侧重点各有不同。

（一）依据谈判主体特征进行交换

谈判主体特征主要包括谈判地位、经验、谈判作风以及性格等。

1. 谈判地位

针对谈判人员在谈判团队内的地位采取不同策略。通常，对方高级人员比如主谈人，是己方实施和运用技巧的重点对象；同时，针对对方高级人员的策略必须审慎运用，因为这会影响到谈判的全局。

2. 经验

对于谈判经验丰富，对己方情况十分熟悉的对手来说，“心理与情感策略”可能很难对其奏效；因此，对于此类对手来说，所选用的策略必须多变，一计不行，再施一计，变换迅速，令其防不胜防。而对于谈判经验不足、不熟悉情况的新手来说，则策略的变换不一定复杂。

3. 谈判作风

根据谈判人员谈判作风的不同可分为“强硬型”、“不合作型”、“合作型”和“阴谋型”四种类型。

（1）强硬型。强硬型谈判对手的特点是：充满自信，态度傲慢。对于此类谈判对手，“道德与同情”策略的作用不大。针对其特点，总的策略应该是避其锋芒，设法改变谈判力量的对比，以达到以柔克刚的效果。

（2）不合作型。不合作型对手的突出特点是以我为中心，善用谈判技巧。面对此类对手，要坚信其不合作态度是可以改变的。与之相应的策略思想应该是求同存异、适度冒险、利益共沾。在谈判中，对付不合作型对手的有效策略是心理与情感、需要与利益相结合的策略，必要时也可采用制造僵局、设定最后期限的策略来改变其不合作态度。

（3）合作型。合作型谈判对手的突出特点是合作意识强。这种谈判作风也是谈判者最希望遇到的。对此类对手的策略是相互尊重、互利互惠。

（4）阴谋型。阴谋型谈判对手的特点是惯用诡计来达成协议，只注重眼前利益，不顾长远利益。对付此类谈判对手总的策略思想是：针锋相对、义正辞严，积极利用防卫策略不让其诡计轻易得逞。

4. 性格

由于人的心理、生理因素以及所处环境的复杂性，谈判人员的性格千差万别。谈判者在运用策略时一定要考虑谈判对手的性格特点。

（二）依据谈判阶段性进行技巧变换

1. 谈判开始阶段

在与对方刚刚开始接触的时候，使用策略特别要注意审慎。此时的策略重点是尽快熟悉对方、摸清对方虚实、争取达成双赢，同时避免暴露己方的重要信息。

2. 实质性谈判阶段和交易明确阶段

这是商务谈判过程中双方交锋最为激烈的阶段，同时也是运用技巧最多的阶段。这一阶段运用策略要得体。

3. 商务谈判结束的阶段

谈判末期是最后的，但同时又是最为关键的阶段。一般来说，谈判中的很多重大问题都是在最后阶段才拍板定案的，因此这一阶段最常用的是抓住签约时机和争夺物质条件的策略。

本章思考题

1. 论述谈判技巧的含义。
2. 简答谈判技巧的类型。
3. 论述谈判技巧使用中的道德原则。

第九章

商务谈判中的权力、时间和信息

虽然，每次商务谈判的主体和客体可能不同，但是谈判技巧应用中的三要素——权力、时间和信息却始终不变。

第一节　商务谈判者手中的权力

本书所言的权力不是组织内部的官僚权力。权力是把事情做好的才干或能力以及如何运用它来控制人、事、物的力量。由此可见，权力没有好坏之分，权力是中性的。谈判是否成功依赖于谈判者对权力的有效应用。下面我们介绍权力的一些类型。

一、竞争的权力

当谈判者能在谈判对手间造成竞争局面时，他是在利用竞争权力以此获得利益。为此，谈判者应适时创造竞争，使自己处于优势位置。

举例来讲，假设你有一个新建议，跑到主管办公室说："领导，我有一个新建议。"然后主管问你："你和其他人讨论过吗？"你回答到："有啊，但是他们并不太感兴趣。"这样的回答不能引起主管的高度注意，原因何在？因为缺乏竞争性，就会降低你所提建议的价值。

二、冒险的权力

在进行谈判时，谈判者必须有冒险的意愿。冒险应同时具有勇气和智慧，因为如果你不适当地冒险，对手会轻易地操纵你的行为。谈判者运用冒险的权力，正如古语所言："舍不得孩子，套不住狼"。

三、正统性的权力

谈判者可使用的另一个权力来源是正统性权力。人们习惯对正式的印刷物感到敬畏。大多数人都不会对印刷文字、文件和代表权威的标记质疑，尤其是法定机关所印制的文件。

商务谈判者在使用这项权力时要记住：在对己有利的情况下利用正统性权力，在对己不利时对正统性权力提出挑战。其实在人的社会交往中，谈判者随时可以向"合法"提出质疑和挑战。

四、认同的权力

从心理学上分析，人们对己方认同的事情就会尽全力去做。人们都会支持自己参与创建的东西，而赢得大家的帮助就是在使用你认同的权力。

由于大家共同参与，共同分担了风险，使风险分散化了，减轻了谈判者的压力，使得谈判者有更好的发挥，并且即使有风险也不会造成太大损失。在现实生活中，若遇到任何具有不确定性的风险，应尽量使用大众参与的技巧。

假如你正在进行一个风险性很大的项目，不要在你的领导、家人或同事面前大肆夸耀："这是个了不起的计划，是我个人的成就，如果不能达到目标，我会负完全的责任。"这种作法是不明智的。你应该提醒每个人："这是我们共同的心血！"换言之，就是不要使自己鹤立鸡群。你需要尽量说服大家共同参与其中，共担责任，分担风险。

我们可以运用认同的权力鼓励他人以三种方式与自己合作：

（1）分担风险，可以使你处于较安稳舒适的状况；

（2）获得大家的支持与风险分担，自然能降低压力；

（3）形成群策群力，会给对方传达一种可畏的权力冲击。

五、"专家"的权力

在信息大爆炸时代，任何人不可能对所有的领域都了如指掌。当面对自己所不了解领域的专家时，我们会尊敬他，甚至以畏惧的态度来对待他。

从另外一个角度来分析，我们应该在某一领域成为专家。谈判者在进行商务谈判时，应做好充分的准备，使自己成为谈判方面的专家。

六、了解"需要"的权力

在开展商务谈判时，不要被谈判对手个人及其所代表的企业形象所吓倒。要想取得谈判成功，必须确实了解对方的需要。如果能正确地猜到谈判对方需要什么，你就能准确地预料谈判可能出现的结果。然而，通常情况下，谈判者口头上所要的东西，常常不是他们真正的需求。

阅读材料 9-1

周恩来智改剧名

1954 年，周总理出席日内瓦会议，准备放映戏剧电影《梁山伯与祝英台》招待与会的外国官员和新闻记者。为使外国观众能够看懂这部电影，工作人员将剧情介绍与主要唱段写成16 页的介绍书，剧名也相应改为《梁与祝的悲剧》。当工作人员拿着介绍书向周总理汇报时，却受到总理的批评，总理认为这样的介绍书是"对牛弹琴"。总理当场设计了一份请柬，请柬上只有一句话，"请你欣赏一部歌剧影片《中国的罗密欧与朱丽叶》"。名称改得恰到好处，激发了观众的兴趣，纷纷应邀出席，招待会取得了圆满成功。招待会取得成功的关键在于周总理确实了解了对方的需要，并把中西文化有机地结合在一起。

七、态度的权力

谁是最难对付的谈判者？是谈判者自己！

当我们替别人去谈判时，谈判的效果可能比代表己方利益去谈更有成效，为什么？因为涉及自身利益时，我们都会因为太看重自己，太关注结果而变得很紧张。怎样消除这种紧张感呢？

尽量放轻松，设法将所有的各种对立情况，包括自己的工作看作一场游戏、一种想象中的世界。尽全力去做事，但如果结果并不理想，也不要耿耿于怀。正如奥斯卡·雷文曾说过的：“当你剥除了虚伪闪亮的外表之后，你发现了什么？你真正闪亮的本质。”

在进行每次谈判前对自己说：“如果每件事都出了差错，就麻烦了？”如果答案是否定的，再对自己说：“有什么大不了？”、“谁在乎？”或是“那又如何？”要培养在意但不太在乎的态度。如果谈判者对每一次谈判都抱着这种健康的、有趣的、“只不过是一场游戏”的态度来参加谈判，不论在谈判中或谈判后，都会得到三点益处。

（1）谈判者会有更多的精力，因为你认为自己所做的事情是有趣的。

（2）谈判者可以降低紧张程度。把工作变为玩乐，过度紧张的倾向就会消失，你也可以进行慢跑运动，放松身体，降低紧张程度。

（3）谈判者会得到更好的结果。因为你的态度会影响你的感觉而让你的权力增强并且对行为的支配能力也增强。谈判者会变得有信心，更有决断力。

八、报酬或处罚的权力

无论是在心理上还是生理上，如果谈判者认为可以从对方手中得到好处或者对方有足够伤害己方的力量，那么，不论是实际的或理论的、人身的或经济的，都会加强对方对己方的影响力。如果谈判者“猜测”对方可能用某种手段来影响你，不论对方是否有这种力量或会不会这样做，当他与你谈判时，都会增强他可运用的力量，因此无论这个权力是真实的或虚伪的，对谈判都有重大的作用。

报酬或威胁、正面与反面的结果和个人的观念与需求在谈判中都会以不同方式显示出来，对方如果知道你的想法及需求，而你又认为对方的权力大于你，那么对方就可以控制你的行为和思想。《孙子兵法》中“故我欲战，敌虽高垒深沟，不得不与我敌者，攻其所必救也。”说的就是这个道理。

九、说服对方的权力

如果你想要说服对方相信某事，必须考虑三个因素。

（1）你的举例、证据必须令人信服，使对方无法反驳。

（2）必须让对方明白你说的是什么。你需要进入对方的思维世界、从对方的立场进行思考和分析，你所分析的理由和证据一定要与对方经验和专长有关联。

（3）说服对方的事必须符合对方的需要。这是最重要的，因为即使你向对方提供了能够说服他的证据，你的事实和逻辑或许无懈可击，但是如果你的结论不符合对方需要，甚至有损对方的利益，那么对方就不会接受你的建议。

十、被肯定的权力

如果对方肯定你的立场，将有利于你谈判能力的扩张。

如何才能让对方肯定你的立场？进行谈判时，你的行为要表现得像个专家，以自然、合理的姿态与人交谈，这样才能获得对方的合作与尊敬。交谈中，要尽量多涉及对方的需要、期望。在谈判过程中，不要一意孤行，过度依赖个人权威，而应尽量向对方表达你的了解和关心，试着从对方的立场去了解他的需要，让对方感受到你的关心和能力。长此以往，你自然会拥有具有说服力的权力，这就是被肯定的权利。

通常我们谈到一个人有领导力和领袖气质时，都是指这个人的行为令人尊敬，受人仿效。这时，这位领导就有了被肯定的权力。

阅读材料 9-2

顾客为何常偏爱去一家商店购物

为什么在同一次购物中，你心里只想去甲商店而不去乙商店？在生意上，你又为什么与这家商店往来而不与它的竞争对手洽谈。

影响你做出这些决定的因素除了价格、品质和方便之外，可能是服务的性质或谈判人员使你产生了认同感。如果甲商店的服务态度使你觉得受尊重、感觉舒适或者最起码了解你的需求，当然你会偏好在甲商店购物，并对它认同，即使是乙商店提供更佳的产品、更低的价位，你还是会去甲商店购物。所以被别人肯定的重要性由此可见一斑。

十一、惯例的权力

（一）利用“先例”的好处

惯例的权力是谈判者可以将它视为改变的理由而加以利用。当美国汽车工人联手在谈判中成功达成增加 10%薪资的结果后，加拿大的汽车工人便以美国的事例为由展开劳资谈判，也达到了同样的目的。此例的逻辑很简单：“这是客观标准，为求公平起见，既然他们得到了，我们也应该得到。”

谈判者在谈判中要尽量利用惯例的权利，来说明你所做的或所要求的都是正当的。

（二）走出“经验之外”去观察事物

将自己封闭起来，或者被别人封闭起来都很容易。惯例的权力就是要求按照目前大多数人的做法行事，或是遵照惯例来做，习俗、政策及惯例都被视为解决问题的有效方法。但是这些所谓的“经验”往往会将谈判者封闭起来，限制谈判者的思维。

十二、投资的权力

在商务谈判中，如果有一项议题是非常棘手的，诸如价格、成本、利率等，谈判者最好是把它放在最后解决，也就是在双方为谈判已付出了大量的时间、精力后，再回过头来讨论棘手的议题。如果谈判一开始就碰到这样的问题怎么办？承认它，然后把它放在谈判最后阶段来解决。由于对方在这场谈判中已经投入大量时间和精力，付出了大量的投资，再回头谈论那些棘手的问题就可能容易些。

通过上述分析，我们发现每位谈判者手中有许多权力。认识到自身的权力，并且熟练地运用它，将增强谈判的能力。

阅读材料 9-3

小区汽车司机手中的权力

在一个小区狭窄的路上，两辆汽车相遇，由于这条路只能行驶一辆车，而两位司机都不想让路，二人陷入僵局。如何打破僵局？

A 司机说："哎，哥们，我是前面楼上的，咱们住在一个小区，抬头不见低头见，我今天事情紧急，要赶时间，你退车，我先过去，如何？"

显然他是在使用手中情感的权力。

可是，对面的 B 司机不仅不买账，反而说："我也事情紧急，我给你 10 元钱，你后退，我先过去，如何？"

显然，这位司机在使用投资的权力。

两人各不相让，此时，A 司机看到路面上的交通行驶指示，对方是在逆行，马上指着路上的交通线给对方看，要求对方立即后退。他是在用合法的权力。

谈判再次陷入僵局，B 司机看一时无法解决困境，索性拿出一张刚买的 CD，插入播放机，将音量放大，欣赏起音乐来。他这是在使用时间的权力。

A 司机此时实在是无奈，看到对方是辆新买的进口车，自己的车到了报废期。于是，计上心头，边启动车，边给对方讲："你的车子稍微靠一点边，我就挤过去了。"

读者想结果会如何？显然，他是在使用冒险的权力。

两个司机的故事可以继续往下演绎，请读者续写下面的故事，从中体会谈判人员手中的权力类型。

第二节　商务谈判过程中的时间战术

一、谈判的期限

时间面前人人平等。由于无法控制时间的快慢，我们就必须分析时间的变化对商务谈判过程的影响。

（一）谈判通常在期限快到时才达成

多数人把谈判看作一个有特定开端及结束的事件，就像我们在前面谈判议程中所讨论的。其实，我们规定谈判的议程是为了给双方一个工作进度表，使谈判这项复杂的工作能有规律和高效地进行。

我们把开始谈判的起点设为 G，过程是 H．I．J，结束点为 K。我们通常称结束的时刻 K 点为一"死线"。那么协议会在从 G 到 K 的中间的一点达成吗？实际上，在谈判中，妥协通常都是在 J、K 之间达成，尽可能地在截止时间之前，在最后"K 点"达成协议。

（二）不要期待过早得到结论

在商务谈判中，谈判者不可期待过早得到结论，很自然地将所期望的妥协、和解放在谈判结束之前才是正确的。如果己方知道对方的期限，而对方不知道我方的期限，谁占优势？如果对方对时间非常认真，而己方却毫不在意，谁会有时间压力呢？当然是对己方有利。

（三）“截止期”非常重要

阅读材料 9-4

对谈判截止期的理解

2009 年 6 月 30 日又到了国际铁矿石谈判的截止期。我国是铁矿石的最大买家，但是合同价格屡屡抬高，造成我国钢铁企业利益受损。为此，中国钢铁工业协会秘书长单尚华表示，2009 年的谈判不设最终的截止日期，中方坚持“何时达到要求，何时结束谈判”的立场。

以往铁矿石谈判是只要一家与“两拓”公司达成协议，其他买家便随行就市。2009 年日本新日铁公司已和“两拓”公司达成协议，铁矿石卖方便态度强硬，以截止期来要挟中方。由于我国是铁矿石最大用户，所以中方坚持不设截止期的态度，要求与对方单独达成协议。

坚持不设截止期，除了表明态度外，还需要有谈判的实力，这个实力来自中国的巨大市场需求，同时必须有新的铁矿石供应来源。

二、最后期限的攻防战

（一）不要被期限捉弄

实际上，每个谈判者都应该相信：无论是你自己或是别人的期限，都比你所知道的更有弹性。是谁设定期限的？不是别人，而是自己定下的。既然如此，谈判者任何时候不应被谈判的最后期限所蒙蔽。当然，如此分析并不代表谈判者可以忽略期限，而是说谈判者应该分析期限。如果超出了期限会有何种后果？己方会有多少损失？超出期限值不值得？在仔细分析利弊之后，谈判者便可从容地参与谈判了。

（二）“谈判期限”的四项原则

谈判者揣摩及利用时间的方式在一定程度上决定着谈判能否成功。迟到行为可能被视为缺乏信心和诚意的表现，而早到却可能被视为焦虑的说明。

（1）在谈判中，大多数让步行为和决定都在最后时限甚至超过最后时限才做出，所以谈判者一定要有耐心，控制自己的不安，保持镇静及保有警觉，等待最佳时机出现时再行动。耐心总会有回报，最重要的是当谈判者不知道该怎么办时，那就什么也不要做。

（2）在竞争性很强的谈判中，最佳策略就是决不泄露你真正的最后期限。首先评估你遵循或超过期限时的利弊，然后再决定是否需要遵从谈判期限。

（3）尽管对方表面上表现得沉着冷静，但他们是有期限限制的，甚至他们面上表现地平静可能在内心有极大的紧张和压力。

（4）只有在保证己方必定会得到利益时，才能采取行动。

第三节 商务谈判中的信息战术

占有信息是开启成功之门的钥匙，它影响谈判者对谈判行为的判断及所做的决定。

一、如何获得信息

在谈判中，最常用的策略就是隐藏自己的兴趣、需要及优先顺序。谈判者坚信拥有情报就是拥有了权力，尤其是在己方无法相信对方的时候。收集情报是越早越好。

有些谈判人员觉得以威胁的姿态出现，能获知真实而确切的消息。但事实恰恰相反，谈判者表现得越是软弱无能，对手就越毫无防备，就越能得到更多的消息。所以谈判者应以谦逊的姿态出现，多问问题，必要时拿知道答案的问题来问对方，从而测知对方的可信程度。

二、信息的提供者

哪些人是谈判人员收集情报的对象？谈判对手的同事、下属及一些和他有过谈判经验的人，包括秘书，办事员、工程师、清洁工、技工、家人及过去曾有往来的客户，都是你收集情报的对象。如果能以谨慎、自然的态度去问问题，往往能提高他们回答问题的意愿。

另一个情报来源是竞争对手。获得情报并不难，许多专业杂志及政府机构都可以提供相关情报。

三、适时回报对方

通常情况下，谈判者必须告诉对方一些情报，才能相应换取对方的情报，有三个理由使你必须选择一些情报提供给对方：

（1）让对方相信，帮助别人是己方非常乐意做的事情；

（2）在商务谈判中，有计划地建立彼此间的信任是至关重要的，通常情况下，谈判者在向对方提供有价值的信息情报之前，对方不会主动向你提供信息情报。

（3）当谈判者谨慎地向对方透露某些情报时，你希望借此降低对方的要求。

尽早地向对方透露你的新意见，不经意地介绍它，等到在谈判中正式提出时，得到的回答也许是："噢，这个方法可以考虑一下。"人们对待新事物总是需要些时间去习惯它、接受它。

本章思考题

1．简述商务谈判中的时间战术。

2．列举你手中有哪些权力。

3．举例说明谈判中的信息战术。

第四篇　商务谈判的增效艺术

为使谈判双方有效地交流观点，帮助谈判者对谈判的内容达成一致意见，增强谈判的效果，本篇运用行为科学的研究成果对谈判人员行为预测和分析的规律进行总结和介绍；探讨谈判过程中双方沟通所使用的语言与非语言技巧；同时，提醒商务谈判者要“入乡随俗”，了解谈判对方的礼仪与禁忌。

第十章

商务谈判者行为的分析及预测

商务谈判是人与人之间的交流。若要取得成功，就必须懂得人。亚历山大·波普曾经说过[①]“研究人类之最好方法乃是研究人”。对谈判者说来，对人的研究是必不可少的。

在研究谈判者行为时，需要借助“行为科学”来进行。“行为科学”这个名称首次出现于1950年代表美国福特财团支持的“行为科学计划”中，它认为从人类行为中可直接获得基本信息的研究就是“行为科学”。一般而言，行为科学从广义上讲是运用自然科学实验和观察的方法，来研究人类行为；狭义上讲，行为科学是研究有关工作中个人和群体行为的科学。行为科学是以自然科学、社会学、心理学、文化人类学等学科为核心的交叉性与整合性研究的学科。本章用行为科学的知识和研究成果帮助谈判者尽最大可能去认识人们的行为，并懂得如何在谈判过程中运用这种知识。

第一节　人行为的分析

一、人类行为是本能，还是理性

马基雅弗利[②]曾说过：“智者不无理由地认为，不管是什么人，要预见人世间的事情不过是过去时代的翻版。所以如此的原因在于，使这些事情得以产生的人始终受到同样情感的激励，过去如此，今后仍将如此，因此，事情的结果也必然相同。”

人们为解决分歧而谈判，谈判是人与人之间思想观点的交流。谈判人员来自不同的国家和地区，有着不同的文化背景，他们的个性、气质、信仰和感情各不相同。表面看来，人类个体行为杂乱无章难以捉摸。其实，人类行为具有可以认识的发展模式，并受其自身内在逻辑的制约。尽管看起来错综复杂，但却是可以预测的，也是可以理解的。

（一）解释人类行为的不同派别

应该如何去研究人的行为？用什么方式去进行测试或实验？我们研究方法的实质是什么？近半个多世纪以来，人类对自身行为的探索经历了巨大的变化。各种不同的方法分别属于

① 亚历山大·波普（1688—1744）出生于伦敦。他的父母是天主教徒。那时英国法律禁止天主教徒上学，所以他在家接受私塾教育。不过，他的大部分知识都得自于阅读。他自学多种语言，并通过抄书培养自己的写作能力。牛津语录词典中收录了212条波普的作品精辟语录。如“只有少量知识是危险的”，“人皆有错，难能宽恕”等，波普所著的《论人文粹》中有“认识你自己，不是去靠上帝，人类最适宜研究的是人类自己。”

② 马基雅弗利（1469—1527年）意大利政治思想家、历史学家，著有《罗马史论》《佛罗伦萨史》《君主论》等。

机能心理学[①]（Functional Psychology）、构造心理学（Structural Psychology）、联想主义（Associationism Psychology）、行为主义、（Behaviorism）[②]、格式塔心理学（Gestalt Psychology）[③]、精神分析学（Psychoanalysis）、策动心理学（Hormic Psychology）、整体心理学（Holistic Psychology）、现象学（Phenomenology）、存在心理学（Existential Psychology）、人本主义心理学[④]（Humanistic Psychology）、相互影响心理学（Transactional Psychology），以及生物社会心理学（Biosocial Psychology），等等。

在20世纪最初的10年中，以约翰·B·华生为代表的行为主义学占据了心理学领域中心。这些行为主义心理学家们为莫尔根和桑代克在动物心理学（Animal Psychology）方面取得的成就所鼓舞。华生宣称，应该像研究其他任何动物一样去研究人，应该像考察化学、物理学、生理学、生物学等其他所有自然科学中的现象一样去考察人类行为。

然而，随后崛起的动力心理学派[⑤]（Dynamic Psychologist）对行为主义学派的方法进行了抨击。他们认为，人并非只是一架机器，仅仅靠刺激——反应之类的术语是不能解释清楚的，不能把人类行为的方式、行为的原因、一个人的精神世界以及他的感情等，排斥于科学研究之外。

在德国，格式塔心理学家带来了一场思想革命，彻底改变了我们对人们如何认识事物和如何解决问题的看法。心理分析学家，如弗洛伊德（精神分析学派）、阿德勒、荣格（分析心理学派）以及其他一些学者发展了有关心理压力、心理紧张，以及意识作用等方面的理论，对现代人类思想产生了巨大的影响。今天的行为主义心理学家已不再局限于研究肌肉颤动之类的细节，对“行为”一词的定义也做了修改。

（二）人类行为的三要素

习惯、本能和智力学识构成了人类行为的三要素，它们之间是互相交错，不能截然分开的。

习惯是行为不断重复而永久化或固定化的形式。我们每个人都有自己独特的语调和手势，其中有许多就属于习惯行为。我们把饮酒和吸烟看作习惯。对习惯的理解，大家的看法相当的一致；但是，一谈到人的本能，就有不同观点了。

---

① 机能心理学是19世纪末20世纪初出现于美国的心理学派。这个学派受达尔文进化论的影响和詹姆斯实用主义思想的推动，主张心理学的研究对象是具有适应性的心理活动，强调意识活动在人类的需要与环境之间起重要的中介作用。机能心理学是在反对构造心理学的过程中产生的，它反对把意识分析为感觉、感情等元素，主张意识是一个连续的整体；反对把心理看做一种不起作用的副现象，强调心理的适应功能；反对把心理学只看做一门纯科学，重视心理学的实际应用；反对把心理学局限于正常人的一般心理规律，主张把心理学的研究范围扩大到动物心理、儿童心理、教育心理、变态心理、差异心理等领域，www.39.net/mentalworld/xldt/xlsj/88534.html 18K 2007-3-3。

② 约翰·布鲁德斯·华生（1878—1958），行为主义（Behaviorism）的创始人。1913年华生的论文《行为主义者心目中的心理学》发表，标志着行为主义的诞生。1915年华生当选为美国心理学会主席。1925年出版了他的代表作《行为主义》（Behaviorism）。他认为人格是个体一切行为的总和，是各种行为习惯的最后产物。在人格形成和改变问题上，华生是一个极端的环境决定论者。

③ M.魏特曼发表的论文《似动的实验研究》标志这一学派的兴起。格式塔心理学派强调整体并不等于部分的总和，整体乃是先于部分而存在并制约着部分的性质和意义。这一观点是符合客观事实的。格式塔心理学家们从这一观点出发，坚决反对对任何心理现象进行元素分析，这对于揭发心理学内的机械主义和元素主义观点的错误起到了积极作用。

④ 该学派兴起于20世纪五六十年代的美国。由马斯洛创立，以罗杰斯为代表，被称为除行为学派和精神分析以外，心理学的第三大流派。人本主义和其他学派的区别是特别强调人的正面本质和价值，而并非集中研究人的问题行为，并强调人的成长和发展，即自我实现。

⑤ 20世纪20年代出现的侧重研究行为的动力和动机的心理学观点。历史上，动力心理学一般是指R.S.伍德沃思的心理学。他提出机制和驱力两个概念，企图以此解释人的一切活动。他认为机制是使驱力得以满足的外部行为方式，驱力则是机制的内部条件。它包括了许多学派。如S.弗洛伊德的精神分析学派、W.麦独孤的目的心理学或策动心理学、E.霍尔特的所谓弗洛伊德的愿望、E.托尔曼的目的性行为主义、K.勒温的拓扑心理学，以及H.A.默里的哈佛心理诊疗所集体和以C.赫尔为首的耶鲁体系。

本能是什么？有些权威学者把本能定义为本性的冲动或驱使。例如，人类求生的“冲动”，“趋乐避苦”的冲动，追求安逸、享乐的冲动等。

当我们要判断人类行为中哪些出于本能，哪些部分出于后天学识时，就会发现两者的关系非常模糊。因为，人类的祖先主要是靠本能的反应来适应环境的。渐渐地，人的智能得到发展，学会使用工具就动摇了本能的支配地位。人类文明发展史便萌生于本能与智能的斗争之中。

二、人行为的可预测性

通过分析，我们可以发现人的行为是有规律可循的，这些规律由多种可能预测的因素构成。首先，我们了解“正常”情况下人行为的状态和各种受力的平衡；然后，我们就能预测某种特定情况下人的行为过程。群体行为的可预测性是我们日常生活的一个组成部分。例如，在世界大多数国家和地区，我们之所以敢于在公路上驾车行驶，是因为相信并能预测对方汽车驾驶员的行为。在生活经历中，我们经常根据群体行为来做出种种判断。正如歇洛克·福尔摩斯对华生医生所说，单个的人是一个无法解答的谜，但是，一旦置身于群体之中，他就成了一个确定的常数。你永远不能预料某一个人会去做什么，然而，你随时可以精确地预测平均有多少人会去怎么做。个人虽然千差万别，但这个百分率却是恒常不变的。

三、人行动的原因

要科学地理解商务谈判双方的行为，就要运用心理学的知识来分析。人行动的原因有多种多样，下面做一简要论述。

（一）文饰作用

文饰作用（Rationalization）是心理学术语，指一种自我防御机制，是指个体无意识地用似乎合理的解释来为难以接受的情感、行为、动机辩护，以便为人接受。在商务谈判中，一个人用对自己最有利的方式来解释一件事情时，他就是在“文饰”。为消除令人不快的感受，为了更加符合内心的企求，人们往往做出合乎自己需要的行为。人们常常靠文饰来宣泄自己的感情，提高在同行心目中的地位。

狐狸和葡萄的故事是人所共知的。狐狸饥饿地看着葡萄架上挂着一串串葡萄，想摘又摘不到，临走时自我解嘲说：“哦，算了吧，葡萄说不定是酸的，我才不想要呢。”其实，狐狸很想吃葡萄，但当意识到葡萄可望而不可得时，为自我安慰，掩饰一无所获的失败感，就说它根本不需要。在心理学家看来，狐狸是在“文饰”。

当然，我们也可以换个角度来发挥想象。如果狐狸能研发出一种灌木科的葡萄，它就成了生物学家；如果狐狸因吃不到葡萄有感而发出对“美”的思考，它就成了哲学家……。这样思考的含义想表明，狐狸可以不进行文饰。

文饰作用的另一种表现形式与“酸葡萄心理”恰恰相反。因吃不到葡萄而受到排斥，往往会为了出口气而力图胜人一头。例如，一个归属需要遭到拒绝的人会成为一个“行业标兵”。许多人都是受到这种激励而终于成功，“让别人瞧瞧，我也不是平庸之辈。”

（二）投射

投射（Projection）在心理学上是指一种自我防御机制，是指个体依据其需要、情绪的主观指向，将自己的特征转移到他人身上的现象。强迫症在某种意义上就是在投射，它经常是一种完全无意识的行为。在商务谈判中，一个人把自己的动机加之于他人就是在“投射”。一次，同有着多年谈判经验的朋友谈起做生意的手法时，他坦率地说，他那“放之四海而皆准”的唯一技巧是利用人人都想赚钱的欲望。他这是在投射。一般情况下，商务谈判者最主要的目标是获取利益，但不可否认，在有些情况下，谈判双方进行谈判并非纯粹是为了金钱，也可能是为了满足其他需要。

投射是人们理解和思考外部事物的最普通和最重要的方法之一。人类往往都是无意识地把自己的个性灌输到对外部事物的看法中去，加上主观色彩，甚至加以歪曲。关于投射的大部分论述都强调这样一个观点：人们典型的偏好是“以小人之心度君子之腹”。欺诈成性的人往往都以“人人相欺”之类的投射来安慰自己。据说，萧伯纳曾经说过：一个人说谎受到的最大惩罚，莫过于他不能再相信任何人了。

（三）移置作用

移置作用（Displacement）是指一种自我防御机制，即个体试图通过将自身的冲突加之于他人，以掩饰内心压抑的一种心理机制。人们往往迁怒于无辜者，拿他们当出气筒或替罪羊。典型例子是：丈夫上班时挨了领导一顿训斥。他回到家里，心事重重，情绪颓丧。为了发泄自己心中的抑郁，他无缘无故地对着孩子吼叫，同妻子打架。“替罪羊”的典故就是讲的移置作用。在商务谈判中出现平白无故、莫名其妙的情绪变化，也可能就是“移置作用”的表现。

（四）压抑

一个人在自己有意识的思想中排斥那些使他感到厌恶或痛苦的情感，这就叫“压抑”（Repression）。在心理学上，指一种自我防御机制，即个体试图通过把那些和自己有意识的自我表象或动机冲突的观念、情感从意识中排除出去以解内心冲突的一种心理机制。例如，令人不快的往事就常常会被有意识地“忘掉”。弗洛伊德坚持认为，遗忘是由动机促发的，而不是偶然自发的。

（五）反应形成

在心理学上，反应形成（Reaction - Formation）是指一种自我防御机制，即个体试图通过某种有意识的、能为他人所接受的反应掩饰自身压抑的一种心理机制。通常，人们往往是压抑自己强烈的、不合时宜的冲动，然后又循着与这些被压抑的冲动恰恰相反的路子来思考和行动。必须记住，这种压抑完全是无意识的。在《哈姆雷特》中有一个关于“反应形成”的实例。哈姆雷特的母后在看一场戏，戏中女主人公以夸张的口气信誓旦旦地说，如果她的丈夫死去了，她将决不改嫁。哈姆雷特的母后听了评论道：“我想那女人发的誓太重了。”她这句被人们经常引用的话表明了她内心的真实感悟。

（六）自我意象

每个人都从自己的欲望、经历以及关系亲密的人对他的评价中，综合出个体的“自我意象”（Self - Image）。一旦形成了自我意象，人们的许多行为又会不断地维护或加强这种自我意象。因此，我们只要了解一个人对他自己的看法，就可以推断他的动机和他对未来事件的反应。然而，他可能没有将他的自我意象完全暴露出来，这样，我们必须研究他过去的行为和经历，才能对他的自我意象有比较清楚的了解。

（七）角色扮演

角色扮演（Role Playing）是个体试图通过某种有意识的行为来表现其自我意象的一种行为方式。这种体现为“扮演角色”的行为在很大程度上是基于过去生活的经历。当一个人在扮演作为父亲的角色来惩罚孩子的时候，他的行为方式往往会仿照当年自己的父亲，或者恰恰相反。这往往取决于他在孩提时形成的对于惩罚的看法。一般而言，我们对自己希望扮演的角色都有相当明确的概念，或者也许我们应该说我们自以为应该如此。而如果对此把握不准，我们就通过不断摸索，才能构想出一个使自己满意的“角色”来。

在谈判桌上，即便是仅有 A、B 两个人构成的谈判，实际上有六个具有不同人格的角色穿插其中。A 会表现出三重人格：A1——A 的真身；A2——A 想象中的自身；A3——A 显示出来的形象；当然，B 同样具有这三重人格。于是三三得九，谈判桌上就有九种冲突的角色。在一场谈判中，每个人都按照自己在这个场合中的作用，各自扮演着不同的角色。一个人总往往不止扮演一个角色。只要我们能理解“角色扮演”的行为方式，我们就会懂得，即使在一场简单的一对一谈判中，也要善于同具有多重人格的对手较量。

（八）理性行为

人类某些行为常被称为“非理性”行为。然而，要是不了解导致行为发生的条件和前提，就不应把它归结为非理性行为。生活中发生的各种争执和冲突，百分之九十是由于误解，由于一个人不能理解在别人看来是至关重要的事实，或者是由于他没能领会别人的观点而引起纷争。人们各自遵循自己的理性而行动。如果一个人能考虑到他可以采取的每一行动所带来的不同后果，如果他能明辨这些不同后果的轻重优劣，如果他能根据自己的预测选择有可能导致最理想效果的行动方案，那么，我们就可以把他说成是一个有理性的人。换言之，我们理解他们行动的前提和标准；而如果缺乏这种理解，我们就会说他的行动是“非理性”的。然而，这种理解有时是错误的。问题在于我们自己对他的行动前提和倾向的认识可能存在非理性化。在谈判桌上，某方可能表现出“非理性”行为，但是，在其表面后也许隐藏着一种理性的策略，想使对方相信他真的因谈判情势而无法忍受。

“理性行为”（Rational Behavior）在很大程度上还取决于别人的可能行为。在赌博中，一个有理性的人应该能最大限度地利用预期有利的机会大赢一笔。但能否成功，还必须考虑赌桌另一边其他赌博人的行为，他们也是有“理性的”，也都想拼命赢钱。这说明理性行为不是一成不变的，它受制于各种复杂的不断变化的因素——当事人的背景、其他有关人物的行为、每个参与者所信奉的价值观，以及整个行为格局的结构和环境，等等。

阅读材料 10-1

司机的困惑

有辆汽车在经过一所疯人院时，汽车爆胎了。驾驶员下车换胎，有个精神病患者站在疯人院的栅栏后面注视着他。他卸下车轮盖，放在路边，又旋下螺帽，小心翼翼地放在车盖上。当他转身去取备用胎时，不小心把螺帽散落在下水道中。他一筹莫展地站在那里，不知如何是好。这时，站在栅栏后面注视着这一切的那位精神病患者叫他过去。他走近栅栏，患者告诉他说：“你可以在另外三个轮上各取一颗螺帽，把那只轮胎装上，然后把车开到离这儿最近的 4S 店去买几颗螺帽，这样你就可以继续赶路了。”那人自然认为这是个好建议。但他又突然感到迷惑不解。患者问他：“有什么问题吗？”那人答道：“我完全被你搞糊涂了——你看，你在这所医院里，但你却在教我这个正常人该怎么做。”

在这个故事里，那个患者的行为可说合乎理性。那个驾驶员显然不会认为这个疯子的全部思想都是非理性的。

由于不能理解人们的行动前提而把别人的行动称为非理性，这完全是一种人为的障碍。其实在生活中，我们每个人一辈子都在设置这种或那种障碍。成语“画地为牢”就表达了这种思想。

上例中，驾驶员的困惑在于他给自己设置了一个障碍。商务谈判者在谈判过程中可能也会犯同样的错误。只要他们能够使自己摆脱这种束缚，就可以进行创造性的活动。谈判需要从全局把握，不能作茧自缚，只有这样才能使人思路开阔。处在压力下的人很少会去尝试创造性的工作。遇到压力、危险，或者陌生的事物，人们往往就想退却回到熟悉的非创造性环境中去。在一个漆黑房间里，一个人闭起眼睛会感到舒服，因为闭着双眼所感到的黑暗要比睁着眼看到的黑暗更熟悉一些。

如果在谈判桌上，谈判者非得先肯定“这是最好的办法”或“这是唯一的办法”，才能做出决断，那他不可能创造性地去解决问题。带有先入之见就会视而不见，这可能使谈判者误入歧途。心理学的研究向我们揭示了人们头脑中的种种变化，由此可以认识到，仅仅从我们自身的经验和与我们有关系的人的经验来研究谈判的艺术，是非常困难的。

人们总是认为逻辑是真理的体现，人类的行为或者是合乎逻辑的，或者是违背逻辑的。认为人类理性与人的感情互不相容。然而，动力心理学家提出不同意见。动力心理学的研究表明，人类的行为并不是理性与感情两种力量的冲突，而是头脑和心灵的结合。精神借助四种机制起作用[①]，即思维、情感、感觉和直觉。思维是力图理解世界而且是通过思想和认识，即逻辑的推理去把握世界的一种机制。感情机制是在对排斥的情感所做评价的基础上对世界的理解。感觉和直觉可归入非理性的范畴。因为感觉是对经验的直接反应，无须主观评价，而直觉常常借助于被称为“事物”范畴中的潜在力量而产生。一个人在一生中如果想有所作为，就必须充分发展其中一种机制，而压抑其他三种机制，被压抑的其他三种机制需要在平衡意义上得到恰如其分的调节。

在商务谈判中，我们把人与人之间的区别搁置一旁，主要考虑人所共有的那些要素。只要抓住了共性，我们就能更加清楚地理解人的需要，这正是谈判成功的关键。人们进行文饰、投射、移置和扮演角色，有时，还会压抑某些事情，做出某种反应。谈判者会遵照自我意象，表现出“理性的”行为。有经验的谈判专家能把坐在对面的人一眼望穿，料定他将如何行动和为什么行动。但是对人行为的研究是一门要做一辈子的学问，真正的谈判人员从不放弃在学习中增长才干的机会。

第二节 商务谈判者行为的分析及预测

一、谈判者的“人际关系导向性”

谈判者在进行商务谈判时，己方和对方谈判者的性格是必须考虑的因素。谈判者的性格有多种类型，如逃避危险型、爱好危险型，以及权威主义式性格，等等。

① 霍欣彤.荣格心理学.海口：南海出版社，2008.

首先来了解“人际关系导向性”（Interpersonal Orientation）的概念。所谓“人际关系导向性”，是指个人受他人影响的程度，也就是别人是否觉得愉快？别人为什么保持沉默？别人表情如何？等等。下面我们分析“人际关系导向性”的强、弱对谈判中合作性和竞争性的影响。

（一）具有人际关系导向性强性格的谈判者

人际关系导向性强，并且竞争意识强于协调意识的人，会利用别人的心态来进行谈判。此类谈判者会用怀疑的眼光看别人，一旦看到对方以协调的态度处理事物，心中便会嘲笑。这种性格较强的人，对别人的合作意识或竞争意识都非常敏感，对从属关系或权力平衡关系的感受性特别锐利。

（二）具有人际关系导向性较强性格的谈判者

具有人际关系导向性较强性格，并且具有协调性特征的人，进行谈判时不会想到利用对方来谋求自己的利益，而会在彼此信赖的情况下开展行动。这种人是根据“别人也是如此”的想法来确认自己的信念，以及收集有关情报。一旦确认了这种信念，谈判即可顺利进行。不过，这种性格的谈判者一旦了解到对方是利己主义者，就会为了反抗而表现出极端的自我防御性或攻击性的行为。

（三）具有人际关系导向性弱性格的谈判者

人际关系导向性低的人，对于和他人合作或竞争，不会显示很大的兴趣，只会对自己的利益表示关注，属于我行我素性格的谈判者。

二、谈判者的背景差异

（一）爱好危险型的谈判者

所谓“爱好危险型”也就是赌徒型的人，对于自我利益的关心重于对互相利益的关心。换言之，就是爱好危险型的谈判者人际关系导向性较低。

（二）外向型和内向型的谈判者

我们可把认为事业的成功是由于自我努力结果意识的谈判者，假定为内向型的谈判者；把认为成功归于幸运或偶然类型的谈判者，假定为外向型的谈判者。当谈判具有竞争性时，内向型谈判者的竞争性弱于外向型谈判者；另一方面，即使协调的情况，内向型也不会像外向型那样具有协调性。因此，内向型比外向型较少感觉到谈判对方的变化。一般而言，外向型谈判者对跨文化差异性接受能力较内向型者强。

（三）认识式复杂性的谈判者

认识式复杂性和谈判者对情报处理的能力有关，能够处理抽象信息情报的人，表明其认识式复杂性较高。只能处理具体情报的人，表明其认识式复杂性较低。认识式复杂性较高的谈判者，类似于对人指向较高的谈判者；认识式复杂性较低的谈判者，则属于人际关系导向性弱的谈判者。

（四）一丝不苟型的谈判者

这种类型的人和非这种类型的人相比，该类型谈判者较喜欢规则性、明确性、均衡性、具体性；相反的，较不喜欢变化、模棱两可、不均衡和抽象性。因此，一丝不苟型谈判者会表现出低的人际关系导向性以及符合这种性格的行为。以此研究为基础，一丝不苟型的谈判者同其他类似的谈判者谈判时，会表现出强的协调性。

（五）自我概念的谈判者

所谓自我概念，是指明确相信自己反映在别人眼中的自我形象，这类特征的谈判者行动充满积极性。肯定自我概念的人自尊心很高，谈判时较具协调性；相反，否定自我概念的人，具有消极性，比较具有竞争性。

（六）"动机"对谈判者的影响

谈判者的动机倾向和谈判行为有关。谈判者动机有三种类型。

1. 达成动机

所谓达成动机是指想要达到的具有优越性标准的欲求。达成动机较高的谈判者，人际关系导向性较强，会采取协调性的行为。达成动机高的谈判者通常认为，如想获得最大利益就必须善于与人合作。

2. 亲和动机

亲和动机是指寻求和别人友好关系的欲求。亲和动机高的谈判者对别人态度相对敏感，因此，谈判中的行为取向具有协调性，会依照对方期望的协调性来进行谈判。但是，一旦对方呈现出竞争态度，这种动机很高的人，便会用自我防御的方式来采取应对措施。

3. 权力动机

权力动机是指想支配和影响他人以及周围环境的欲求。权力动机分为个人化权力动机和社会化权力动机。前者参与社会活动的目的是为表现自己、满足个人的私欲；后者旨在以个人的知识、才干和人格去影响他人，寻求权力的目的是为他人。显然，社会化权力动机的谈判者会表现出高的协调性和创造性。

（七）易于信任别人的谈判者

易于信任别人的谈判者，比信用性低的人或猜疑心强的人，更容易采取协调性的行为。

（八）协调性高的谈判者

使谈判者之间的共同利益成为最大，或根据自己利益偏好同样地来考虑对方利益的人，称作协调性高的谈判者。

（九）马基维利主义性格的谈判者

为了控制对方而使用狡猾、欺诈或其他战术的谈判者，称作马基维利主义性格的谈判者。这种性格的谈判者为了达到自己目的往往不择手段。

下面将协调性、权力指向性和人际关系导向性三者对于谈判结果的影响总结如下：

（1）协调性比竞争性常能使谈判结果更好；

（2）谈判者之间权力的均等比不均等性能使谈判结果更好；

（3）干预谈判过程的权力力量越少，谈判者越能有效发挥才能；

（4）人际关系导向性较高的谈判者，比低的谈判者更容易获得良好的谈判结果。

本章思考题

1. 简述什么是人行动的原因？

2. 简述什么是谈判者的“人际关系导向性”？

第十一章

商务谈判者的语言沟通

商务谈判就是谈判者之间进行语言和非语言交流的过程。谈判者想有效地把判断、推理、论证的思维结果、思想感情表达出来，语言沟通是关键环节。

第一节　商务谈判的语言类型

人类的语言丰富多彩。世界各地不同的民族都有自己的语言，各行各业也有自己的语言。商务谈判语言有哪些类型？从谈判实践看，可将其分为外交语言，商业法律、惯例性语言，文学语言和军事语言四种。任何一场生动活泼的谈判，无不是由这四种语言融汇而成。因此要精通谈判的用语，必须研究这四种语言在谈判中的作用和特点。

一、外交语言

外交语言表达的内容具有弹性，它能够使对方感受到尊重，不仅可以弄清楚问题，而且还能使自己进退自如。外交官的风度及训练有素的谈吐往往会给人以高雅之感，商务谈判人员虽不是外交官，但在谈判过程中适时地使用外交语言也会带来这种感觉。谈判人员在谈判中使用的富有外交色彩的语言，可被视为商务谈判中的外交语言。外交语言的特征在于表达中的可能性、圆滑性和缓冲性。例如，外交式的谈判从不认为存在“死局”。外交官认为任何事物在一定条件下都是可以转变的，因此任何希望都有实现的可能，不会让人绝望。外交谈判对于分歧，总是以圆滑的方式表达自己的异议，从不会简单处理，一般留有再商量的余地，使双方都有回旋的机会。这些特征无疑有助于商务谈判的进行。

典型的外交用语有：“有关谈判议程悉听贵方尊便”、“愿我们的工作能为扩大双方合作做出贡献”、“此事可以考虑”、“有待研究”、“我已再三提醒了贵方，一切后果由贵方自负”、“您的言行已违背贵国政府对我国的友好精神”、“坚持贵方立场是您的权力，但谈判失败的责任则完全由您方负责”、“我们谈判的大门是敞开的，欢迎贵方可以随时和我们联系”、“您说了我想说的意思”、“我没有这么说，这是您的说法”、“既然如此，深表遗憾”，等等。在商务谈判中当然还有许多富有外交色彩的语言，以上只是商务谈判中外文类语言的使用举例，它们反映了谈判时的气氛，谈判者的态度、技巧以及进、退、回避的表达方式。

二、商业法律、惯例性语言

商业法律、惯例性语言指与谈判业务内容有关的专业术语和涉及的有关法律惯例的规定用语。这种语言能在谈判中起到简化理解、明确权利义务、提供方法手段的作用。

商业法律、惯例性语言的特征是刻板性、通用性及严谨性。由于经济利益多以商业、法律语言表述，所以形成了其语言的刻板性：简单、明确、毋庸置疑。由于谈判可能在不同民族之间进行，增加共同语言的有效办法是：将商业惯例，用统一的定义和用词来表达，甚至其表达的形式也加以符号化、规格化，从而使其语言具有通用性。例如，电子商务的出现需要对网上交易的语言进行规范，目前已有接近 4 000 个规范性的语言在使用。由于利害攸关，要划清谈判双方的权力与义务、减少各种风险，只有以严谨的措词、逻辑清晰的结构语言来描述并拟订各种合同，才有助于商务谈判的进行。客观上谈判人员受其国内法律和国际商法的制约，谈判人员需要经常引证条文，这促使商业法律语言应用的频率增加。

商业法律、惯例语言是商务谈判的主体语言。它涉及洽谈议题的定义及条件的确立。国际商务惯例是建立在当事人自治原则的基础上，它本身不是法律，因而不具有法律效力。但值得注意的是，国际商务惯例本身虽不具有法律效力，但通过立法，可赋予惯例法律效力。有些国家的法律规定，凡本国法律未规定的，可适用国际惯例。《联合国国际货物销售合同公约》对国际商务惯例作用做了充分肯定，其中规定，合同没有排除的惯例、人们经常使用和反复遵守的惯例以及人们已经知道和应当知道的惯例，均适用于合同。根据我国合同法规定，涉外合同应优先适用我国对外缔结或参加的国际条约与公约，此外，也可参照适用国际惯例。不过，适用国际惯例还需要具备三个前提：一是我国法律未做规定；二是我国所缔结或参加的国际条约与公约也没有规定；三是不损害我国社会公共利益。

三、文学语言

文学语言以形象思维为基础，注重情感的流露。其特征是：优雅、风趣、生动、富有感染力。在商务谈判中运用文学语言既可以生动明快地说明问题，还可以调节谈判气氛，因此文学语言经常为谈判者所使用。谈判者采用的文学语言常常色彩鲜明、生动活泼，典型语言有："精诚所至，金石为开"、"一言既出，驷马难追"、"老将出马，一个顶俩"、"海内存知己、天涯若比邻"；把商务谈判代表喻为"友谊桥梁的架设者"，把谈判喻为"播种"，签合同为"收获"；用季节变化的特征来形容谈判的气氛及进展情况，如"像夏天一样热烈"，"虽然已是数九寒冬，但谈判气氛却犹如春天"，"冬天即将逝去，春天即将来临"，等等。

文学语言在商务谈判中具有制造良好气氛、加强双方感情、增强感染力的作用。因为引用者把经济利害明显的话题以文学语言表达，自然会使其"文雅"或者"诙谐"，才可获得"轻松而不生硬，虽难却不使人介意"的效果。文学语汇常常是即兴而用，无一定之规。只要以拟人或拟物或以较多修辞或工整的文笔式的语言表达的，均属于文学语言的语汇。

四、军事语言

军事语言的特征为干脆、简明、坚定、自信。在商务谈判中适时运用军事语言，可以提高谈判人员的信心，稳定情绪，加速谈判进程。

商务谈判始终围绕权利与义务、得与失进行，在失去其内在平衡时，谈判者容易急躁，甚至表现粗暴。这时候军事语言就可以起到强化态度、从心理上打击对手的作用，也可用来振奋己方谈判人员的精神。在复杂的商务谈判中充满了心理战，无论双方虚实如何，简明、干脆的表达可减少泄露机密的可能性，并表达出谈判者坚定的立场和自信态度，还会促使对方思考他现在的立场是否正确。军事语言排斥了模棱两可、犹豫不决，给双方创造了决战气氛，加速了谈判进程。尽管军事语言表现出冷酷无情，但鉴于它的特殊性，谈判者经常把它用于谈判中。典型语汇有“价格防线”、“成本底线的摸底或侦察”、“集中突破一点”；在策略用语中有“声东击西”、“兵不厌诈”、“顺手牵羊”、“以攻为守”、“以退为进”；在谈判过程中有“不要绕圈子，请回答我方问题”、“这是无条件的，不可讨论的”、“非如此不能签订合同”，等等。

虽然军事语言在谈判中运用有限，但也远非上面所列内容，许多简单、明确而富有命令性的自信发言，均具有军事语言的特征。只不过要把“自然的倔犟性格”与“自在的策略性运用”区别开来；前者系无的放矢，不是依对方具体态度而行事，具有主观性、盲目性；后者则因客观需要而运用，针对性、目的性强，成效自然也好。

五、谈判语言的应用条件

在商务谈判中，谈判语言因谈判阶段、对象、环境、目的、话题的不同而不同，但总体而言，各种语言的使用都要遵循有的放矢、对症下药的原则。在此，主要就谈判语言在谈判各阶段中的运用进行分析。

在谈判准备阶段，应以商业法律和军事语言为宜。因为要准备各种技术资料，必须要体现出商业性、法律性和严谨性，该阶段多是内部讨论，为了鼓舞斗志，建立信心，军事语言必不可少。如“对方报价水分太多，先打虚头，再逼其降价”、“先设个障碍，虚晃一枪”，报价时我们采用“增灶增兵”的策略等。

在谈判开始阶段，谈判者常常以文学语言、外交语言为谈判语言的主体，因为开局阶段对整个谈判过程具有重要的影响和奠基作用，文学、外交语言的使用有利于创造良好的谈判气氛，促进双方融洽、信赖谈判气氛的建立。

在实质性谈判阶段，常以商业法律语言为基础，穿插文学、军事语言可提高洽谈的效率。该阶段涉及的主要是实质性的问题，双方就交易条件等进行磋商，以商业法律语言为基础才能保证谈判概念的准确性。在阐述观点时，用文学、军事语言能产生柔中带刚的效果，利于营造有利的谈判气氛。

在谈判结束阶段，谈判主要是做出最后决定和签订协议，适宜使用军事语言来表明己方的立场和态度。如“贵方还有××差距，只有改善才可成交”、“不行，必须再降 $X\%$”、“×条件必须满足才可接受”、“我方已无退路，也无新的意见好讲，贵方做裁决吧！”、“我的命运掌握在贵方手中，由贵方处置”、“这是最后的机会，希望拿出最终价”，等等。因为要结束谈判了，不允许有拖泥带水的表态，所以以军事语言为主，辅之以商业法律语言，更利于谈判最终达成。当然，谈判结束阶段合作军事性语言切忌让对方产生有催促或替对方做决策的感觉，这样可能事得其反。

第二节　语言沟通的艺术

谈判是“谈”出来的，离开了话语言谈，就不称其为谈判。一切谈判都要经过双方人员的语言沟通后方能达成协议。

一、文化与语言沟通

每个国家、每个民族都有自己独特的文化体系，有不同的价值观、信仰和社会习俗。在跨文化谈判中，谈判主体的思考方式、价值观念以及行为举止都打上各自文化的烙印，导致谈判中语言沟通的复杂化。语言作为人类交往的工具，其差异性给商务谈判的语言沟通带来极大不便。主要表现在以下方面。

1. 语言取向性不同

由于受文化等因素影响，谈判主体对同一语句含义的理解是不同的。如在秘鲁，关于“过去”和“将来”的概念与汉语中“过去”和“将来”含义正好相反，他们把“过去”称作“前面”，因为它是“可见”的，把“将来”称作“后面”，因为它是“看不到”的。中国人常说“要前瞻，不要后顾”，就是指要着眼于未来，不沉溺于过去。这就是语言习惯的不同，所以在商务谈判中要“入境问俗”。中国有家企业生产“芳芳”牌牙膏，“芳芳”在中文语境下是芳香的寓意，而在英文环境下，它却代表毒牙之意。再如对“谈判（Negotiate）”的理解上，美国人多认为谈判是双方间的平等交流；而日语谈判的（Kosho）则有斗争、对抗和策略以及口头辩论的含义。日本人认为买卖双方谈判就像父亲和儿子间的交流。卖方（儿子）应接受买方（父亲）的决定，因此争吵不利于双方关系，而且相信买方（父亲）会考虑卖方的要求。

2. 语义的非对应性

语义的非对应性给商务谈判翻译带来极大困难。为出售一批橡胶，美国要在日本企业和德国企业两者之间选择买主，当美国代表将欲成交的价格、数量分别通知给日、德两国企业谈判方后，他们都及时做出反应。日方代表表示 wokusatsu（考虑）这些条件，可是译员在翻译时，却选用了 wokusatsu 一词的另一个意义——“注意到”。美方据此推测日本态度不明朗，于是最后决定和德国企业签订合同。由此可见，在商务谈判语言沟通中，必须考虑一下该语句的背景，谨防造成谈判误会。再如，有的谈判人员把“龙”翻译为 dragon，而西方语言中的 dragon 是邪恶、凶悍和悍妇的象征，中国人怎么能翻译为 dragon 哪？最好翻译为 loong。笔者在此呼吁我们的谈判人员一定认真严肃对待此事！

二、语言沟通的要领

在商务谈判中要想做到言辞达意，应注意以下几点。

1. 使用规范化、大众化语言

沟通过程中，谈判人员既要运用世界大多数国家或地区普遍认可的用语，还要根据谈判时间、地点、对象等因素，使用各方易于理解的语言。至于行话、俗语、地方语等非正式、非规范性语言要慎重使用，以免带来不必要的麻烦。

2. 使用生动形象的语言，可以灵活运用一些格言、成语

在谈判时，适当地运用一些生动的语言，或者是格言、成语，能在坚持己方立场的同时，制造出一种较为和谐的谈判气氛。这样的语言还可以增添谈判中言语的美感，但在使用时要注意把握一个度，如果用得过于频繁反而显得不够严肃。

3. 语言使用要简洁明快

古人云，“言不在多达意则灵”。在商务谈判中，如叙述者喋喋不休，不但易让对方产生你怀疑其能力之嫌，而且带有很大水分的话语难以真正推动谈判的进展。

4. 语言使用的条理要清楚

谈判中，不到一定火候任何一方不会轻易地抛出自己的真实意图。因此，要有层次、有

条理地引导对方，使相互间的交谈往纵深发展。在认同感逐步提高的过程中明晰地表达出自己思想。

5. 用语要尽量保证风趣幽默

英国哲学家培根曾经说过："善谈者必善幽默"，幽默是谈判中的"语言调节剂"。谈判是一件复杂性工作，谈判达到高潮或者濒临失败的时候，紧张的气氛令人头疼，此时，如果谈判双方都能以妙语连珠的幽默调节气氛，可使紧张的气氛得到缓和。

三、语言沟通中的技巧

在商务谈判的语言沟通中，为达到事半功倍的效果，必须掌握一定的技巧。

（一）和颜悦色，创造融洽沟通气氛

谈判不同于一决胜负的棋赛。如果纯粹以一种决一胜负的态度去进行谈判，谈判者势必要竭力压倒对方，以达到自己期望的目标。谈判动力来自谈判者的需求，双方共同利益的追求是取得谈判一致的基础。一场成功的谈判的每一方都是胜者。谈判双方的关系无论是朋友是对手，还是问题的解决者，谈判都必须以"和颜悦色"来揭开序幕，以便创造融洽气氛，建立相互信任的人际关系。

1. 使用礼貌用语，以"和"为贵

在商务谈判中，融洽友好的气氛是谈判顺利进行的重要条件，因此谈判者待人接物时应注意文明礼貌、言辞得体，尽可能使谈判双方始终处于一种友善的气氛中。即使受了对方不礼貌的过激言辞的刺激，也应保持头脑冷静，尽量以柔和礼貌的语言来表述自己的意见，不仅语调要温和，而且遣词造句都应适合谈判场景的需要。除非策略需要，应尽量避免使用一些极端用语。

2. 多用肯定，婉言否决

在谈判中，当己方不同意对方的观点时，不要直接选用"不"这个字眼，这样会使对方在心理上产生抵触，反而使他们千方百计地维护自己的观点。比如当对方情绪激动、措词逆耳时，你不应指责说"你这样发火是没有道理的，你应当克制自己"，而应换之以肯定句说："我完全理解你的感受"。这样的语言既婉转地暗示"但我并不赞成你这么做"，又使对方听了十分悦耳。当谈判陷入僵局时，也不要使用否定对方的任何字眼，而是不失风度地说："在目前情况下，我们最多也只能做到这一步了。"（暗示不能再做让步）有时为了不冒犯对方，可适当运用"转折"技巧，即先予以肯定、宽慰，再转折委婉地表示否定并阐明自己的难处。如"是呀，但是……"，"我完全懂你的意思，也完全赞成你的意见，但是……"。这种语言表面上类似承诺，实则什么也没接受，它表示了对于对方的同情和理解，而强调的重心是"但是"后面的内容。

3. 穿别人的鞋子，换位思考

在谈判中，即使己方意见是正确的，也不要动辄对对方行为和动机加以评判，因为这极有可能造成对立而难以合作。如发现对方对某项统计资料的计算不合理时，贸然评论说："你对增长率的计算方式全都错了。"对方听了，可能一下子难以接受。如果将这句话换位思考，改

变人称来进行表达，其效果就大相径庭了："我的统计结果和你的有所不同，我是这样计算的……"。对方听后就不会产生反感了。这种沟通的诀窍是将"你"换成"我"，将评判的口吻改成自我感受的口吻。另一方面，在某些场合又应注意尽量避免使用以"我"为中心的提示语，诸如："我认为……"、"依我看……"、"我的看法是……"等。例如，卖方在与买主谈判时说："如今的生意实在难做，我费了九牛二虎之力才弄到货，花费我不少时间才找到仓库，运输中我的货损失了不少。现在银根收紧，市价看跌，我已经降了价，你们才买了这么一点，你让我怎么办？"卖方的这番话处处以"我"为中心，没有为对方着想。沟通者站在"我"的角度看问题，不如站在"你"的角度思考使谈判效果更好。在上述对话中，看不到任何成交给双方带来的好处，要达成交易显然是很困难的。

4. 善用应酬话

应酬话有时在谈判中是必需的，尽管开门见山会节省时间，但是应酬话却能更好地联络感情。一个出色的谈判者应当会说高明的应酬话，这会给人留下良好的印象。但是在说应酬话时要注意以下三点：

（1）说应酬话要适度，夸奖别人应该与事实相符或基本相符，过了头会给人留下虚伪谄媚的感觉；

（2）注意倾听别人的回答，观察别人对应酬话的反应；

（3）说应酬话时要说得新奇、轻松。

（二）察言观色，话语随机

一位经验丰富的谈判专家始终不会让对方的一言一行逃过自己的眼睛。在谈判中，对手常以语言伪装，借以表白自己的"真诚"，以混淆视听。我们常会听到对方说："顺便提一下……"，说者给人的印象是——他要说的是刚巧想起来的，但是十有八九，这件"顺便"提的事恰恰是非常重要的。话语中附带其他消息，是假装若无其事来麻痹对方的戒心，借机表达自己的意见。当本意受阻或不想被人觉察时，便会使用"顺便"之类的附带言辞。

（三）智语巧言，斗智斗谋

谈判桌上要善用口才和智慧与谈判对手展开智慧谋略的较量。

1. 虚拟假设

所谓虚拟假设，就是分析利害关系，将两种截然相反做法的后果告诉对方，迫使对方选择让步。1977 年 8 月，克罗地亚人劫持了美国环球公司一架班机，最后迫降于法国戴高乐机场。法国警方与劫持者进行了三天艰苦的谈判，双方陷入僵局后，警方运用虚拟假设向对方发出了"最后通牒"："如果你们现在放下武器跟美方警察回去，你们将被判处最多不过二到四年的监禁；但是，如果我们不得不逮捕你们，按照法国的法律，你们将被判处死刑。你们愿走哪条路呢?"在此凌厉的攻势下，恐怖分子最终选择了投降。

2. 转换话题

这种方法是指谈判的一方出于种种需要而有意识地将会谈的议题引导到他认为并不重要的问题上。谈判者在下列场景中需转换话题：想避开与己方不利的话题，想把问题引向对己方有利的方面，想转换阐述问题的角度以说服对方，想避开争论的焦点，想拖延对某问题做出决定。在谈判时，应把建议的重点放在对己方有利的问题上，不要直接回答对己方不利的问题，这时可绕着弯去解释或提出新问题。如果转换话题仍不能打破僵局，建议暂时休会。

3. 用语灵活

有道是“见人说人话、见鬼说鬼话”①，对不同的对象、不同的场景、不同的态势要采取不同的用语。灵活地运用语言是谈判艺术技巧性的表现。

（1）对不同的对象应使用不同的话语。对方用语朴实无华，己方说话也无须过多修饰；对方话语直爽、干脆，己方就不要迂回曲折，含义晦涩。总之，为适应对方的学识、气度、修养而随时调整己方的说话语气、用词是最理想的沟通方法。

（2）同样的意思可以用不同的语气或词汇来表达。直接陈述的语气可以表示强硬的立场、对立的态度，如：“你的看法是完全错误的！”这显得生硬而武断；同样的意思若用委婉的语气或词汇来表达则可显示灵活的立场、合作的态度，如“你的看法值得商榷”。此种表达方式既使对方易于接受，又使我方留有余地。

（3）语言顺序不同，沟通结果也会有差异。一次一位教徒问牧师：“牧师，祈祷时我可以抽烟吗？”牧师答曰，“不可以。你祈祷是在和上帝沟通，怎么可以做其他事情呢？。”另一位教徒问牧师：“牧师，我抽烟时可以祈祷吗？”牧师答曰，“非常好。你无时无地不在想着上帝。”

4. 语言沟通中的“打拉性”

谈判是竞争和合作的统一体。为实现自己的利益，必须取得对方合作。因此，采取“拉”的方式，使用劝诱性语言，将对方牵制住，然后在和风细雨的沟通中使对方改变立场。为在竞争中取得较大利益，威胁性语言增强我方士气，打击了对方气焰。如“在价格上我们决不会再做出让步”、“在这一问题上，贵方如继续绕圈子，我们将退出谈判。”威胁性语言会给对方造成心理压力，从而加快谈判进程。当然，威胁性语言不宜过多使用，如掌握不好“打”的度，会造成紧张的谈判气氛，影响谈判正常进行。

（四）絮语软言，紧扣“死线”

谈判结束的时间称之为“死线”（Deadline），即最后期限。最后期限对谈判的成败具有重大意义。在这一阶段，谈判者通常采用软磨硬泡的沟通战术。

1. 强忍等待

沙特石油大亨亚马尼的谈判艺术②：他最厉害的一招是心平气和地重复一个又一个问题，最后使谈判对手不得不拱手相让。当你通过调查，把握住对方急于达成协议的心理时，就可采用这种忍耐战术迫使对方让步。

---

① 一天，一位穿绿衣服的外地人在曲阜遇到孔子的学生，两人因对一年有几个季节发生了争执。外地人说一年有三个季节——春、夏、冬季；孔子学生则说一年有四个季节——春、夏、秋、冬。二人争执不下，一起找到孔子进行裁断。孔子了解事情的来龙去脉后讲，一年有三个季节。那个外地人高高兴兴地走了。孔子的学生疑惑地望着老师说：“老师你这是让我们说假话吗？明明一年有四个季节，怎么说三个季节？！”孔子微笑着答到：“你看那个外地人穿着绿色衣服，他是个蚂蚱变来的，蚂蚱一年只经历三个季节。你和他争辩有何意义？”

② 艾哈迈德·扎基·亚马尼（Ahmed Zaki Yamani），1930年生于沙特阿拉伯麦加，他在1962—1986年间出任沙特阿拉伯石油和矿产资源大臣，是当时唯一的非沙特王室大臣。他利用多种策略，从长期而耐心的谈判到突然表现出的不耐烦，控制了石油输出国组织（欧佩克），领导了震惊世界的“1973石油危机”，把油价短期内提高了4倍，导致了整个资本主义世界经济体系在20世纪70年代末期陷入滞涨的怪圈。

2. 假装糊涂

有句名言说："糊涂产生智慧"、"难得糊涂"、"软弱也是一种力量"。假装糊涂也可以说是"大智若愚"，在谈判的最后阶段以心平气和的态度表达己方的立场不失为一种好的沟通方式。

阅读材料 11-1

"我不知道……"

美国一位著名谈判专家有一次替邻居与保险公司交涉赔偿事宜。谈判中保险公司理赔员先发表了意见："先生，我知道您是交涉专家，一向都是针对巨额款项谈判，恐怕我无法承受您的要价，我们公司若是只出 100 元的赔偿金，您觉得如何？"

专家表情严肃地沉默着。

根据以往经验，不论对方提出的条件如何，都应表示出不满意，因为当对方提出第一个条件后，总是暗示着可以提出第二个，甚至第三个。

理赔员果然沉不住气了："抱歉，请勿介意我刚才的提议，我再加一点，200 元如何？"

"加一点，抱歉，无法接受。"

理赔员继续说："好吧，那么 300 元如何？"

专家等了一会儿道："300？嗯……我不知道。"

理赔员显得有点惊慌，他说："好吧，400 元。"

"400？嗯……我不知道。"

"就赔 500 元吧!"

"500？嗯……我不知道。"

"这样吧，600 元。"

最后这件理赔案终于在 1 000 元的条件下达成协议，而邻居原本只希望要 300 元!

可见，"嗯……我不知道"的回答效力无穷，收到了代理人策略的功效。

提示：此处有两点需要说明，一是谈判专家作为代理人出面谈判，他深知代理人策略的真谛；二是谈判专家的沉默战术使用得非常好，进一步加强了代理人策略的效果，保险理赔员在自己与自己谈判。

第三节　语言沟通的策略

商务谈判可以是面对面谈判，也可能是通过书面方式进行。本节所讲的沟通策略从广泛的角度进行讲述。沟通策略包括五部分内容：沟通者策略、沟通对象策略、信息策略、沟通渠道策略和文化策略。

一、沟通者策略

谈判人员既是沟通者，又是沟通对象。作为谈判沟通者首先要明确己方的沟通目标，其次是选择正确的沟通方式，最后要注意提高自己的可信度。

（一）沟通目标体系

沟通者首先要确定己方的沟通目标。确定沟通者目标有两大益处：一是目标明确可提高沟通效率；二是有助于谈判者更有目的地进行沟通。沟通目标体系包含以下三类：

（1）总体目标（General Objectives），它是沟通者的总目的，是沟通者所希望实现目标的概括性陈述。

（2）行动目标（Action Objectives），它是指导沟通者走向总体目标的具体的、可度量的并有时限的步骤。

（3）沟通目标（Communication Objectives），它是沟通者更为具体的目标。它以沟通者的行动目标为基础，希望沟通者在沟通后做出具体的行动。

下面举例说明沟通目标体系间的关系，如表 11-1 所示。

表 11-1　沟通目标体系实例

总体目标	行动目标	沟通目标
沟通各部门情况	每隔一定时间报告一次	这次沟通后，我的领导将了解我这个部门业绩
加强顾客基础	每隔一定时间与 X 数量的客户签订合同	读完此信客户将签订合同
保持市场份额	在某日之前达到 X 数量	通过这次沟通，用户们将了解我方产品特点

（二）选择沟通形式

一旦确定了沟通目标，就需要选择合适的沟通形式达到目标。

当沟通者旨在向沟通对象说明情况时，使用叙述和说服形式。采用叙述形式，沟通者要沟通对象理解一些沟通者已经了解的内容；采用说服形式，沟通目的是要沟通对象改变原来的做法。在叙述、说服情况下，沟通者应该有足够的信息，不需要听他人的意见、想法或补充，需要自己控制信息内容。

当沟通者需要向沟通对象学习时，使用征询和参与形式。征询形式含有一定的合作性，而参与形式则更具有合作性（如头脑风暴、自由讨论）。在征询和参与的情况下，沟通者可能没有足够的信息，需要听他人的意见、想法或补充。

（三）沟通者的可信度

沟通策略还涉及沟通对象对沟通者的看法。换言之，沟通者要考虑自己的可信度，即沟通对象对沟通者的信赖程度。沟通对象对沟通者的看法会在很大程度上影响到沟通方式的选择和沟通的效果。按照 French, Raven 以及 Kotter 的理论，有五大因素会影响沟通者的可信度：①身份地位（Rank），②良好意愿（Good Will），③专业知识（Expertise），④外表形象（Image），⑤共同价值（Shared Value）。一般情况下，身份地位越高，沟通者的沟通意愿越具有正向性。沟通者的专业知识越丰富、外表形象被人乐于接受。同沟通对象有共同价值，那么，沟通效果就越好。沟通者只要在以上五个方面多加注意，就可提高自己的可信度。

初始可信度是指在开始沟通之前，沟通对象对沟通者的看法。沟通者的初始可信度可能与沟通者是谁，沟通者代表什么及过去是否与沟通对象接触有关。作为沟通策略的一部分，必要时沟通者需要向沟通对象强调自己的初始可信度。

后天可信度是指在沟通者与沟通对象沟通之后，沟通对象对沟通者所形成的看法。即使沟通对象事先对你毫无了解，沟通者的好主意或具有说服力的技巧会有助于赢得可信度。

二、沟通对象策略

沟通对象策略是指沟通者需要根据沟通对象的需求和喜好，调整沟通方式的有关技巧。该策略的运用在于帮助沟通对象更好地理解沟通内容，以达到预期目标。

（一）明确沟通对象的需求

沟通前需明确沟通对象的需求：沟通对象需要了解哪些背景知识？他们的期望与偏好是什么？他们希望了解的新信息有哪些？

（二）如何激发沟通对象的兴趣

沟通者可以通过明确沟通会给沟通对象带来的好处来激发他们的兴趣。例如在谈判中，达成协议的具体好处可以促使谈判双方积极沟通。

三、信息策略

构筑信息框架是沟通策略的第三个环节。成功的沟通者常思考如何完善沟通信息的组织结构。沟通者在沟通信息安排的策略上有两种方法：采用直接切入主题法和间接主题法。

（一）直接切入主题法

直接切入主题法即在沟通开始时即将观点表述出来。直切主题方式的优点是可增进理解和节省时间。采用直切主题法的时机是：当沟通者所处理的信息无感情色彩、不敏感时，在沟通对象更关注结论时，当沟通者可信度特别高时。

（二）间接主题法

间接主题法有时又称为“神秘故事手法”（Mystery Story Approach）。采用间接方式的时机是：当信息中含有敏感内容（或主观感情成分），沟通对象有负面倾向，沟通对象注重分析过程，沟通者的初始可信度较低。

四、渠道选择策略

沟通者可采用书面或口头方式进行沟通，也可采用正式或非正式渠道进行沟通。与正式渠道相比，非正式渠道适用于获取新的观念和新知识的沟通场合，它具有交互性强、有创造力、开放、直接、流动性强，且较灵活等特点。

五、文化策略

（一）文化对沟通者策略选择的影响

（1）从沟通目标方面分析，由于不同文化对时间、态度、价值观理解不同，因此，沟通者的沟通目标须根据变化而做出调整。例如，在懒散、松懈、传统观念强的文化中和与在准时、精确、未来观念强的文化中，设定沟通目标时可能截然不同。

（2）从沟通形式看，团体观念强的文化使沟通者倾向于采用征询意见、共同参与模式；个人观念强的文化使沟通者喜欢采用叙述、说服的模式；独裁者喜欢指令式的沟通；而民主观念者倾向于征询意见式的沟通。

（二）文化对沟通对象策略的影响

从对沟通对象激励上看，有的文化强调物质财富的关系，而另一些文化则注重工作关系、挑战性因素或个人地位。一些文化认可并遵循西方逻辑思维和价值观，有些文化则对西方文化不屑一顾。

（三）文化对信息策略的影响

文化差异导致对不同信息结构的选择。如喜好节奏慢、仪式性强的谈判方式的文化多青睐间接主题的结构；权威文化可能注重自上而下的直接方式和自下而上的间接方式。

（四）文化对渠道选择策略的影响

注重个人信誉的文化选择口头沟通与协议，注重事实与效率的文化则倾向于书面沟通与协议。举例而言，法国人认为合同的总则是合同的灵魂，它指导和决定了谈判的过程，是合同条款制定的纲要。而美国人认为应首先注意合同的具体条款。阿拉伯人认为谈判者的话语比书面契约更有约束力，坚持签订合同无异于侮辱他们。墨西哥人多认为合同是对谈判者思想的艺术性训练，而不能期望合同的真实履行。

（五）其他因素

1. 沟通风格

不同文化可能要求对个人沟通风格进行调整，例如，书面表达中的礼貌用语、亲切程度等。

2. 沟通语言

语言不同不但影响字面意义，也影响了其中暗喻的含义。例如，妥协（compromise）一词，在中东地区使用时含有贬义。因为妥协是胆小、怯懦的代名词。又如，调节者（mediator）在波斯语中是未经邀请擅自闯入的“干预者”；而在美国人交流中则往往以友善的面目出现。

3. 非文字信息

非文字信息也会在一定程度上影响沟通的效果，例如形体与声音、空间与实物感、问候与好客程度等。

第四节 辩论的艺术

“辩论”也叫“论辩”，是指彼此双方为论证自己对事物、问题的见解，或反驳他人观点、说服对方，而在语言上直接对抗。在商务谈判中，辩论是常有之事，只是辩论的目的是为了达成交易，因此不能机械地认为谁胜谁负。

一、辩论的特点

（一）观点的对立性

无对立就无辩论。在谈判中，由于利益的不一致性，会不可避免地出现观点的对立。这种对立可能针锋相对，也可能彼此兼容，论辩能使对立外现、展开。

（二）应答的及时巧妙性

论辩是短兵相接，彼此语言交流，要求瞬间做出回答，如反应迟钝，就会处于劣势。辩论中的应答要选取新颖角度巧妙地进行答辩。

（三）语言的精炼攻击性

辩论中要使用简洁的语言，用语精炼与否是决定辩论成败的重要因素。当然在辩论中取胜还要使语言具有一定的攻击性，只有攻击性语言才能快速击倒对方。值得注意的是，在商务谈判中，论辩者语言攻击的目标是对方的观点，那种超出问题本身而指责对方品行、外表、人格等方面的辩论是不礼貌的。

二、辩论的原则

（一）事实有力的原则

东汉王充说过："辩者，求服人心也，非屈人口也。"辩论不是煽动情绪，而是摆事实、讲根据。在商务谈判中也只有从事实出发，才能在论辩中立于不败之地。在辩论前，必须做好材料的选择、整理、加工工作。在辩论中，事实材料要符合观点的要求，要具有代表性、权威性，不能给对方留下漏洞，要有"一语中的"的功效。

（二）逻辑严密的原则

谈判者要遵守逻辑规律。辩论中的逻辑性包括两个方面：一是事物本身发展的内在规律性；二是思维本身应具有的规律性。这里主要讲第二个方面。辩论中应遵守的逻辑规律，包括以下四个方面。

1. 同一律

同一律是指在辩论过程中必须保持自身的同一，它要求辩论时观点明确，语言恰当贴切，推理合乎逻辑。

2. 矛盾律

矛盾律是指在辩论过程中，相互否定的思想不能都正确，至少有一个是错误的。它要求辩论主体思想不能游移，必须保持确定性，严禁出现两个相反的观点和结论。

3. 排中律

排中律是指在同一时间、同一方面、同一条件下，同一问题的两个互相矛盾的思想不会同时都假，必定有一个是真的。它要求在辩论中，对某一问题的看法必须表明自己的态度，不能模棱两可。

4. 充足理由律

充足理由律是指在辩论中，一个思想被确定为真，总是有其充足的理由。它要求理由翔实，同时理由与论断之间必须有必然联系，这样辩论才有逻辑性，才有说服力。

以上四条规律是辩论中应遵守的基本规律，如果违背了它，思维的确定性就会受到破坏，进而使辩论脱离正常轨道。

三、诡辩的识别

诡辩之“诡”含奸滑、狡黠之意，所以诡辩有碍于沟通。商务谈判中的“诡辩”是指谈判主体为了达到欺骗目的而进行的违背常识和逻辑的似是而非的论证。它的基本特征和手法是通过歪曲论题、论据和论证来达到目的。

诡辩坚持“求胜不求真”的原则，所以它有很大的欺骗性和迷惑性。谈判者从主观需要出发，故意挑选个别事例或以似是而非的逻辑关系来构造虚妄的联系，以求得化劣为优的效果。因此，要戳穿并驳倒诡辩者，首先要深知诡辩术的表现及相应对策。

（一）平行论证法

平行论证法在西方谈判术语中又称“双行道战术”，即当你论证他的某个弱点时，他虚晃一枪另辟战场，抓住你的一个弱点进行论战，也可能故意提出新的问题，同时论证，使谈判失去方向。平行论证的结果是混淆了事物的因果关系，扰乱对方谈判人员的思维方式，从而使谈判失去确定的方向。

例如在某项目开始谈判时，买方让卖方进行价格解释。卖方怕过早泄露情报给买方，不对买方要求做出回答，而是讲：“我对贵方的用货范围的要求不了解，不好做‘最终报价’”，“‘目前报价’的可变因素很多，最好请贵方讲明用货范围。”该例的看点之处是卖方避开买方的要求“解释目前报价”，而反出新的论题“买方的用货要求是我做‘最终报价’的基础”。从两个平行的论题看，任何一方均有道理。买方的代表实际也一度被纠缠到用货范围的讨论。要解除纠缠的办法就是回到推理的起点和前提。第一个论题推理的起点是因为卖方有了“目前的报价”，而不是“最终报价”。买方要求的是解释“目前报价”而不是“最终报价”。而卖方大谈“买方用货要求，以便做最终报价”的要求，缺乏牢固前提。因为“目前报价”不讲清，买方就无法有“用货意见”。所以，卖方应解释已有的“目前报价”。从分析平行论题的内在关系出发，可使诡辩术失效。

（二）以现象代替本质

这是强调问题的表现形式或掩盖自己的真实意图，虚张无关紧要的利害关系的做法。在商务谈判中，经常见到这种战术，例如，验收问题的谈判中，买方坚持在现场验收，而卖方坚持在自己工厂验收。卖方论证：“我们签的不是交钥匙合同，对现场的环境条件、人、材料不了解，即使了解了也无法控制，所以不能保证在现场验收。”这话从表面形式上看很有道理，但辩证思维判断要求透过现象看本质。买方可论证：“试车、验收材料用你的，参加验收的人是由你方培训的，或你方来人指导，环境条件可在设计联络时由双方商定，我方予以保证。在现场验收是可行的。”这里，买方运用了论证的客观性和具体性原则，驳斥了卖方提出的表面理由。反过来卖方若是诚实商人，会与买方讨论具体措施；若是诡辩者，那么其逃避责任的本质也一览无疑了。在商务谈判中，我们要坚持辩证思维的客观性、具体性的原则，就能识破对方摆出的迷魂阵，使谈判循着客观公正的方向进行。

（三）以相对为绝对

这是一种把相对判断与绝对判断混淆，并以此去压制对方的做法。在商务谈判中用相对判断方法迫使对方接受某个立场，有时也很见效。

例如，谈判者常说："我要最先进技术"，"我有最先进技术可提供……"那么按一般思维观念，自然是高技术高价格。作为买方应如何进行价格评论？必须分析其中的相对性与绝对性。首先"新技术"会变"旧"，从绝对概念上讲，买方得到的仍然是"旧技术"，因为技术转让方通常不会把最新技术转让出去。其次，新技术并不一定意味着技术开发的成本就高，买方即使使用了这种引进的技术，并不一定能获得预期收益。这些客观判断是不应被相对的主观判断所代替的。

（四）攻其一点，不及其余法

谈判中，若一方抓住对方一点以要挟而不做全面公正评价的做法就是在使用"攻其一点，不及其余"法。在谈判中，买方抓住卖方报价的某个不合理点，推断整个报价都不合理，或卖方抓住买方批评中不正确的部分缠着不放都是在用这种方法。使用这种论证方式往往会使谈判气氛变得相当紧张。因此，如果谈判双方都有意向达成协议，均不应这么做。

（五）泛用折中法

滥用折中是谈判人员面对两种差距极大的观点，不做任何客观具体的分析，而用"和稀泥"的方式折中二者观点的诡辩手法。在谈判发生分歧时，折中对于和解分歧中的双方是有效的；但在诡辩术上，折中只会伤及一方，有利一方，不会使折中真正体现出互谅互让的和解精神。如在谈判中，合同条文有分歧了，有的谈判者喜欢记分歧点的数量，若为 6 个，则要求一边让 3 个。这里就缺乏具体的、历史的分析。举例说，某货物卖方要价 100 元，买方提出用 50 元购买，买卖双方的价格分歧是 50 元，卖方提出各让 25 元，表面上看来公平合理，实质上却缺乏任何具体的分析。如果此物的实际市场价只是 60 元，折中成 75 元，买主岂不活活被卖方硬性诈去 15 元？这种情况下买方不可能同意折中，若强迫折中，就是诡辩术。正常状况是允许买方再讨价还价，在卖方把差距主动缩小到"近乎合理状态"时，买方才可考虑问题。"近乎合理"指接近市场同类产品价。

（六）预期理由诱惑法

谈判中所使用的论据必须是真实的。如果被证明使用了未经证实的论据，就犯了预期理由的错误。所谓预期理由，指的是做证明的人只是凭主观印象，认为他使用的论据是千真万确的，而事实上，论据的真实性是没有经过证实的。

例如，某机器销售商对买主说："现在我们获悉，今年年底前，我方经营设备的市价将要上涨。为使你方在价格上免遭不必要的损失，我方建议——假如你方打算订购这批货，可以在合同上将价格条款按现价确定下来。"见买主半信半疑，卖主又说："所签合同的目的只是为了价格保值，如果签了以后又觉不合适，可以随时撤销合同"。买主听后，觉得有道理，就同意签署合同，卖方的策略得以实现了。

此例中的卖方就是利用了"现在我们获悉，今年年底前，我方经营设备的市价将要上涨"这个预期理由，设置了一个价格陷阱，然后用"拉"的办法，将对手拉入了陷阱。买方为何会签此协议？是因为"买涨不买跌"的缘故。

（七）以偏概全法

以偏概全法是指任意选取某一事例，用它来证明一个论题。当然所选取的事例并不一定具有代表性，也许是一个特例，即使具有代表性，也不能说没有与此相反的事例。

如果谈判者过分相信统计数字，那么有时也会作茧自缚。在谈判中，对方拿出来的统计数字往往是以随机抽样为基础的，带有极大的“以偏概全”的嫌疑，如果对手用这些数据来支持自己的论题，那一定得小心。

不完全归纳法是这种策略的逻辑依据，所以了解“不完全归纳法的结论是或然的”这个道理，对付这个策略便会有办法了。实战中可以试图去找一反例来进行反驳。

综上所述，尽管商务谈判中，诡辩术的表现形式多种多样，但是无论哪种表现形式无不以虚为特征，以虚掩实。若出自无意，则是方法问题；出自故意，则他是个诡辩论者。对付诡辩论术的最有力的武器是辩证逻辑推理的三原则：客观性、具体性及历史性。在辩证逻辑推理面前能知错而退的谈判对手是仅把诡辩术当策略的谈判人员，知错而不退的谈判对手通常是持优势地位而不让人或个人修养缺乏的谈判人员。在谈判中应区别对待使用诡辩术的谈判人员。

四、辩论中应注意的问题

在商务谈判中，辩论的目的是为了达成协议，因此要避免使用以下几种方式。

1. 以势压人

辩论双方都是平等的，没有高低贵贱之分，因此在谈判时不要摆架子、以势压人，辩论重在以理服人。

2. 歧视揭短

在商务谈判中，不管对方来自哪个国家或地区，有什么制度、什么民族，有什么风俗传统和文化背景等都应一视同仁。也不管辩论多么激烈都不搞人身攻击，在问题以外做文章。

3. 喋喋不休

商务谈判中谈判者不能口若悬河，“独占讲坛”。切记，谈判桌前不是显示表达能力的地方，而且，谈判桌上人们对“权力”十分敏感，你方占用时间过长，明显是侵犯了对方的权力。

4. 本末倒置

谈判不是进行争高比低的竞争赛事，因此，要尽量避免发生无关大局的细节之争。否则，导致不愉快的结局。

5. 预期理由

任何辩论，都应以事实为根据。特别是在商务谈判中，要注意所提论据的真实性，道听途说或未经证实的论据，会给对方带来可乘之机。

本章思考题

1. 商务谈判的语言类型有哪些？
2. 商务沟通的策略有哪些？
3. 如何识别诡辩术？

第十二章

商务谈判的非语言沟通

语言是谈判的工具。谈判者在使用这一工具时，没有动作或表情的语言行为是不可想象的。因此，在商务谈判中谈判者要想顺利地表达出自己的需要，正确地理解对方的意图，除了利用语言这一有效工具外，还要发挥好非语言的作用。

第一节　非语言沟通的作用

一、非语言沟通的特点

在商务谈判中，“非语言”主要是指谈判主体的行为、体态、交谈时的位置和距离，等等，它是反映谈判者在谈判过程中的身心状态。非语言沟通具有以下几方面特点。

（一）非语言传递信息的连续性

非语言传递信息的连续性是指谈判主体某种特定含义或思想的非语言传送要通过若干个行为和体态连续完成。如谈判者要舒缓内心的某种不安，他可能伴随着抓耳朵、搔头皮、扯衣襟等纵向连续动作。如谈判者心情宽松，悠闲自得，可能表现为紧靠椅背，跷起二郎腿这一横向连续动作。谈判者迷惑不解时可能会手摸后脑勺、目光暗淡等。总之，非语言信息交流仅靠一个动作很难完成。而语言的信息交流却是非连续性的，话说完了，信息传递就结束了。

（二）非语言信息传递对外部环境有很大的依赖性

任何事物都有其存在的合理性，但是它存在的意义只有和具体的环境、条件联系起来才能确定。因此，非语言传递信息的效果不仅取决于谈判的主体，而且还要受环境条件的制约。比如同是瞪眼，就有可能表示愤怒，或表示好奇，或表示诧异，或表示仇恨。因此，离开了一定的语境，就有可能对非语言表达的真实含义产生误解。

（三）非语言传递信息的多渠道性

有道是“条条大路通罗马”，非语言沟通形式有多种选择。例如，当双方谈判人员见面时往往会说：“真高兴见到你”。而若借助于握手、热烈拥抱等非语言形式的沟通，同样会增强或取代语言沟通的作用。

（四）非语言传递的信息含义要丰富准确

谈判者总会有言不由衷之时，而非语言信息往往不受控制地显示出本人的真正意思，因而它所传递的信息就较为准确、可靠。弗洛伊德认为：凡人皆无法隐藏私情，他的嘴可保持沉默，他的手却会“多嘴多舌”。例如，在谈判中当你向对方提出某条件时，他嘴上说：“我们会认真考虑的”，而动作却是双臂交叉胸前或按灭烟头等，对于有丰富经验的谈判者而言，这种动作已表明了对方的结果。

二、非语言沟通在谈判中的作用

非语言沟通的特点使其在商务谈判中发挥着特殊的作用。

（一）补充作用

非语言可以作为语言信息的补充，起到辅助表达、加重语气的作用。例如，通过手势表示物体的大小，通过调节声音的大小引起他人的注意。

（二）代替作用

在适当的场合，非语言信息沟通可以代替语言所表达的意图或情绪。特别是当语言不便于或不可能传递谈判者的观点或意图时，或对方难以领会时，非语言往往能弥补语言沟通上的不足，避免交往上的窘迫感。

（三）调节作用

由于谈判时间、环境、对象条件的不同，谈判主体会产生厌倦、无聊、紧张等心理，这时可以通过非语言的动作调节一下，以便较快地转入正常的谈判状态。

（四）暗示作用

谈判者若想从一个态度转向另一个态度，可通过表情的变化等无声语言的形式来完成，这体现了其强烈的暗示作用。

非语言除了有积极作用外，也存在一定的局限性。如同一动作可以传递不同信息，不同的动作可以传递相同或相似的信息等，这些现象的存在给谈判主体对非语言动作的正确理解带来一定的困难。特别是在国际商务谈判中，由于谈判双方受文化背景、风俗、地域、社会制度等诸因素的制约，使非语言沟通具有明显的障碍性。所以，谈判者要根据不同谈判对象、具体的谈判环境使用和理解非语言，使其在商务谈判中有效地发挥作用。

阅读材料 12-1

向伊朗人竖大拇指的故事

一个英国商人去伊朗谈生意。谈判双方经过紧张工作，很快签署了合同。他签完字后，对着他的谈判对手竖起了大拇指。几乎是立刻，紧张空气弥漫了谈判间。英国商人摸不着头脑，不知发生了什么。

在英国，竖起大拇指是赞成的标志，它的意思是“很好”；然而在伊朗，它是否定的意思，表示不满，近似令人厌恶，是一种无礼的动作。

可见，由于英国商人不了解伊朗礼仪，做出的举动让对方不满，因此虽然结果是合同签成了，但却不是一个成功的谈判。

三、非语言沟通的传播符号

（一）非语言沟通符号

在商务谈判中，沟通依赖于符号，没有符号沟通就不复存在。非语言沟通符号是指谈判主体运用动作、表情、手势等方式来表达含义的符号。谈判者在很大程度上借助于这些符号传递着他们的观点和意图。这些符号表露的含义是极其复杂。非语言沟通符号大体上有：

（1）默语符号；

（2）体语符号（如表情符号、肢体符号、道具、身态符号等）；

（3）语言符号（声调、笑声符号等）；

（4）时间符号；

（5）空间符号。

（二）非语言沟通符号应用的原则

在商务谈判中，非语言符号是直观的、形象的，但谈判个体对意义的解释是间接的、衍生的。因此，要想顺利进行非语言沟通，应遵循以下四条原则。

1. 细致观察和分析

在商务谈判中，对非语言形式进行细致观察是重要的。俗话说：“人心隔肚皮”，是指人的内心世界难以揣测。在商务谈判中，通过非语言符号进行信息沟通，必须“察言观色”细微分析。

2. 结合语词，注意情景

谈判中，非语言符号的指代意义是间接的、衍生的。因此，谈判个体在沟通中必须与语言符号结合起来。非语言符号对语言符号有否定和增强两种功能，如果与词语结合不好，会产生否定作用；同时还要注意情景和符号群，将单个的符号同其他的非语言符号结合起来分析。

3. 借助联想和想象

在谈判中，非语言意义的表达类似语言符号，也是由“单词”、“句子”等组成，因此，谈判个体必须把各种符号联系起来考虑，才能对某一种非语言行为进行正确的解释。

4. 注意对象

在商务谈判中，非语言信息的沟通受地域、文化、习惯的制约，因此，谈判个体要根据对象来选择最合适的符号。所谓“合适”，就是谈判者对非语言形式彼此都具有共识，不会引起误解。例如，在中国翘起拇指通常表示高度赞扬之意，而在希腊，其意思是要对方“滚蛋”。

第二节　非语言沟通的表现形式

一、非语言沟通的表现形式分类

在商务谈判中，非语言的表现形式可分为三大类：一是无声语言，包括停顿和体语，其中体语又分动态和静态两部分；二是类语言，主要指说话时的重音、语调以及笑声；三是时空语言，主要指环境和时间。

（一）无声语言

在《礼记·乐记》中有这样一段论述："说之，故言之；言之不足，故长言之；长言之不足，故嗟叹之；嗟叹之不足，故不知手之舞之，足之蹈之也。"可见，我们的祖先早就意识到了无声语言的交际功能，它可以用来弥补言谈的不足。在商务谈判中，无声语言是谈判个体借助非有声语言来传递信息、表达思想的一种不出声的伴随语言，它主要包括两大类：停顿语和体语。

1．停顿语

停顿语就是谈判者通过句子中、句子之间保留的间隙所传递的信息。它常常出现在高信息内容或低概率词项之间，是一种超越语言力量的传播方式。如果谈判者停顿恰当，可以引起对方的注意，强调己方的重点。在谈判过程中，谈判者可以用停顿来突出、强调自己的观点或意图，吸引对方的注意力；也可以使用恰当的停顿，给对方留下一定的思考时间，促使对方深入地分析、思考这些话的内涵，便于对方接受己方的观点，达到对所讨论问题的共识。从停顿语在商务谈判中发挥的作用来看，它具有以下几个方面的特点。

（1）较强的时效性。商务谈判者使用停顿要掌握火候，不能不分时机而故作高深或多情地滥用。比如，在停顿时把时间放长一点，对方会产生"烦琐"之感；如果停顿时间过短，对方就可能来不及捕捉，达不到预期的效果。

（2）丰富的包容性。在商务谈判中，停顿语能以最简单的形式表达出丰富内容，如可以表示无言的赞许、抗议、默认等意义。当然，其确切含义的确定必须和具体的谈判环境结合起来考虑。

（3）快速的排障性。在谈判中，如发现对方有疲劳之感，谈判者可通过有节奏的停顿吸引对方注意力；当表述自己观点时戛然而止，会加大下面要说话语的力度，唤起对方注意力。因此，谈判者为了表达的需要，要在彼此沟通中，注意发挥停顿语的排障性。

2．体语

体语是谈判者身体语言的简称，它是通过谈判个体的动作、表情、姿势、服饰等来传递信息的一种无声语言。关于体语，中外学者已做过大量的研究，并在体语所包括的范围、表示的含义和功能等方面得出了一致的看法。

在商务谈判中，体语是一种重要的传播工具，它和自然语言（包括书面语言）相辅相成，对于加强谈判双方的沟通发挥着巨大作用。根据身体在谈判场景中所处的状态，可将体语分为动态和静态两种类型，其中动态体语包括首语、手势语、目光语、微笑语等，静态体语包括身态语和道具语等。

（1）首语。首语是通过谈判者头部活动传播信息。谈判者经常使用的首语有点头和摇头，一般情况下它们分别表示“是”和“否”的意思。但由于文化和环境的不同，所表达的意思在不同国家也会有相当大的差异。例如在表示肯定时，叙利亚人是先向前倒然后弹回；巴基斯坦人是将头向后一扬，然后再靠近左肩；斯里兰卡人是将下巴低垂，随之将它朝下往左移动，等等。表示否定时，保加利亚和印度的某些地区是先将头往后倒，然后向前弹回。

（2）手势语。手势语是指通过手及手指活动来传递信息。手的行动非常灵活，开合自如，是表达或传递信息最有力的方式。手势是谈判中辅助语言的手段，它能使语言表达更贴切、更恰当。它能加强谈判者的语气，也能把对方的精神振奋起来。值得注意的是，手势能反映谈判者的情绪，如不停地搓手是“为难”的表现，握拳则表示决心或不满，等等。

握手是比较常见的一种手势语。它除了表示问候与礼节的意义以外，还能给谈判主体带来许多意外信息：

①握手时对方手掌出汗，表示他处于兴奋或不稳定的心理状态，当然也可能是因身体客观因素造成的；

②握手时对方用力过大，表示此人热情或有较强的占有欲，反之，不用力握手的谈判者，可能是心怯或傲慢；

③握手时掌向下或先凝视对方再握，表示想取得主动优势地位；

④握手时用手指稍稍用力握住对方的手掌，对方也以同样的方式回握，握的时间约 1～3 秒钟，这种标准的谈判握手方式往往表示双方友好合作的意愿；

⑤手掌向下握手，表示想取得主动、优势或支配地位，手掌向下，有居高临下的感觉；相反，手掌向上，是性格软弱，处于被动、劣势或受人支配的表现；

⑥用两只手握住对方的一只手并上下摆动，往往表示热情欢迎、真诚感谢、有求于人等意义。

握手的动作虽然说平常而简单，但却能反映出双方内心隐藏的许多秘密。

由于各国之间文化差异的影响，同一手势对不同的谈判者可表达不同的意思。

（3）目光语。目光语是指谈判主体目光接触时传递的信息。目光语是谈判者深层心理情感的一种自然流露，在非语言信息沟通中具有特殊作用。有一位诗人曾这样写道：“眼睛是心灵的窗口，不会隐瞒更不会说谎，愤怒飞溅火花，哀伤倾泻泪雨……”由此看来，目光语是心理情感的一种自然表现，内涵非常丰富。在商务谈判中，谈判人员可以通过眼睛表达出丰富的内涵，也能根据眼睛露出的隐私去调整谈话方向、节奏和基调。

商务谈判者使用的目光语主要由视线接触的长度（包括闭眼和眨眼的时间与方式）、视线接触的角度和瞳孔的变化三种方式表现出来。视线接触的长度就是指谈判者谈话时目光接触的时间。一般说来，与对方交谈，目光接触对方脸部的时间应占全部谈判时间的 30%～60%。在谈判中，几乎不看对方或回避对方视线，反映出不愿被对方看到自己的心理活动；眼睛闪烁不定则反映出谈判者情绪上的不稳定，也可能是不诚实的表现；在一秒钟内连续眨几次眼，是对问题感兴趣或思维活跃或心理胆怯的表现。在谈判中，切忌长时间的凝视或连续眨眼睛，以免引起对方反感。

视线接触的向度是指谈判者在交往时目光接触的方向，可分三种类型：

①视线向下型，一般表示“宽容、可近”的含义；

②视线向上型，一般表示“尊敬、期待”的含义；

③保持平视型，一般表示“平等”的含义。

瞳孔的变化是谈判者瞳孔的放大或缩小。一般而言，瞳孔的放大传递出正面信息，缩小则传达出负面信息。瞳孔的变化是谈判个体无法用意念来控制的，在喜爱、兴奋时，瞳孔就会放大，当戒备或不满时，瞳孔就会缩小。

（4）微笑语。微笑语是指谈判主体不出声的笑传递出的信息，它被称做无声的“交际世界语”，因为它不像语言那样存在地域性的差异，不同背景文化下人微笑的含义都是相同的，都是可以读懂的。在谈判中，微笑语可以在心理上给人带来稳定感、亲善感，可以深化感情、融洽气氛。它可以是以柔克刚的“妙招”、巧妙的“借口”。美国社会心理学家艾伯特·梅拉比认为信息的全部表达=55%的表情+38%的声音+7%的语言。希尔顿酒店和新加坡航空公司成功的最大秘诀就是“微笑服务，宾至如归”。希尔顿酒店的老板经常问员工：“你今天对客人微笑了没有？”

（5）身态语。身态语是指谈判者身体的静态姿势所传递的信息。人的身态主要有三种：躺卧式、屈膝式与直立式。商务谈判者一般采取屈膝坐姿。坐姿一般能毫不掩饰地反映谈判个体的心理状态，深深坐入椅内、腰板挺直，是谈判者想在心理上表示出一种优势；交叠双臂多是一种防范性心理的表示；抖动足尖或腿的坐姿，大都表示内心不安；张开腿部的坐姿，是自如、豁达、开放的外现。

（6）道具语。道具语是在谈判场合通过服装、饰品和发式传递的信息，它是谈判者身体的静止状态或姿势的延伸。道具语同谈判者的行为举止一样，它显示谈判个体的地位、兴趣、气质、修养和文化传统，等等。

谈判人员可通过衣服这一“第二皮肤”来透视对方的个性、性格和心理状态。如在谈判时穿宽大的衣服是为了扩大自己的领地空间，想从精神上慑服对方；穿色泽鲜艳的衣服是为吸引对方的注意力；年龄小的谈判者穿深色衣服，是为了提高自己在对方心目中的成熟度，等等。饰品是谈判者身上佩戴的各种装饰品，一般在女性谈判者身上多见；得体的装饰会给对方一种整洁、大方之感。头发与发型也可表现个性、欲望等信息，如男性谈判者留平头，是攻击欲的一种外现，女性留披肩发则表露出她具有开放的性格，等等。

（二）类语言

类语言是指一种有声而无固定语义的语言。其形式主要有语调、重音和笑声。

1. 语调

谈判者使用不同的语调，可以表达出错综复杂的感情。语调通常有降调和升调两种基本类型。一般说来，升调表示惊讶和不满，降调表示遗憾和灰心。波动的语调反映谈判者在思考、在犹豫，平静的语调反映出自信和果断，等等。在正常沟通交流中，一般不适用二声语调的语气，因为二声造成对人的质问感。

2. 重音

重音就是说话时着重突出某个字词以示强调。重音主要起强调的作用。如“这个价格我方不能接受”，如果重音落在“这个价格上”上，强调的是这一价格，而不是另一种价格；如果重音落在“我方”上，强调的是我们而不是别人；如果重音落在“不能接受”上，强调的是不要，而不是要多要少的问题。有时，重音表示的意思与话语本身完全相反。如“奥林先生，您可真会报价”。如果重音落在“真会”上，意思就由赞美变成了不满。

3. 笑声

笑声与微笑不同，它是通过谈判主体出声的笑来传递信息。在谈判中，笑声既可负载着正信息，也可负载着负信息。据说，中国京剧中的笑有九种，不同笑声表达不同的含义。如扬头大笑，可能表示“高兴”、“赞同”，也可能表示“不怀诚意”。因此，在商务谈判中，谈判人员要善于从不同的笑声中猜测出对方的真实意图。

（三）时空语言

时空语言是指时间和空间因素在商务谈判中发出的信息。它分为时间语和空间语两种。

1. 时间语

时间能带来效益，时间还能给谈判者带来信息，因此，要衡量谈判的最终成效，必须考虑时间因素。比如，在谈判时，如果对方准时到达，则表示对方有修养、守信用；相反，如果无故拖延或失约，则说明对方放纵、不尊重人。一般说来，谈判者有个时限轮廓，这个时限应该是谈判双方通过磋商取得一致的时间。但是，如果一方单方面提出缩短时间，这说明他们想搞“速决战”，此时就不易犹豫不决，否则难以获得对方的合作。如果一方提出延长时间，这说明他想进行“马拉松”式的谈判，这种情况下就不易操之过急，否则会急中生乱。

2. 空间语

空间语通常指空间本身给谈判者带来的信息。空间按范围大小可分为三个层次。

（1）大空间，即社会空间。谈判不是在真空中进行的，而是在特定的政治、经济、文化等影响下的社会环境中进行的。因此，谈判者在谈判的准备过程中，要通过种种渠道了解谈判对手及谈判地点所在的社会环境，这样才能有备无患。

（2）小空间，即谈判所在的具体地点，它包括室内环境的布置及谈判设施的安置方式。就房间布置而言，窗明几净、典雅庄重的场所可给谈判造成一种融洽的气氛。比如，圆形谈判桌能创造融洽、平等的氛围，有利于双方的沟通；而谈判者背向门口而坐会产生一种不安全感。

（3）个体空间，这是指谈判者个人在谈判中所处的位置。

二、影响非语言认知的因素

谈判主体对非语言的认知无法做到像语言那样迅速、准确的程度，这是因为非语言的特点决定了非语言的传播是一个特殊过程，它受多种因素制约。

（一）谈判个体的隐瞒性

谈判者有控制自己情绪的本领，往往有意识地做出或避免一些非语言动作，以达到扰乱对方视听的目的。在商务谈判中，由于利益的制约使双方的竞争异常激烈。为取得谈判的控制权，双方都会在战术和策略上做一些艺术处理，如稍不留意，便可能“上当受骗”。

（二）以己度人

以己度人是说，谈判者是以自己的感受、体验、想法等主观因素来对对方非语言行为进行估计、猜测。如有的美国谈判者在同人握手时，除伸直一个胳膊，还要往前跨一步，握完手后再退回原处。遇到这种情况，如果认为对方没有合作的诚意，将大错特错了。美国人习惯占有较大的个人空间。在商务谈判中，不要从自我感觉出发，将自己的好恶习惯硬搬在别人身上。

（三）成见

成见是指谈判者对某一事物所持的比较固定的看法。“物以类聚，人以群分”。谈判个体常常按照不同的国家、地域、民族、年龄、性别等进行归类，并在头脑中形成固定的看法，以此作为判断对方的依据。如认定东方人是保守的、古板的，西方人是开放的、灵活的；美国人豪放、乐观，德国人则是认真、固执、呆板，等等。这些成见深刻在谈判者的头脑里，因此，在谈判过程中往往过分强调类的特征而忽视个体差异，得出片面的结论。谈判者要避免成见的干扰，探寻出对方非语言所容纳的内在含义。

（四）环境的制约性

任何事物都有它存在的环境。非语言产生的背景对谈判双方都会产生极大影响，如果离开具体的背景，非语言的沟通就难以正常进行。非语言行为的环境包括两部分，一是非语言产生的背景，它主要指文化、传统等因素；另一个是非语言产生的当时情境。恰当地运用非语言产生的环境需要丰富的知识和实践。

第三节　商务谈判的个体空间

商务谈判中，无论是个人之间、组织之间或国家之间的谈判，也不管谈判者为了自己或是代表团体、企业乃至整个国家，都要通过谈判个体来实施。于是，谈判者个人的修养、性格等自身因素对谈判具有直接的巨大的影响。但是，对谈判结果能造成直接影响的，除了谈判者个人上述因素外，谈判者所处个体空间在谈判中也处于重要地位。

一、个体空间概念

动物的天性是要划出一定的势力范围，为自己割据了一定的“领土”。这就是个体交往空间。在商务谈判中，谈判个体也会“划出”自己的势力范围，把它作为自己身体的一种延伸。关于个体空间，美国西北大学人类学家艾·蒂·霍尔曾做出了独特的贡献。他通过大量的观察、实验，提出了评价人类沟通中交往空间的方法。在霍尔研究的基础上并结合心理学、人际关系学、行为科学等方面的成果，我们对谈判中的个体空间下个定义：个体空间就是指在整个谈判持续过程中，谈判者个人能够进行控制和调整的空间范围。

二、个体距离

通常，谈判双方在空间上距离越近，彼此交流机会和频率就越高。国际上一般将个体距离分成四种区域。

1. 亲热距离

这是人际交往中的最小间隔，距离约是 0～18 英寸（45.72 厘米），即所谓“亲密无间”。处于如此接近距离之内，属于紧密接触的关系。只有为了礼节上的需要，如拥抱等才能使用；否则，会引起对方心理上的强烈反应，影响谈判的气氛。

2. 私人距离

这在人际间隔上稍有分寸感，距离约是 18 英寸（45.72 厘米）～4 英尺（1.219 2 米），是用自己的手可搂抱对方的范围。一般个人间的交往都在这个空间内，具有较大的开放性。任何朋友和熟人都可以自由地进入这个空间。在商务谈判中，同对方人员进行亲切握手可采用这个距离。

3. 社交距离

这已超出了亲密或熟悉的人际关系，而是体现出一种社交性的或礼节上的较正式的关系。这个距离约是4英尺（1.219 2米）～12英尺（3.657 6米）。一般说，谈判个体的身体越高，其需要保持的社交距离越大。社交距离一般出现在工作环境和社交聚会、谈判场合。在商务谈判中，这是最常见、最实用的一个区域。

4. 公众距离

这是产生势力圈意识的最大距离，约12英尺（3.657 6米）以上。由于距离较大，减少了说者和听者用有声语言进行沟通的可能性和现实性，所以，人们完全可以对处在这个空间的其他人“视而不见”，因为相互之间未必发生一定联系。

以上四个空间距离的划分，只是从宏观角度告诉我们，谈判个体间距离是客观存在的，它对谈判者存在较大影响。因此，谈判人员在接触之前，必须对对方情况有所了解，恰当地确定彼此间距离，形成一种适宜的心理氛围。如受东方文化影响的日本和中国谈判人员能接受较小的空间，而在西方文化生活下的美国人多喜欢较宽松的空间。有人曾做过观察，当一个日本人和一个美国人进行商务谈判时，两个人会像跳舞状绕着屋子走。这是因为，日本人为了保持舒适距离而不断地向前靠近，美国人也为了保持舒适距离而不断地往后退。来自东方国家谈判人员一般不习惯“拥抱”、“亲吻”等交往礼节，而西方国家人员则习以为常。西班牙人与阿拉伯人在15英尺（4.572米）的距离内交谈时，英、美人则认为不可思议。

上述情况告诉我们，谈判者要合理地利用个体空间的“空间效应”，否则，会使对方产生一种压迫感和不安全感，影响彼此间的沟通。

本章思考题

1. 非语言沟通的特点有哪些？
2. 非语言沟通在谈判中的作用是什么？
3. 非语言沟通的表现形式是什么？

第十三章

商务谈判的礼仪与禁忌

谈判者的仪表、行为会直接影响谈判气氛。良好的仪表和行为会满足谈判双方获得尊重的需要，使谈判向成功方向迈进。谈判者的礼仪修养首先应表现为在尊重对方民族习惯的前提下，服饰的庄重大方和谈吐行为的得体。

第一节　服饰的礼仪与禁忌

服饰体现了谈判者个人的文化素养与气质。服饰除了具有保暖的功效外，通过“扬长避短”来展示着装人的美的作用更明显。个人服饰的选择受到民族习惯、性别、年龄、季节等多种因素影响。

一、商务谈判中穿着的一般原则

在商务谈判中，对谈判人员服饰的总体要求是塑造一个着装合体、合时、自然、大方、整洁和庄重的形象。具体应掌握以下原则。

（1）服饰要庄重、质朴、大方、得体。在商务谈判场合，穿着深色会给人一种坚实、端庄、严肃的感觉。

（2）服饰要符合角色、体现个性。为了能更好地塑造谈判者的个人形象，衣着打扮应具有一定的个性。如色彩的搭配，老成持重者宜择蓝灰基调；严肃冷峻者宜择黑褐基调；文静内向者宜择淡雅平稳色系。

（3）服饰要与年龄相协调。首先，穿着要和年龄协调，根据年龄选择服饰，以反映自身的特质。

（4）服饰要与环境相适应。首先，服饰要与自然环境协调，衣服的面料、款式和色彩随季节的变化进行搭配；其次，服饰要与谈判场合协调，男性宜选择庄重、料厚质好的西装，女性宜选用款式典雅的西装裙等。

阅读材料 13-1

着装随便导致商务谈判失败

中国某企业与朝鲜一公司洽谈割草机出口事宜。按礼节，作为东道主的中方提前五分钟到达公司会议室。客人到后，中方人员全体起立，鼓掌欢迎。不料，朝鲜谈判人员脸上不但没有出现期待的笑容，反而均显示出一丝不快的表情。更令人不解的是，按计划一上午的谈判日程，半个小时便草草结束，朝鲜一方匆匆离去。事后我方了解到：朝鲜一方之所以提前离开，是因为中方谈判人员的穿着。朝鲜一方谈判人员中男士西装革履，女士穿职业装，而中方主谈是位女士，她没有穿裙子，而是穿的裤子。

在朝鲜人眼里，商务谈判是一件极其正式和重大的活动，中方主谈穿着太随便说明了两个问题：一是她并不能代表企业，因为在朝鲜，有地位的女性都要穿裙子，穿裤子一般是地位低的人员；二是不重视此活动。

在任何情况下，服饰都应注意清洁平整。着装要自然并与周围环境相协调。室内着装男士不得戴手套和帽子，大衣、风雨衣则应在进入室内时脱掉，但西装外衣一般不要求脱掉。在室内一般不可戴黑色眼镜。在室外如遇有隆重场合或仪式，也不应戴黑色眼镜。若有眼疾必须戴有色眼镜时应向客人或主人说明，与人握手说话时应将黑色眼镜摘下，离别时再戴上。

在谈判活动中，尤其是当谈判活动在国外进行时，一般不穿任何表示自己和任何社会地位或信仰相关的服饰，它包括外出戴的戒指、领带、胸针、政治性徽章等。

二、男装的选择

在商务谈判中，男装应着西服，季节上主要分为春秋装和夏装两种。根据参加活动和所处场合性质不同还可分为礼服和便服。在正式场合适宜着礼服或深色西服。

西服又分休闲西服和精制西服两类，前者穿着比较随便；后者则有较多的讲究，其上衣、背心和裤子必须用同一种面料裁制，穿着时不可卷袖，同时应穿皮鞋。穿西服应配衬衫，并佩带领带或领结，西服的领襟是整体造型的核心，也是表现风格的关键，故所配衬衫的领尖长短及领带阔窄一定要与西服襟头阔窄相适应。西服纽扣有很重要的装饰作用，其扣法非常讲究，如双排 6 粒扣西装最上两粒是样扣，双排 4 粒扣西装不管何种场合都要全部扣上；单排扣西装，若两粒扣，一般只扣一粒或全部不扣，显示自由轻便的风格，若是单排 3 粒扣，那么第一和第三粒是样扣，因此只能扣中间一粒或都不扣。西服的口袋用途各异，西装左胸的上口袋专供插装饰性手帕，上衣左右设内袋，用于存放重要的凭据、证件之类，背心上所设的四个口袋用来放名贵的物品。西裤的右后袋专供放手帕用，有纽扣的左后袋用于放钱包之类。

谈判以穿着西服为佳，在一般的场合着便服或夹克衫也可以，但要根据自己的年龄、身份等因素做出谨慎的选择。如某些场合下，主要人物穿着西装而陪同人员着便装就会显得扎眼而古板。同样是夹克衫，中老年人穿上会显得富有朝气、精力充沛，而年轻人穿上则给人的感觉更加不沉稳，会减轻自己在对方心目中的地位。此外，服装的整体搭配也很重要，最好也是上下一套，特别要注意衣服的质地与整洁，而穿夹克时裤子的尺寸就不能太紧，否则会使人失去庄重和严肃性，给对方“市井”之感，在心理上产生轻视。

三、女装的选择

（一）着装

一般而言，女性着装的选择余地要相对大一些，女性在春秋冬季以西装、套裙、两用衫、长短风衣等为佳，尤其是在较为重要、正式的洽谈场合。在夏季，女性着装也应以西装套裙为主，但也可着连衣裙或长、短袖衬衫配西裙或西裤。

尽管女性可选择着装的样式很多，但女性在选择着装时也有很多注意的事项，如过紧的衣裙、偏袒露的服装，以及T恤衫、牛仔等装束不适于谈判间内穿着。同时穿夏装时应严格注意衣裙与袜子的统一搭配，不要留下漏洞。在服装的颜色搭配上应避免过艳与花哨，尤其是年轻女性如不注意这一点会给人留下轻浮而浅薄的印象。中老年女性的着装应注意质地的挺括，颜色选择应浅而不亮、深而不呆，以求高雅、干练、和谐的效果。除衣服外，在进行正式的商务谈判时，女性所穿鞋帽需色泽款式协调，最好不穿凉鞋，特别是无后带凉鞋。

由于女性经商在有些文化里受到传统习惯的轻视，所以女性在着装上应充分体现自尊和自信。正式隆重的场合仍选择西装或套裙为佳。长短风衣只适于室外活动穿着，到谈判间里应脱下。进行一般性会谈时可着毛衣外套或两用衫等。

（二）首饰

首饰的佩戴也是女性在商务谈判活动中遇到的一大问题。得体的首饰、化妆可以给人以优雅端庄的感觉，会赢得对方的尊重和赞赏。女性在选择首饰时要注意以下几点：

（1）尽量避免佩戴制作粗糙的首饰；

（2）首饰的数量不应夸张，以少为佳，画龙点睛；

（3）首饰的色泽应与服饰协调，色彩一致；

（4）不可佩戴有特殊忌讳，特别是不能佩戴侵犯谈判对方民俗禁忌的首饰；

（5）合乎惯例：戒指佩戴在左手，一般只应佩戴一枚，谈判人员对戴在每个手指的含义也要有所了解。

阅读材料 13-2

戴错戒指的尴尬

柳青大学毕业后到某公司做文秘工作，一次在接待新加坡客户时，领导叫她照顾一位女士。临分别时，该女士对她的热情和周到的服务非常满意，对她说："谢谢你，欢迎你到我们公司做客，并请代我向你的先生问好。"

柳青愣住了，因为她没有男朋友。

其实该女士之所以这么说，是因为看见她的左手无名指上戴着一枚戒指。

（三）化妆

化妆适度，这是对对方尊重的必要标志，西方人对此较为注重，认为化妆可称得上是女性的第二时装。在谈判活动中，化妆不宜过浓，尤其不可使用浓香型化妆品。此外，在商务谈判中，女性切忌在众人面前化妆，这是没有教养、不懂礼仪的表现。

第二节　不同活动中的礼仪与禁忌

在商务谈判中，谈判人员除了参加会谈外还要参加诸如拜访、宴请、舞会等活动，而不同活动场合中有不同的礼仪要求。

一、见面时礼仪

（一）打招呼

打招呼是人们最常见的礼节。一句热情的问候会给人留下亲切、有礼貌的印象。打招呼最常用到且最简单的话语是“早上好”、“下午好”、“晚安”或“您好”。日本人打招呼除了上述短语外还常用“请多关照”；巴基斯坦和中东地区等信奉伊斯兰教的人们一见面会说“真主保佑”以示祝福；泰国、缅甸、斯里兰卡等信奉佛教的国家常说的话是“愿菩萨保佑”。

打招呼时应当避免中国式招呼用语。“您上哪儿去啊”，“您干啥去了?”这有探问别人隐私的嫌疑，也不要说“您吃过饭了吗?”在西方人看来，会让人误解为您想请他吃饭。

（二）介绍

在谈判双方初次见面时，必须要介绍己方谈判人员。在这种正式场合，通常有两种介绍方式：一是由双方主谈人或者主要负责人介绍；二是请中间人介绍。不管是通过他人介绍还是自我介绍，都要重视介绍中的一些礼节。

（1）介绍的顺序。通常应先把年轻的介绍给年长的；先把职务身份较低的介绍给职务身份较高的；先把男性介绍给女性；先把未婚的介绍给已婚的；先把个人介绍给团体；先把客人介绍给主人。在人多的场合主人应对所有的客人一一介绍，主人代表应一一见过客方所有人员。

（2）介绍时的称谓。这是一个相当重要的问题，得当而准确的称谓能表现出对人的尊敬，按照通常的礼节要求，对男子称先生，对已婚女子称夫人，对未婚女子称小姐。如果不了解女方是否已婚则通称女士或小姐，女士则是公认的对女性尊称。一般地说，针对个人时，上述称呼前应冠以姓名、职称、职衔等，如迈克夫人、市长先生、秘书小姐等。此外，对医生、教授、法官、律师以及有博士学位的人士，可单独称“医生”、“教授”、“法官”、“博士”等，也可在前边加上姓氏，在后边加上“先生”或“女士”，如“卡尔医生”、“法官先生”、“威廉博士”等。

（3）介绍时应把被介绍人的名望或工作业绩做出说明，这非常重要。

（三）握手

谈判双方握手是一种习以为常的礼节。握手礼虽然常见而简单，但也有规则需遵守：握手时用力要适度，时间要短，一般为三秒钟左右；握手时应注视对方，不要让目光左顾右盼；握手时应脱掉手套。握手也有顺序，上下级之间，上级伸手后，下级才能伸手握；长辈与晚辈之间，长辈先伸手；男女之间，女士先伸手，在握手时，往往只握其手指即可；主人与客人之间，主人先伸手。周恩来总理的外交风采为世人所敬仰，他在与人握手时总是紧走两步，热情握手，通过握手把满腔的热情传递给对方。

在商务谈判中还要注意，握手并非是全球通用的礼节。例如，在东南亚一些佛教国家是双手合十致敬；在日本、韩国是鞠躬行礼；美国人只有被第三者介绍时才行握手礼；东欧一些国家的见面礼是相互拥抱。

（四）名片

在商务谈判中，名片是不可缺少的介绍自己的工具。它以一种简便、准确、快捷的方式使对方了解自己姓名、职务、单位等。因此，名片在社交场合中得到非常广泛的应用。使用名片时应该注意：

（1）名片上最好同时印有中文与当地文字；

（2）名片上除了个人姓名，还应包括公司名称、个人职位、头衔等，但最好不要用缩写；

（3）赠送名片时，要将名片正面对着接受者以便对方能一眼看清上面的内容；

（4）在有介绍人介入的场合，不必忙着交换名片，如果想让对方长久记住自己，可在临别时递上名片。

二、会谈时礼仪

会谈过程是双方直接接触的过程，因而谈判人员的言谈举止极为重要。会谈中的礼仪也主要表现在语言和行为上。

（一）会谈中的姿态礼仪

姿态礼仪也就是在谈判中应保持优雅的坐、立、行的姿势。“坐如钟、站如松、行如风”的要求应得到很好的体现。在坐姿上应保持端正挺直，近谈判桌而坐，注意不要盘腿跷脚。如果是坐在沙发上谈，更要注意保持上身挺直，不要半倚半躺着显得懒散无礼。坐时要双手扶在把手上或双手扶在腿上，两腿应并拢，尤其是女性谈判者。

正确的站立姿势应当挺拔严谨而又轻松自然，因此一般可两腿站开，相距一肩宽，双手相握放在两腿间或背着放在背后。站立时最好不要让身子歪靠一旁，也不要半靠在桌子上或椅子上。

无论在谈判中间还是外出活动时，走路都应轻快、敏捷、有力，给人以健康、精神焕发的印象。保持端正姿势会给人庄重、沉稳、可以信赖的感觉。行走时应避免与伙伴勾肩搭背，那样会显得过于轻薄、庸俗。

（二）交谈时的态度

交谈时的态度从另一方面直接反映出谈判者修养及谈判技巧。作为优秀的谈判人员在谈判过程中无论面对何种情况，都能以谦虚、热情、诚恳的态度对待谈判对手，从而促进谈判进展。这种态度具体表现为在别人讲话时注意倾听，直视对方而不是左顾右盼，显出不耐烦的样子。选择合适机会发表意见，不随便打断别人谈话，自己讲话时，则要表情自然，态度和气。

（三）交谈的眼神

与对方交谈时眼神应注意何处？各国习惯不同。有的国家的人在相互交谈时喜欢双方对视，认为只有这样才表明谈话双方是诚实的、可信赖的，如瑞典人在交谈时喜欢直视对方。也有的国家的人在谈话时不喜欢一方打量另一方，特别是两眼直视对方的脸部，认为这样会使对方紧张、难堪而又不礼貌，如英国人谈话时很少注视对方。日本人在谈话时喜欢避开对方眼神而注视对方的脖子。

在谈判桌上，最好的做法是：以平静的目光注视对方的脸与眼。这样做一方面表示你在认真倾听对方的发言；另一方面可以通过注视对方的脸部表情和眼神来观察对方的心理活动，捕捉对方的思想。但是，最好在谈判前对谈判对手在这方面的习惯有一定了解。

（四）交谈中涉及的其他礼节

1. 不要贸然打搅他人

在加入其他人的谈话时，要先打个招呼。当别人私下交谈时，不要私下旁听。如有事需要与某人交谈而他又与别人进行谈话时，应耐心地等他谈完。

2. 不要引起尴尬局面

在公众场合交谈时，不应高声辩论，过多纠缠，更不能恶语伤人。当几位女士一起谈话时，男士一般不可加入，个别交谈如果无休止地持续下去会引起他人的反感。男士与女士谈话应当谦让、谨慎、不随便开玩笑，不进行无谓争论。

3. 不要冷落他人

当有人主动与自己交谈时应表现出欢迎并感兴趣的态度，如果在谈话过程中自己有急事需要处理，则要先向其他人打招呼表示歉意。当在一个交谈现场中有了三位以上人员时，应不时地与所有在场人员交谈几句。

三、参加宴会礼仪

在商务谈判中，双方举行宴会或招待会互相宴请是不可缺少的活动。举行宴会或招待会可以营造一种宽松融和的气氛，使双方加深了解，增进友谊，促进谈判进展。与此同时，宴会作为大型而正式的社交场合，其礼节也是极有讲究的，因此参加宴会的人员必须深知其中的道理，才能表现优雅得体，给人留下良好印象。

（一）宴请的不同形式

要了解参加宴会的礼仪，首先应当了解宴会的不同形式。

1. 正式宴会

正式宴会都十分讲究，一般来说，晚上举行的宴会较白天举行的更为隆重，有非常严格的礼仪规定。笔者曾于 2009 年在纽约参加美国某企业的开业典礼晚宴，宴会以自助餐的方式，彼此围在高脚茶几边，边喝咖啡边聊；聊一会儿后说声抱歉再同其他人一起交流；那次晚宴主人开了酒。在美国允许客人喝酒一般是比较高规格的宴请了。

2. 便宴

便宴在形式上不那么正规，可以不排座位，不做正式讲话，主人与客人之间显得亲切随便，宜用于日常交往。

3. 家宴

西方人喜欢这种形式，以示亲切友好，以为上礼。家宴新鲜难忘，往往由主妇亲自掌勺，家人共同招待，共同进餐，不拘束。

4. 招待会

招待会是指各种不备正餐的较为灵活的宴请形式，备有食品、酒水饮料，如自助餐会和鸡尾酒会，参加者可以自由活动，不排座位不受正式宴会上任何礼仪的限制。

5. 工作餐

工作餐是现代商务交往中常用的一种非正式的宴请形式，指谈判双方在公司内部会谈或在企业参观时正好到就餐时间，便可在企业内餐厅吃工作餐，这种方式可以节省时间，边吃边谈；又能拉近双方的距离。中国谈判人员有时不接受这种招待方式，认为招待过于简单。这种想法有点狭隘。

（二）参加宴会程序上的礼仪

1. 接受邀请

在接到参加宴会的邀请后，应根据对方的具体要求尽早、及时复函或打电话向对方表示感谢，并通知对方自己能否按时到会。接受邀请后，不要随意改动，万一非改不可，应尽量向主人解释、道歉。

2. 抵达宴会地点

出席宴会抵达时间的早晚，逗留时间的长短，在一定程度上反映对主人的尊重。因此参加宴会绝对不能迟到，应准时或稍早一点到达，到达后主动向主人问好。

3. 入座

入座的规矩十分讲究，席位一般早已安排好，应听主人安排就座，如果邻座是长者或妇女，应主动协助她们先坐下。入座后主动与同桌的人交谈。我在2008年到美国新泽西州威廉姆·派特森大学商学院访学。派特森大学的校长Arnold Speert博士要我坐在国内宴请的主人位置上，而他和另位副校长分坐在国内的主宾和副宾的位置上，以示隆重宴请。

4. 祝酒

正式宴会一般都有祝酒的习惯，因此主宾应事先了解有关事项以做好必要准备，其他人在主人和主宾致祝酒词时应注意倾听并暂停进餐和交谈。碰杯时，主人和主宾先碰，人多时可同时举杯致意，不一定逐一相碰。祝酒时注意不要交叉碰杯。

5. 告辞

宴会结束客人告辞时，应对主人的盛情款待表达真诚的谢意，男主人则应将客人送至大门外。

6. 致谢

在出席私人宴请活动之后，往往致一封谢函或名片以表谢意，这封致谢信往往要写给女主人。一封得体的谢函会让主人非常高兴，也会为以后的交往奠定坚实的基础。

友情是不分国界的。2008年感恩节，我的一位美国朋友James McCallum邀请我到他家做客。他的夫人、岳母和三个孩子的热情好客给我留下深刻的印象。我在出国时带了一些非贵金属装饰品，送给了他的夫人和女儿表示谢意，她们十分高兴！

（三）就餐时礼仪

1. 用餐姿态

用餐时应注意保持良好的坐姿和仪态。身体与餐桌之间要保持适当距离。理想的坐姿是身体挺而不僵，仪态自然，既不呆板也不轻浮。在餐桌上狼吞虎咽和咀嚼发出声响都会令人不快。

2. 餐巾的使用

餐巾只有当主人动手摊开使用时，客人才能将它摊开。不可用餐巾擦脸、擦汗，也不可用它擦拭餐具，用餐完毕或用餐后离桌，应将餐巾放于座前桌上左边，不可胡乱扭成一团。

3. 餐具的使用

宴会上为每位客人配备的餐具主要有杯盘碗筷等，如果是吃西餐会有刀叉取代筷子。无论使用什么餐具都应在面前摆放整齐，一是好看，二是取用方便。西餐对于餐具的使用有很多讲究。刀叉的使用是左手持刀右手持叉，将食物切成小块后用叉送入嘴中。吃大块肉食或水果时应用刀叉切成小块再送到嘴里，切割食物时，叉子一定要把食物套牢，刀要紧贴叉下切，以免滑开。切菜时，不要用力过猛撞击盘子发出声响。不易叉的食物可用刀轻轻把叉子推上。每道菜吃完时将刀叉并拢放在盘内以示吃完，否则摆成八字或交叉型，刀口向内。除喝汤外，一般不用汤匙进食。

4. 用餐时对于自己面前的食物多少都要用一点，对于不合口的食物也不要显出厌恶表情

吃西餐时，如果不能吃完自己盘中食物是不礼貌的行为，所以取食时要量力。吃东西要文雅，嘴里有食物时不要讲话。喝汤时不要发出声响，如汤菜太热可等稍凉再吃，切勿用嘴吹。嘴内的鱼刺、骨头不要直接外吐，可用餐巾捂嘴用手或筷子取出，放在盘内。用过的餐具、牙签、吃剩的饭菜都应放在盘内，勿置桌上。

餐桌上人们经常相互敬酒以示友好，也能活跃气氛，但切忌过量。

5. 意外情况

宴会进行过程中，如果由于就餐者不慎发生意外情况，如打翻酒水、餐具摔落在地等，应沉着应对。餐具摔落可由服务员另送一付，酒水打翻也可由服务员擦净。但如果溅到邻座身上，应表示歉意并协助其擦干，假如对方是异性，应递上干净餐巾或手帕，由其自行处理。

四、其他情况下的礼仪

（一）参加舞会

舞会是相当正式的社交场合，对礼节要求极严格。国外举行的舞会，通常会在请柬上注明服装要求，如不注明，男子通常会穿燕尾服或西装，女子则着晚礼服，戴长手套。舞会服装无季节区别。

按照惯例，舞会上第一场舞由主人夫妇、主宾夫妇共舞，第二场舞由男主人与主宾夫人，女主人与主宾先生共舞。舞会上男主人应主动照料无舞伴的女宾，男主宾则应轮流邀请其他女宾，其他男宾则应争取早邀女主人共舞。男宾应尽可能多邀女宾共舞，但第一支和最后一支舞曲应与自己的舞伴跳。

（二）赠送礼物

在商务活动中，谈判人员经常相互赠送礼品表示心意，除表示友好、增进友谊外，更主要的是表示对此次合作成功的祝贺和对再次合作的促进。因此，针对不同的对象选择不同的礼物，就成为一门敏感性、寓意性都很强的艺术。

赠送礼物要产生良好效果，关键在于礼物的选择。简单地说，最好的礼物应当是富有创造性的，为对方所喜欢并所接受。具体选择时要注意以下几点。

1. 礼物的价值

礼物的价值可根据地区及民族习惯的不同而有所区别。一般情况下，欧美等国家人们重视的是礼物的意义价值而非货币价值，他们仅把礼物看作传递友谊或感情手段。有时人们赠送很昂贵的礼物效果会适得其反。

2. 要注意对方的习俗和文化背景

谈判人员所属国家、地区间有较大的差异，文化背景有所不同，爱好和要求必然存在差异。应根据对方的喜好与习惯，选择有民族特色、有一定纪念意义或艺术价值的物品。20 世纪 70 年代，我国谈判人员赴美与康宁公司谈判引进电视机生产线事宜。双方合作谈判进展得非常顺利，初次接触彼此留下了深刻的印象。但谈判代表团回国时，康宁公司送给中方人员一个用玻璃精心制作的乌龟礼品。那个年代还处于“阶级斗争为纲”的“文化大革命”时期，有人认为美国人是在贬低中国。结果，与康宁公司的合作也终止了。

3. 礼物的包装

赠送礼物要用礼品纸包装，即使礼物本身装在盒子里，也要另加包装，然后用彩带打上花结。在包装礼物时，要考虑不同国家地区的喜好。如日本人忌讳在包装上打蝴蝶结，德国人忌讳用白色、黑色或咖啡色的包装纸，更忌讳使用丝带打外包装。

4. 礼物一般当面赠送

西方人习惯当面打开包装，欣赏一下礼品，因此送礼者还可对礼品做一些介绍和说明。

第三节 世界各国的风俗习惯与礼仪禁忌

世界各国由于文化渊源的不同，在礼仪习惯上有着各自独特的要求。同样的行动，在甲国被认为是彬彬有礼而受到称赞，在乙国也许就会因为与风俗不符而引起反感。商务谈判人员不了解风俗禁忌知识，很容易引起一些不必要的麻烦。

一、日本礼仪与禁忌

日本素称“礼仪之邦”。日本人在任何时候都表现得彬彬有礼，给对方留足面子。

日本人初次见面时都不谈工作而只是做相互引见，进行自我介绍并互赠名片，自我介绍后大都会加一句“请多关照”。日本人在见面时并不像大多数国家那样行握手礼，而是行自己独特的鞠躬礼，同时表示问候。日商在参与正式宴会需提前告退时往往是悄然退出，不习惯正式告别，唯恐打扰其他客人，破坏宴会气氛。

到日本人家做客，来访者通常应为女主人带上一束花，同时也带一盒点心或糖果。

日本人很重人情，因此与他们交往应重视赠送礼物。对于日本人来说送礼作为形式比内容更重要，所以如果他们赠送的礼物极其简单而不值钱也绝不是对你的侮辱或轻视。在首次会晤中，一般要赠送商业礼物，虽然礼物不必过重，但双方礼物价值应当相当。日本人很重视礼品包装，包装纸禁用暗灰、黑白等色，因为这些色调表示悲哀，大红色也不宜使用。为了表示格调高雅，可用浅色宣纸包装礼物。

与日本人谈话时切忌指手画脚。日语中四与死同音，九与苦同意，一般都有不吉利含义，因此日本人在数字上忌讳四和九。绿色被日本人认为是不吉利的颜色，而荷花因为有祭奠之意，也是不祥之物。向日本人送花时不能送菊花，因为那是皇室专用花卉。用动物图案做装饰物品时，不要使用狐狸和獾的图案，日本人认为那是贪婪、狡诈的象征。

二、美国礼仪与禁忌

美国是一个移民国家，其国民来源很广且流动性大，因此在礼俗上更富多样性。在美国，男子之间见面都是握手，如果彼此关系很熟，妇女之间、男女之间都可亲吻面颊。与美国妇女见面握手时，应让对方采取主动。在美国，男子不要给妇女送香水、衣物、化妆品，以免引起不必要的麻烦。

与美国商人交往中，即使是在非正式场合，谈话中涉及生意时都必须异常慎重，因为他会认为你的话是算数的。美国人不喜欢被人问及每月收入，但却乐意大谈其优越的居住条件。美国人最喜欢的颜色是白色，在数字上最忌讳13。美国人不喜欢蝙蝠，认为那是凶神恶煞的象征。

三、英国礼仪与禁忌

英国在欧美国家中被视为最严肃、最有绅士风度的国家，因而在交往中也就多一些繁文缛节。比如称呼，如果你对一个英国人称呼不恰当，会让他相当尴尬或不高兴。英国等级分明，许多世袭贵族头衔如伯爵、公爵等得到人们的尊重，被视为一种极高的荣誉，因此与英国人打招呼时，挂上对方的贵族头衔很能取悦对方。在英国穿西装时要注意不要打带条纹领带，这种领带与英国各学校制服领带相似。

英国人讨厌在就餐时讨论工作。同时与英国人谈话要注意不要涉及政治、宗教及皇家小道消息，最安全的话题便是天气和动物。英国人在谈话时一般要保持相当于一米的距离，太近了他们会感觉不舒服。

在装饰上，英国人忌用大象和孔雀图案，认为大象是蠢笨的象征，而孔雀是祸乱鸟，连孔雀开屏也被看作是在自我吹嘘炫耀。

阅读材料 13-3

谨慎、重礼貌的英国人

英国人把“不管闲事”这句谚语作为生活的座右铭。这在英国人的日常生活及礼仪中都得到充分反映。

在英国，人们相见彼此寒暄几句，应酬话很少，很简单。问话中不涉及私人问题；否则，他们会认为你很粗鲁，不懂得礼貌。

在英国，有“女士优先”的社会风尚。在家门口、上下电梯、公共汽车、宴会开始就座、宴会结束离开等场合，都要让妇女先行。在街上行走时，男人走在人行道的外侧。

大多数英国男人不论职位高低都系领带或领结。英国人很幽默，但很少开玩笑和欺骗人，这是英国人的忌讳。

英国人性格孤芳自赏。他们对新事物的态度十分审慎。英国人很能容忍，极少发脾气，很少和别人进行无谓的争论。他们排队上汽车、排队买票，不管多长时间也无人抱怨。若有人发牢骚，人们会认为他不懂礼貌。

英国人认为，“我的家就是我的城堡，风能吹进来，但国王和王后没有我的邀请不能进来”，所以能受邀赴英国人的家宴是十分难得的。英国人迁居后的第一件事是修一道篱笆或围墙。邻居之间老死不相往来。

英国人喝茶时，先向茶杯里倒一点冷牛奶，再冲热茶，加一点糖。假如先取茶再放牛奶，会被视为没有教养。

四、法国礼仪与禁忌

法国人的热情世人皆知，法国人认为法语是世界上最美的语言。因此，如果谈判人员能流利地用法语会无形中增进双方交流。如果谈判人员的法语水平一般，就没有必要为了迎合法国人而说法语。在许多国家，人们听到外国人讲自己民族语言时会感到有趣和亲切，但在法国你千万不要这样做，因为法国人听到蹩脚的法语就像有人把他们的国旗踩在脚下那样反感。

法国人极注意个人隐私权，因此与他们谈话要尽量避免谈及他的家庭状况、生意做得好坏及底细；与法国人交往应注意不要涉及政治、钱和生意底细等私人问题。按照法国礼仪，给法国人的名片上，应印上你所有的身份。

在法国人家里做客时，不要忘记对主人的烹调技术赞许一番，这是对主人热情款待的最好报答。法国人讨厌别人在饭前喝苏格兰威士忌和马丁尼酒，他们认为酒会影响人们对菜肴的鉴赏力。虽如此，和世界其他国家相比较，2005 年法国 15 岁以上人均饮酒量高于 12.5 升，与德国、俄罗斯等国家一同属于世界高饮酒量的国家。

在时间上，对别人要求严格，对自己比较随便是法国人时间观的一大特点。在法国的社交场合，有个非正式的习惯，主宾越重要越迟到。法国人工作时认真投入，讲究效率。他们十分珍惜假期，通常八月是法国人的度假期。

在颜色上，法国人同比利时人一样忌用墨绿色，因为这是二战中的纳粹军服色。黄色的花朵在法国人看来是不忠诚的表示，菊花总与丧礼相连，而红玫瑰则是情人间的礼物，仙鹤则象征了蠢汉和淫妇。

法国人和英国、德国、荷兰、比利时等国家都是人均饮酒量比较大的国家。据 2005 年统计，15 岁以上成年人的饮酒量年均在 12.5 升以上，而中国人均消费量则是 5～7.49 升。

五、德国礼仪与禁忌

德国人严肃认真，重视体面，注重形式。凡是有明文规定、明确禁止的，德国人都会自觉遵守。因此与德国人交往一定要重视日常礼仪。对有头衔的商人一定要称呼他的头衔。见面与告别时一定要握手致意，否则会被认为相当无礼。与德国人在一起不要谈论打垒球、篮球或美式橄榄球，而最好谈一些有关德国原野、个人的业余爱好以及足球之类的话题。

德国人重视现实而不喜浪漫，因此给他们送花不要送具有浪漫含义的玫瑰花。

在时间上，无论公事还是私事，德国人都非常守时，在商务谈判和交往中忌讳迟到。对于迟到者，德国人会毫不掩饰他们的不信任和厌恶。

在商务谈判中，德国商人多表现为性格刚强，坚持己见，在一些人眼里，许多情况下，德国人缺乏灵活性，甚至有些不通人情。作为他们的谈判对手，必须要做好知难而上的准备。无论你的公司信誉多么卓越，产品质量多么标准，德国人都不会买你的账，你必须用证据表明你的产品标准可以满足交易规定的各方面标准，并表明你信守承诺的无可怀疑性。一次，笔者拜访德国赛德尔基金会，德国会长直截了当地问我们，午餐是由中国人自己安排，还是由德国人安排。从这件事上足见德国人处事的严谨性。

六、中东国家礼仪与禁忌

中东地区主要为阿拉伯民族，人们普遍信奉伊斯兰教，有其独特的宗教文化背景及风俗习惯。在商务活动中，与阿拉伯人相接触要十分尊重他的宗教与民族习惯。

中东国家对男女着装打扮要求十分严肃，除手、脸外，袒露身体的任何部位都是极不礼貌的，而且中东国家对待穿着就像对待法律一样，因此到中东国家谈判，服饰和谈吐都要注意不触犯他们的教义。阿拉伯人在谈论公事前通常要喝一杯浓咖啡或薄荷茶，但喝茶时千万不要用左手，同样递赠名片和吃饭时也不要用左手。阿拉伯人见面时通常会握手表示问候，但有时也会亲吻双颊表示亲热欢迎，这时你要以同样形式回报。假如你能找到一个合适的机会按照阿拉伯人的宗教礼节向他们打招呼，对方会认为这是对他最真诚的恭维。

阿拉伯人所有的禁忌习惯几乎都是与伊斯兰教有关。伊斯兰教禁酒，所以在阿拉伯人的宴会上不能有任何含有酒精的饮料，更不能把酒作为礼物送给他们。他们不喜欢任何带有动物图案的东西，认为那会带来厄运。猪则是伊斯兰教的禁忌之物，阿拉伯人不吃猪肉，不用猪皮制品以及用猪形图案做装饰的物品。应当注意的是，我国的熊猫因外形像猪，也属禁忌之列。

阅读材料 13-4

阿拉伯男人的袍子和伊斯兰妇女的面纱

阿拉伯男袍为白色或奶油色，女袍则是清一色的黑色。男袍以的确良居多，女袍则以的确良和化纤最普遍。无论在什么地方和场合，95%的阿拉伯人都穿阿拉伯袍。国家元首、政府要员以及石油大亨，在接待外宾或其他公共场合，都穿着它，丝毫不为世界潮流所左右。

阿拉伯袍的正规穿法：大袍里边要穿衬衣、衬裤，头上披着白色头巾，并在头巾上边扣着黑色帽圈。脚上穿“人”字形的拖鞋。女人则全部裹着黑头巾、黑纱巾，披黑色阿拉伯袍，从头到脚都裹得严严实实，唯有走动时，你可以看见她们穿着时髦的拖鞋。

阿拉伯袍的优点：穿着方便，无须做什么特别的佩戴，特别凉快。由于阿拉伯地区一年四季都属于高温地区，这种服装容易通风散热，还便于休息。阿拉伯人总爱盘腿而坐，如此穿着就不容易弄脏里边的衣服。

在伊斯兰国家里，妇女出门探友或学习教义需戴上盖头或面纱。他们认为妇女除手脚外，全身都是羞体。男人看见陌生妇女的面容，就认为是不吉利、不幸的事。因此，妇女戴面纱成为伊斯兰国家的风俗。

大城市的妇女现在多已摘去面纱，以便参加社会活动。在游牧区和农村，有少数妇女甩开面纱与男人共同劳动。除此之外，面纱仍较为普遍。在不同的伊斯兰国家里，妇女的面纱或头盖的情况不一样。

也门哈达拉毛的妇女戴黑色面纱，仅露双眼。有些山区妇女常穿肥大的深蓝色长袍，头上戴深蓝色盖头，用红带系着，挂有银首饰。也门还有些地区的妇女只能躲在家中窥视街道，必须出门时需戴上严实的黑面纱，不得经过热闹的市场和公共场所，而且必须在日落之前赶回家。

阿富汗妇女的面纱长得拖到脚跟，把整个身子都裹得严严的，只有面部开两个小洞看路。由于受到妇女解放潮流的影响，目前伊斯兰国家不少妇女抛开面纱，穿上西服和袒胸露背的时髦服装，这是伊斯兰国家妇女生活中的一个进步。但在宗教激进主义的影响下，妇女的面纱与伊斯兰妇女的社会地位和权利密切相关，因此妇女戴面纱仍很普遍。

本章思考题

1．简述日本礼仪与禁忌有哪些？

2．简述美国礼仪与禁忌有哪些？

3．简述中东国家礼仪与禁忌有哪些？

4．简述英国商人有哪些礼仪与禁忌？

第五篇　商务谈判的跨文化比较

国际商务谈判者来自不同国家，有着各自的文化背景，其价值观、立场、风俗习惯、礼仪禁忌、传统各不相同，表现出不同的谈判风格。一个称职的商务谈判人员应该了解彼此的谈判风格。本篇对世界上一些区域的谈判风格进行探讨，目的是使我国商务谈判人员了解和熟悉不同文化背景下的谈判方式，并根据实际需要采取不同的谈判策略。

第十四章

文化因素对商务谈判的影响

能否正确认识和处理好跨文化差异是决定国际商务谈判成败的关键。不同文化对谈判者产生了不同的影响。考察文化因素对商务谈判带来的影响，可从以下方面入手：谈判人员对时间价值的理解；谈判者所在国家的文化是个人趋向，还是集体趋向；谈判者作为社会个体在社会中扮演的角色如何？文化对谈判者语言、非语言交往模式带来的影响如何？此外，我们在文化对谈判的总体影响分析基础上，还要分析不同文化背景下谈判者策略的偏好、个人关系的强调程度、谈判者情感因素、谈判者决策过程以及谈判者对谈判契约的重视度。

第一节 文化差异及对商务谈判影响分析

一、文化的含义

19 世纪 70 年代文化进化论的代表人物爱德华·泰勒（Edward Tylor）将文化定义为：包括知识、信仰、艺术、道德、习俗及作为社会成员的人所获得的其他能力，以及所有这一切的综合整体。自此以后，学者们提出过几百个定义。跨文化差异与管理学专家吉特·霍夫施泰德（Geert Hofstede）将文化定义为：一个人群的成员与另一人群成员相区分的共同思维方式……在此意义上，文化包括价值观体系。价值观是文化的基石。社会学家兹威·内门卫斯（Zvi Namenwirth）和罗伯特·韦伯（Robert Weber）认为，文化是一种观念体系，这些观念构成生活方式。

按霍夫施泰德和内门卫斯与韦伯的观点，将文化定义如下：一群人所共事的价值观体系及准则，以及由它们一起所构成的生活方式。价值观包括对民主、真理、爱情、正义和忠诚等各种概念的社会态度，但价值观不是抽象的概念，它有浓厚的感情色彩。价值观使人们相信真、善、美的存在，作为文化形成的基石，建立使得社会准则得以建立的环境。价值观也常常反映在社会政治经济体制的构成上。准则包括社会习俗和道德两个范畴，作为社会规则和指导方针，规定在特定环境中人们应该如何举止得体。由于社会习俗与社会惯例相关，反映特定环境中所特有的人们的生活惯例，如果违背，也不会被认为是坏人。道德不同于社会习俗，道德是社会职能和社会生活中的中心准则，是人们都应该遵守的。所以社会习俗不同于道德，道德比社会习俗重要。

二、文化差异影响了国际商务谈判的成败

国际商务谈判是一个双向沟通的过程。如果参与谈判人员不了解彼此文化的差异，会出现沟通误解，影响沟通效率。出现这种现象的原因主要有以下三种：

（1）谈判者没有意识到本土文化对他国文化可能存在的偏见，谈判者从本文化思维角度去考虑对方行为，这显然不利于谈判双方的有效沟通；

（2）谈判人员往往并不了解跨文化差异所带来问题的严重性；

（3）谈判人员并不了解对方文化。

随着跨文化谈判日益增多，谈判人员要做到“入乡随俗”，谈判人员不仅要善于站在对方角度看问题，还应理解对方看问题的思维方式和逻辑。

三、跨文化差异的特征分析

文化是一个复合整体，它包含着一个国家或民族的历史、地理、风土人情、传统习俗、生活方式、文学艺术、行为规范、思维方式、价值观念。我们借鉴国外学者的研究成果，通过对特定问题的分析来探讨文化差异。

（一）芬斯·特洛姆塔纳斯的研究

芬斯·特洛姆塔纳斯在2007年出版的《跨越文化浪潮》[①]著作中，他分析了作为“普遍主义者”文化和作为“具体主义者”文化之间的差异。他引用了一个典型案例来表现这两种文化的差异：你最亲密的朋友开车引发了一起交通事故，并使第三方受伤，而你是唯一的目击证人。你的朋友央求你对他的驾驶速度作伪证，如果你做了伪证，你的朋友会免予起诉。对此你将如何选择？调查结果发现，属于“普遍主义者”文化的北美和多数北欧国家的人几乎都诚实回答问题，而属于“具体主义者”文化的中国、俄罗斯、韩国、印尼和委内瑞拉，半数以上的人会为了保护朋友而撒谎；特别当第三方伤势异常严重时，这种差异将变得更加明显。

由此可见，属于“普遍主义者”文化的人们信奉“唯一最佳方式”的处世哲学，“是”就是“是”，“不是”就是“不是”。这套哲学能适用于任何情况，而属于“具体主义者”文化的人们讲求审时度势，根据不同的处境采取不同的应对策略。

（二）吉尔特·霍夫斯提德的跨文化研究

吉尔特·霍夫斯提德是一位从事国际管理和跨国公司研究的专家，为深入了解跨文化的差异，他于1967—1973年对分布在50多个国家的IBM公司的116 000名雇员进行了调查，结果发现文化上的差异突出表现在四个纬度上。

（1）第一个纬度为不确定回避度的高低。它衡量人们受不确定性影响的程度，以及避免无组织状态的程度。在有些文化下，人们面对不确定性时会表现出惊慌失措，而在另外一些文化下则不太在意。不确定回避与社会文化传统有关系。举例而言，一位中国老太太临终前说：“我终于攒够了买房子的钱。”而一位美国老太太却说：“住了一辈子房子，我终于将购房的贷款还清了。”这个例子充分说明了在不同文化下，人们对不确定回避的差异；前者具有低的回避度，后者具有高的回避度。

（2）第二个纬度是个人主义与集体主义。个人主义是指存在某些文化中的以“自我”为中心的意识，与之相对的是以“集体”为中心的文化意识。在个人主义严重的社会里人们看重个人的选择和成就；在集体主义文化里不是看重个人的选择和成就，而是看重个人所依附的整个团体。例如，东方文化是集体主义文化，而西方如欧美人崇尚个人文化。

---

① [荷]特姆彭纳斯，[英]汉普顿·特纳.跨越文化浪潮. 陈文言，译.北京：中国人民大学出版社，2007.

（3）第三个纬度为男性化和女性化。在“男性化”社会里，男性在社会中的地位和作用比女性要突出的多。另外，在“男性化”社会，个体之间竞争激烈，个人以所取得的成就来赢得社会地位；在“女性化”社会里，人们更看重人际关系的和谐，社会竞争相比要弱些。

（4）第四个纬度是上下级权力距离。具体而言，权力距离与政治集中程度和领导专制程度有关。权力距离大的文化特点表现为，领导拥有特权，员工感到领导不容易接近；权力距离小的文化特点是，雇员感到领导容易接近。

（三）迈克尔·邦德的研究

邦德的研究集中在文化对待时间的差异上。他发现，具有短期时间取向文化的人强调坚定性，处理人际关系时更看重地位和富裕程度；相反，具有长期取向的人强调个人的稳定性，注重维护“面子”和尊重传统，热情友好，讲究礼尚往来。有个讲述西欧人和一个中东人行为差异的例子，他们的围巾被人偷去了，西欧人马上去报警，而中东人却走到一片墓地。有人问那个中东人为什么在这儿，那人回答道：“偷我围巾的人，总有一天会来到这里的，我就在这儿等他。”

这个故事听起来有点好笑，却反映了两种人不同的文化价值取向。邦德通过研究发现：西欧和北美人具有短期取向；多数东亚人受儒家文化的影响抱有长期取向，更关心未来；英国、加拿大、尼日利亚是最具有短期取向的国家。

（四）文化差异的特征分析

通过上述跨文化差异研究，我们得出几种主要文化差异特征。

1. 成就取向型文化

这种文化看重谈判人员的实力，谈判人员的行为常常表现出有能力和有经验的气派。

2. 地位取向型文化

这种文化中的上下等级观念强烈，人们有自己的排位顺序。同这种文化谈判人员谈判时要尊重老资格谈判者的权威。

3. 未来取向型文化

这种文化看重长期商务关系往来，同这种文化下的谈判人员谈判时应特别注重他们在人际关系方面的要求。

4. 不确定性回避程度低的文化

这种文化背景下的人不喜欢模棱两可、不清楚的局面，他们会感到不安。同时，这种人在谈判时会立场坚定，习惯于一开始就提出极端化的要求，不肯做大的让步。不确定性回避倾向低的社会讲究形式更甚于内容，有时形式比内容更重要。

5.“普遍主义者”的文化和“具体主义者”的文化

属于前者文化特征下的谈判人员在谈判时通常会直接地表述问题，沟通的特征表现出低的上下文联系度；属于后者文化特征下的谈判人员对问题表述通常会模棱两可，沟通特征表现出高的上下文联系度，在此文化下的谈判，谈判者必须仔细听取、揣摩对方语言中的每一个可能的含义。

四、跨文化差异下谈判人员策略分析

对跨文化差异及冲突进行深入研究，才能使谈判人员清醒地认识自我，恰当地了解别人，才能使谈判人员在商务谈判中做到兴利除弊、扬长避短。

（一）基本原则

1. 谈判人员经历的阶段

在跨文化商务谈判中，如果谈判人员缺乏对行为准则的了解，就容易产生文化冲突。多数从事跨国商务谈判的人员都要经历四个阶段：

（1）起程前对东道国的美好期望与新岗位的强烈诱惑；

（2）发现东道国文化与母国文化存在巨大差异后的觉醒；

（3）遇到文化障碍的情况下，谈判人员感到失望；

（4）谈判人员是否能够认识和承认这种文化差异的客观性，并克服困难，正确对待和适应这种文化差异。

有些谈判人员能够顺利跨越最后一个阶段，而有些则不能。

2. 谈判人员宜采取的措施

在跨文化谈判中，建议谈判人员采取下列措施：

（1）咨询一名跨文化顾问，跨文化谈判的复杂性要求谈判者在谈判前做好充分准备，尽早掌握谈判对手文化的相关信息，帮助谈判者跨越文化适应期；

（2）控制自己对新文化及新文化人群的判断，不要做出过分积极或消极的反应；

（3）在适应跨文化过程中，谈判者出现消极情绪是正常的；

（4）对自身所处的环境保持一种幽默感，即保持一种乐观豁达的态度；

（5）要善于观察，从经验中吸取教训，不断积累和丰富自己对文化差异的认知。

（二）针对不同文化的谈判策略

针对不同文化需有不同的谈判对策。在成就取向型文化中，首先要确保己方谈判成员有足够丰富的知识和经验，使对方相信己方提出的意见是理性的、可行的；其次，对对方表现出的专家气派需谨慎应战，要表现得有理有据；最后，在尽可能的情况下利用己方的专业资格来证明自己的能力和成就。

在地位取向型文化中，首先要尊重对方谈判小组的排位顺序；其次，确保己方谈判小组里有年长或资格老的谈判人员。在同这种文化背景的人员谈判时，穿戴上要尽量保守一些，采取面对面的直接沟通方式谈判的效果可能会更好一些。

在未来取向型文化中，由于这种文化比较看重长期商务关系的维持，因此应多花些时间用于人际关系的建立，尽量避免表现得缺乏耐心。

在不确定性回避程度低的文化中，谈判前的充分准备工作是十分必要的，有时对方会提出所有相关的细枝末节的问题；其次，谈判议程的商定也同样重要，会谈要按事先筹划好的顺序进行，避免会谈中断和无谓的耽搁；再次，不确定性回避倾向低的社会讲究形式，有时形式比内容更重要；在公开场合不要对时局、人物进行评论；最后，己方选择开盘价应当是最高的，并灵活地应用好让步的策略。

（三）中国谈判人员需注意的三个问题

1. 针对不同的文化首先确定是先谈细节还是先谈原则

按照中国文化特点，在谈判时，一般注重“先谈原则，后谈细节”；而西方恰恰相反，他们比较注重“先谈细节，避免讨论原则”。这种差异常导致中西方交流的困难。中国人喜欢在处理麻烦的细节问题之前先就双方关系的一般原则取得一致意见，把具体问题安排到以后的谈判中去解决。这种思维定势在多数情况下，可以使我方在以后的讨价还价中，处于比较有利的地位。如我国政府在中美建交、香港回归、澳门回归等一系列重大涉外谈判中，始终坚持“台湾是中华人民共和国不可分割的一部分”这一前提原则，在这一原则的总揽下，实际上已预先确定了细节谈判的基调，成为控制谈判范围的框架，同时也就赢得了细节谈判的优势。

2. 是重集体还是重个人

应当说，中西方在谈判过程中，都是既重集体又重个人的。但相比较而言，西方人比较侧重于强调集体的权力，强调个人的责任，即“分权”。而中国人比较强调集体的责任，强调个人的权力，即“集权”。这种差异导致谈判场合中出现这两种现象：西方人表面看来是一两个人出场谈判，但他们身后却往往有一个高效而灵活的智囊群体或决策机构，决策机构赋予谈判者个体以相应的权力，智囊群体辅助其应对谈判中的复杂问题；中方则是众人谈判，一人拍板。因此，我们在谈判中，应当科学而恰当地处理好集体与个人、“集权”与“分权”之间的关系，以在与西方人的谈判中始终处于较为主动的地位。

3. 是否需要程序谈判

在西方，受长期工业化社会生产、生活方式的影响，人们的时间价值观是“直线型思维”，即在一段时间内必须对所开展的工作有一个计划安排，因此西方商务谈判人员对实质性谈判前的程序谈判要求很高。程序谈判一般具有确定谈判程序、巩固谈判气氛、摸清对方底细等多种作用。谈判议题安排方式有三种：先易后难、先难后易和混合方式。由于程序谈判要确定谈判议题的展开方式和谈判的先后顺序，因而，可以从对方在谈判议题安排上的前后顺序，猜测其关注的重心。程序谈判还可以对以后的实质性谈判起到奠基作用，好的开端是成功的一半。在我国，受农业经济社会生活方式的影响，人们的时间价值观更多表现为“环型思维”，即对时间的概念并不要求十分准确，表现为在谈判中对议程谈判要求低。

随着我国现代化建设步伐的加快，人们的时间价值观势必发生极大的变化，对议程谈判重视度会提高；因此，我们应学会如何开展议程谈判并掌握议程谈判的技巧。

第二节　影响在西欧谈判的文化因素

一、欧共体商业环境

区域经济一体化按性质分为自由贸易区、关税同盟、共同市场、经济货币联盟和政治联盟五个层次。欧洲一体化从一开始就跨越了自由贸易区阶段，于 1968 年 7 月 1 日实现了关税同盟，1993 年基本建成欧洲统一大市场，1999 年 1 月 1 日欧元顺利启动，首先在 11 个成员国实现了货币联盟，并在为实现政治联盟积极创造条件。1993 年 1 月 1 日，欧洲统一大市场宣布基本建成，并正式投入运作。经过不断完善，现已取得如下成果：

（1）协调了各成员国在直接税、增值税与消费税等方面的法规，减少了各成员国在税收上的差别；

（2）通过一系列有关公共采购和建筑市场的法规，加强了透明度和市场监督，开放了公共市场（尚不包括运输、能源与电信）；

（3）资本市场与金融服务自由化；

（4）在标准化方面，一方面通过欧盟统一的技术法规，另一方面各成员国相互承认技术标准与认证，排除了技术标准方面的贸易障碍；

（5）通过协调成员国的公司法和有关知识产权（商标与专利）的立法，为企业创造了一个便利工商业合作的良好基础；

（6）通过相互承认学历和技术证书，使自然人能够自由地去其他成员国从业。根据《申根协定》规定①，成员国之间通过取消边境检查，使人员可以自由流动。1999 年 1 月 1 日，欧洲经济货币联盟第三阶段正式开始，欧元开始在银行、外汇交易和公共债券等方面正式使用。目前欧共体成员已达到 27 个，人口 4.55 亿。

二、文化对西欧谈判人员的影响

（一）文化对商务谈判的影响

1. 对时间价值的理解

在所考察的诸多文化中，西欧人的时间观念与北美人的时间观念基本相同。商业生活节奏快，谈判会议几乎是准时开始和按时结束。200 多年工业化生产使西方人养成了守时观念，并且形成了做事要分工合作，各司其职的意识。在大部分的西欧国家，谈判一般进行得干脆利落。

2. 个人主义与集体主义

西欧商人通常是属于个人价值趋向的。一个人所交往、熟悉的圈内人和圈外人之间往往是泾渭分明。在欧洲，特别是在英国，个人所处的社会地位和阶级意识很强烈。每个人都加入属于他那个阶级地位的社会团体。社会成员之间的友谊需要花很长时间才能建立和发展。如同世界其他高度个人主义化的地区一样，西欧商人的工作独立于情感之外。个人的创造力和成就感能得到社会强烈认同。

3. 个体在社会中的角色等级与协调

在西欧，无论在家庭还是在单位，秩序、纪律和责任受到高度重视。由于西欧发达的教育，教育对社会成员整体素质的提高起到了决定性作用。西欧商人十分看重能否与家人一起度过闲暇时光，法国有长达一个月的夏季休假就是典型的例子。西欧商人等级观念很强，企业组织中

① 1985 年 6 月 24 日，法国、德国、荷兰、比利时和卢森堡五国在卢森堡边境小镇申根（SCHENGEN）签订《申根协定》。主要内容包括：相互开放边境，包括在协定签字国之间不再对公民进行边境检查；外国人一旦获准进入“申根领土”内，即可在协定签字国领土上自由通行；设立警察合作与司法互助制度等。截至 2012 年 1 月 1 日，公约拥有 26 个成员国。其中成员国除了瑞士、挪威、冰岛和列支敦士登外均为欧盟国家。英国和爱尔兰为有限加入《申根协议》，仅提供警方信息合作，并未取消边境检查（英国与爱尔兰边境例外）。

的权利由上而下流动。上层管理者通常具有过硬的专业知识，往往独立做出决策，他们不喜欢分权和集体负责。此外，上层管理者一般不与下层管理部门沟通。这种行为方式使下层管理者可能不完全了解企业或所在部门的目标或使命。同欧共体相比，北欧斯堪的纳维亚各国的情况则是恰恰相反的，在那里，上层管理部门定期与中层管理部门联系，重大决定由集体拍板。

尽管西欧人的职业流动性很高，但是在同一家公司长期任职的现象也很多。与世界其他国家一样，西欧企业不喜欢频繁跳槽的人，而喜欢忠诚和勤奋的人。西欧不少国家的企业实行的是负责重大政策制定和关键人事任命的企业监委会、负责企业日常经营管理的管理执委会两级管理制。德国、荷兰、卢森堡对工人参与管理的权利，通过企业监委会的席位安排在制度上做了保证。

4. 语言和非语言的交往模式。

西欧商人语言交往的模式通常是正式的、克制的和平淡的。他们希望与对方初次接触时是采取面对面交谈的方式，认为与人交际时情感波动是不可取的和不礼貌的。

在非语言沟通方面，同北美人相比，西欧人在使用肢体语言方面更含蓄，比拉丁美洲人或中东人更谨慎。在商务场合，大多数西欧人认为恰当的人际距离通常为 3 英尺（0.914 4 米），身体接触通常仅限于商务交往中的短暂握手，任何狂野、急速的手势均被视为是不得体的。

三、西欧商务谈判中几个注意因素

在与西欧商人进行谈判时，需要注意以下几个因素。

（1）西欧商人的谈判速度相比较世界其他文化背景下的谈判而言是适中的。

（2）在谈判策略的制订和实施上，他们提出的报价一般是适中的，开场谈判的陈述是一次正式的陈述。

（3）当谈判出现分歧时，西欧商人往往表现得非常客气，但对问题的看法却表露的非常直接。谈判中的让步策略是缓慢的。

（4）受到成熟市场经济体制的影响，西欧谈判者并不十分注重谈判中的个人关系，对谈判对方的敏感程度也是比较适中的。

（5）受企业管理决策文化的影响，谈判者的决策是自上而下，有计划、有组织的进行，决策有很强的逻辑性。

（6）西欧商人在商务谈判的议事日程上有很高的要求，对谈判的法律契约要求很高。

第三节　影响在北美谈判的文化因素

一、北美洲的商业环境

北美洲（美国、加拿大和墨西哥）是世界上强大的经济体之一。北美洲的自由市场经济氛围强烈，大多数法律是为了促进竞争而不是限制竞争而存在的。各大公司——尤其是在生产和石油部门的跨国企业主导着商业竞争环境。中小型企业遍及服务、零售和建筑等行业。

与世界上其他地区商人相比，北美洲人做生意更加谨慎。作为世界第一超级大国，美国商人通常把自己看作“行家”，他们一般对最新的管理和思想相当熟知。准备与北美洲人做生意的谈判者都应该了解诸如全面质量管理、消费者服务以及参与管理和授权之类的管理趋势。在美国，企业的经营思想深受像彼得·德鲁克、爱德华·戴明、乔·朱兰和汤姆·彼得斯这样的管理界大师的影响。美国是一个移民国家，因此不要认为北美洲谈判者的行为是一成不变的，因为他们本身的背景就是多种多样的。一个在曼哈顿的人的行为，可能完全不同于在密西西比或者蒙特利尔、魁北克的人的行为。美国劳动大军中的性别、肤色、种族大融合正促使美国人口行为和结构发生空前变化。目前，西班牙人或拉丁美洲人后裔以及亚洲人后裔的数量大量增加，大量的移民进入美国。曾经在美国劳动大军中占主导地位的白人男性，现在已成为少数者。

在北美企业组织中，最受青睐的职位是首席执行官（CEO）。尽管 CEO 需向董事会主席进行汇报，但是他们有权力和地位，有能力进行日常决策。CEO 肩负着重要的战略使命，也是对公司影响最大的人物。受安然公司、世通公司丑闻的影响，美国国会起草并通过了一系列的法律、规定来限制 CEO 的权限。

由于经济和企业经营方面的原因，雇员们常常会单个或集体地被辞退。美国雇员最害怕的情况是在某个周五下午被召进老板的办公室，然后被告知立即清理自己的办公桌，在旁人的监督下离开办公大楼，这就是被“炒鱿鱼”了。

美国的企业是由州而不是联邦政府来组织管理的，不过一旦某个企业在某个州建立起来了，它就可以在其他任何 49 个州开展业务。值得注意的是，我国在美企业应在生意最多的州建立企业的分支机构。相比而言，受公司法、税收以及其他方面因素的影响，我国设分支机构最理想的地点应在纽约和特拉华州。外国投资者在美国一般不会遇到意外的困难，除非出现与安全相关的问题，例如防务、通信及航空方面。美国政府给予在美国的企业以同等的国民待遇。

二、文化因素对在北美谈判的影响

（一）对时间价值的理解

在北美洲尤其是在美国，不管谈判是在电话里、办公室里或是餐桌上进行，谈判者都强调尽快地有效率地进入谈判正题。但是，由于分管财务、战略计划、法律或其他方面的专业人员需要对其领域进行细致分析（美国企业通常会对 1～5 年的投资回报进行细致的财务金融分析），所以有时会耽搁谈判的最后决定。这种缓慢而费力的审查过程，时常被称为“分析瘫痪”。

受资本市场运作模式的影响，美国的 CEO 们多注重企业股票市值的变化。在企业经营上，人们更多地强调短期利润，而不是长期增长。这种情况在美国比在加拿大更常见。

（二）个人主义与集体主义

在北美洲，人们重视个人主义，一个人的社会地位主要是靠个人的成功获得的。通过了解美国众多体育明星、文艺明星的成长经历发现，在美国这个社会人们是极其重视个人奋斗的，而且社会等级之间具有极强的流动性。尽管大多数人认可家庭义务和外部利益，但是专注于商业的成功也是很常见的。位于美国北部的人相比较美国中西部、南部和西部以及加拿大大部分的企业行政人员而言，更加强调个人主义。

（三）个体在社会中的角色等级与协调

与世界其他地方相比较，在北美洲，对谈判角色等级和协调的要求较低。人们更多地是强调谈判的内容而不是形式。人们常常更注重有成效地达成交易，而不太强调如何做生意。譬如，美国谈判者有时会说："咱们不要拘泥于形式——按照实际干吧"。

北美人在经商过程中通常表现得很随性，与北美其他地方相比，加拿大人的表现显得更正规一些。在商业谈判中称呼谈判对手时，使用教名称呼就是北美人随性的一个表现。

（四）语言和非语言交往模式

北美人的语言交际直接而且坦率。北美人谈判过程中很有可能直截了当地告诉你："很抱歉，我们不能接受您的报价"。倘若他们不愿意做进一步的退让，他们就会对你说："这是我们的底线——我们的最后报价"。在谈判中，北美人经常使用让人难以理解的英语俚语，倘若你没有听懂一定要及时问清楚其中的含义。

在谈判桌上，谈话时应尽量避免沉默。倘若你在讲话时犹豫不决，一个美国的谈判者可能会替你结束你的句子。而这种沉默也不能说一定是不适宜的，日本人在和美国人谈判时，就是通过沉默，赢得了时间，获得了信息。

与世界上大多数地区的人相比较，北美人在商业交往中喜欢有更大的人际间距，典型的人际间距是 3 英尺（0.914 4 米）。北美人很少出现身体接触，握手通常有力而简洁。我们很少看见两个北美商人在见面和分手时互相拥抱（加拿大是例外）。

在国际商务交往中，一些北美的 CEO 有"拍肩者"的名声，他们轻拍别人的肩头以示友谊或鼓励，虽然并不是每个人都喜欢这种做法。

三、北美商务谈判中几个注意因素

在与北美商人进行商务谈判时，需要注意以下几个因素。

（1）相对于其他文化背景下的谈判人员，北美商人的谈判速度是快速的。

（2）在谈判策略制订和实施上，北美商人的最初报价一般会很高，开场谈判的陈述是一次正式陈述。

（3）当谈判出现分歧时，北美商人对问题的看法表露得非常直接，在谈判中追求稳步缓慢的让步策略。

（4）受到成熟市场经济体制影响，北美谈判者不太注重谈判中的个人关系，对谈判对方的敏感程度也是比较适中的。

（5）受企业管理决策文化的影响，谈判者的决策来自一线谈判者，决策的逻辑性很强。因此不要轻视美国谈判小组任何一个人的意见。这点和中国谈判决策程序不同。

（6）北美谈判者在商务谈判的议事日程上要求很高，对谈判的法律契约要求很高。美国人对采购合同条款一般需要经过律师做出严格的审核，合同条款通常三年做一次修改。在中国，西方跨国公司以前的公共管理部门，现在多改为合规部了。从中可以看出对法律的重视程度。

第四节　影响在中东谈判的文化因素

一、中东商业环境

中东是一个多元化的地区，包含的国家有沙特阿拉伯、以色列、埃及、阿拉伯联合酋长国、叙利亚、伊朗、伊拉克、约旦、黎巴嫩和阿曼。阿拉伯人在数量上相对较少，他们主要集中在沙特阿拉伯、约旦、伊拉克以及海湾国家（譬如阿拉伯联合酋长国和阿曼）。

谈判和做生意是中东人尤其是阿拉伯人日常生活的一部分。历史上的丝绸之路上就回响着阿拉伯人的驼铃声。阿拉伯人通过经商养活家人，经过长期的经商实践，阿拉伯人养成了讨价还价的习惯。

在中东，教会与政体不分离。政治和宗教的差异支配着社会行为规范，影响着中东与其他国家的生意往来。

“希伯来人”是闪米特族语，是指 12 个部落的人们，它的创始人为亚伯拉罕。“犹太人”是指信仰犹太教义者，他们和巴勒斯坦人都是亚伯拉罕的后裔。“伊朗人”是指伊朗的土著人，他们讲波斯语，而不是阿拉伯人。尽管波斯语是用阿拉伯字符书写，但是波斯语不是以闪米特语为基础的。犹太教是犹太人的主要宗教，伊斯兰教是阿拉伯人和伊朗人的主要宗教。一个信奉伊斯兰教的穆斯林不一定是阿拉伯人或伊朗人。

伊斯兰文化建立在穆罕默德的教义之上。穆斯林每天祈祷 5 次，头朝地，脸朝麦加城。每年 9 月的斋月，有 29 天是白天禁食。在此期间，正常的工作日程大大缩短，工作的效率也大打折扣。

二、文化因素对在中东谈判的影响

（一）对时间价值的理解

在中东，人们往往对“时间”的要求不高，中东人时常会迟到半个小时参加谈判会议，而此人还被认为是准时的。中东人不认为他们应该根据时间表来支配他们的生活。在谈判过程中催促中东人是一种冒犯行为。在中东进行商务谈判时，人们一般不做远期计划。

（二）个人主义与集体主义

在中东，成功与否更多地是根据集体成员或集体成就，而不是根据个人的成就来确定。在同中东商人谈判时，不要提议拒绝从整体上看对集体没有益处的讨论，企图以此来节约你的谈判时间。中东商人对有权有势有地位的人极为顺从。

（三）个体在社会中的角色等级和协调

相比较其他国家而言，大部分的中东国家对角色等级及协调有很高的要求。中东人十分看重牢固的个人关系，所以在进入谈判正题之前，双方花大量的时间谈论与特定的商业问题毫不相干的事情是正常的，或者是必须的。

在阿拉伯人看来，男性要朗读诗歌，善于运用直觉和保持敏感性；女性则要平静和务实。因此，在谈判时对中东商人采取情感策略是有帮助的；否则，谈判者的诚意将受到怀疑。

（四）语言和非语言的交际模式

在以色列，语言交际通常很直率和坦诚。阿拉伯国家的语言交际则间接、含糊。在这类具有高度上下文联系的文化中，只要接受信息的人能够推断出信息的含义，讲话者就觉得没有必要讲得更具体。例如，阿拉伯人即使不同意您的想法、计划或建议，也很少直接说一个“不”字。倘若您询问某件东西是否是个好选择，对方先犹豫然后表示同意。这种犹豫就暗示着，如果不是出于礼貌的考虑，他或她也许并不会真的同意。所以，出于礼貌的举止和考虑到某人的感情，无恶意的谎言被认为是更可取的，而在美国，这类谎言则是不可取的。美国人会很快地说：“我不知道，但我会弄清楚的。”

阿拉伯语在使用上常用夸张手法。例如，在句子的结尾处，通常有大量的为了获得夸张效果而使用的修辞手法以示强调。奇异的暗喻是常见的，许多形容词常常用来修饰同一个词。阿拉伯人十分看重信息的重要性，所以他们从不直截了当地透露信息，都是慢慢地让别人察觉他们的真实想法。在他们看来，“讲真话”会太残酷、危险和粗野，对谈判也是如此。

在中东，非语言交流中的手势富有表现力。谈判者通常与对方保持直接的视线接触，身体的间距也比较近一些。阿拉伯男子常常彼此身体接触。在阿拉伯国家，见面拥抱以及在公开场合手拉手都是常见的，而这种接触只是友谊的一种表现而已。

如果一个阿拉伯人将头猛地朝上一仰，他是在表示否定，同时伴随着发出一种“兹克”声。如果他将头歪向一侧，这表示肯定[yes，I heard you（对，我听见了），并不意味着 yes，I agree（对，我同意）]。

三、中东商务谈判中几个注意因素

在与中东商人进行商务谈判时，需要注意以下几个因素。

（1）相对于世界其他文化背景下的谈判而言，中东商人的谈判速度是中速的。中东商人常采取“开门策略”，即在谈判中若有客人来访，他们可能将谈判对手放在一边，处理完事情后再回来谈判。

（2）在谈判策略制订和实施上，中东商人提出的最初报价一般较高，开场谈判的陈述是非正式的。

（3）当谈判出现分歧时，中东商人对问题的看法通常都比较激动，谈判中的让步策略是缓慢的。

（4）受自然条件影响，中东谈判者比较重视谈判中的个人关系，对谈判对方的敏感程度也是高的。

（5）受企业管理决策文化的影响，谈判者的决策来自上层，决策的逻辑性差，但对谈判概念的理解要求严格。

（6）中东商人对商务谈判的议事日程要求低，对谈判的法律契约要求低。

第五节　影响在拉美谈判的文化因素

一、拉丁美洲商业环境

拉丁美洲是美国以南的美洲地区的通称，包括墨西哥、中美洲、西印度群岛和南美洲。

拉丁美洲 4 亿人口的巨大市场和丰富的自然资源使拉丁美洲成为世界上一支具有巨大潜力的经济力量。然而，政治及经济政策却阻碍着这一地区的发展。由于社会价值观中，对效率和公平的理解不同，在财富分配上存在巨大差异。尽管在诸如巴西和墨西哥这样的国家，为数不多的中产阶级家庭正在增加，但是，经济及政治权力仍然集中在少数人手里。

二、文化因素对在拉丁美洲谈判的影响

（一）对时间价值的理解

在拉丁美洲，受传统农业、种植业经济的影响，人们对时间的理解不像欧洲或美国，他们

把时间看作抽象的东西，他们认为时间总是有的是，是否准时无所谓。拉丁美洲人更看重现实，而不是未来。

（二）个人主义与集体主义

充分了解西班牙和葡萄牙文化是在拉美地区进行谈判的关键。他们的社会和经济形态建立在欧洲方式的基础之上，个人地位与其出身和血缘有着密切关系，只有对个人忠诚才是真正的忠诚，而不是其所在的国家和政府。拉丁美洲强调个人固有的特性，并不是以他人的所作所为当作评价标准，而是以他是什么人来进行估价。这不同于美国等以他人在生活中的所做所为当作标准。

拉丁美洲的文化中强调男子气概，女性的地位很低。作为男子无论外貌和身高如何，其都应该是有自信、有魅力、健谈而机智的人，强调“男子的精髓”，所以认为男子是什么事情都可以做到的人。

（三）个体在社会中的角色等级与协调

在拉丁美洲，人们对角色等级和协调的要求不高。拉丁美洲人有强烈的自尊心，言谈举止不当的行为很容易被理解为对个人内在价值的伤害，而且很具有爆炸性效应。马拉多纳对记者口吐唾沫的行为，是认为在怒不可遏时的最好反应。为了促进社会各阶层的和谐，拉美有一套复杂的礼仪和外交制度，而这种礼仪和制度反过来又阻碍了工作的效率。前阿根廷总统曾提倡，每个人要脱掉西服，大胆地甩开膀子进行工作。

个人关系是谈判成功的关键。在拉丁美洲，人们更加注重个人关系，把制度、法律和规则放在次要位置。在与拉丁美洲商人谈判时，注重建立个人关系，这样才有助于交易的顺利达成。在拉丁美洲把事情办成功的唯一途径是通过“朋友”或“朋友的朋友”。事实上，请求帮忙表明了他或她希望与你建立个人关系并期待你的回应，如果您直率地拒绝给予帮助（“不，我不能那样做，公司有规定……”），那么，这个友谊关系就会终止。倘若谈判者的确不能满足对方的请求，可用“拉丁方式”拒绝，谈判者可以说：“我将试试看能否做。”这意味着您将试试，而且挂在心上。如果再次向你问及此事或者间接地提到这个话题，那你仍应继续用间接的方式拒绝：“我还在努力。”这样通常不会冒犯对方。

（四）语言和非语言交往模式

拉美谈判者可能会有许多非语言的东西来表达想法，如音调的变化、手势和表情。如果西欧人一般都把语调柔和、少打手势和少做表情视为个人举止稳重的标志，而在拉丁美洲，交谈中表情丰富和感情外露则认为是个人主义和男子汉气概的表现。在谈判中，拉美谈判者经常打断对方的讲话，但是这并不表明拉美谈判者不注意礼节，相反，应把它看作对方急于与你分享思想的行为。

一般来说，与美国相比较，拉丁美洲人交往时身体间距相当近。拉丁美洲人常常抱怨北美洲人没有人情味，认为他们这样刻意保持距离是不想接近对方的表现。在拉丁美洲，建立起商业往来关系的男子之间互相拥抱是自然的，同样，女子互相亲吻对方脸颊也很自然。

在同拉美人谈判时，通常要与对方握手，除非已经非常了解对方。握手时用力会被认为有敌意，而过于“温柔”的握手方式有时又会被谈判对手认为你没有把握以及不会独当一面地正确处理问题。

三、拉美商务谈判中几个注意因素

在与拉美商人进行商务谈判时，需要注意以下几个因素。

(1) 同世界上其他文化背景下的谈判相比，拉美商人的谈判速度是缓慢的。

(2) 在谈判策略制订和实施上，拉美商人提出的最初报价一般都比较适中，开场谈判的陈述是非正式的。

(3) 当谈判出现分歧时，拉美商人的情绪往往都比较激动，在谈判中追求稳步缓慢的让步策略。

(4) 受长期自然经济的影响，拉美谈判者十分注重谈判中的个人关系，对谈判对方的敏感程度高而且是多情的。

(5) 受企业管理决策文化的影响，谈判者的决策是自上而下的，计划性和组织性不强。

(6) 拉美商人在谈判议事日程上要求不高，对谈判的法律契约要求适中。

本章思考题

1．举例说明我国企业“走出去”所面临的文化障碍。

2．简述什么是文化？谈谈你的认识。

3．简述美国的商业文化。

4．简述日本人的文化特征有哪些？

5．谈谈你对“美国梦”的认识。

6．我国企业同中东国家商人进行商务谈判时，应注意什么问题？

第十五章

中国商务谈判人员特点

中国历史文化悠久，自古以来就表现出高超的谈判智慧。苏秦口若悬河，联六国之君举百万兵合众攻秦；蔺相如以个人智勇，完璧归赵；行隐晦计，汉高祖刘邦脱险鸿门宴；出使东吴，诸葛亮舌战群儒。从古人留下的众多生动事例中，我们可以学到珍贵的谈判技巧。

当然，任何谈判必须以实力作后盾。到了近代，由于闭关锁国、国力日衰，中国被迫与西方列强签订了许多丧权辱国的条约。在伟大的中国共产党领导下，我们推翻“三座大山”，中国人民站起来了。我国从封建、落后的农业经济发展到工业基础比较雄厚的工农业经济，从计划经济发展到了市场经济，从相对封闭的经济发展到全方位的对外开放经济，中国巨龙在腾飞。虽然，我们把商务谈判当作一门学科或者说是一门理论来研究起步较晚，但是改革开放的伟大实践为广大商务谈判人员成长提供了机会。

第一节　中国商务谈判人员特点及中外对照

一、中国商务谈判人员特点分析

（一）依赖于双方对道德原则的遵循

受儒家思想文化的影响，中国商务谈判人员在谈判过程中的价值判断表现为更多地依赖于双方对道德原则的遵循，而西方商务谈判者则较重视利益机制的作用和法律、合同的约束。这种差别表现在，我国谈判人员对双方信任关系的重视度高，而在签订协议时往往不十分注重细节；西方谈判者重视合同的细节问题，而对双方关系的信任度要求差一些。

（二）集体利益大于个人利益

中国长期处于集体主义倾向的社会结构中，受传统文化影响，中国商务谈判人员在价值的优先顺序上是国家 > 集体 > 个人，认为集体利益大于个人利益。在西方，特别是北美商务谈判人员长期生活在以个人奋斗和竞争为主导的市场经济社会里，其价值的优先排序正好相反，个人 > 集体 > 国家。

（三）按计划办事，独立决策能力差

受计划经济体制管理模式的影响，中国商务谈判人员较习惯于按计划和按政府行政主管部门的指示办事，独立决策能力较差；在西方，特别是北美谈判者在谈判中则表现为较大的自决权和创造性。

（四）善于分散责任，承担责任的能力较弱

一般情况下，中国企业谈判人员进行谈判时倾向于集体决策，因而在谈判决策时较谨慎、保守、缓慢，且喜欢让上级审批决策以分散责任。这也体现了中国企业的激励机制有需进一步完善的地方，在西方，特别是北美谈判者，谈判结果与自己的利益有直接联系，因此承担责任的能力较强，不那么计较别人对自己谈判结果的评价。

二、中外商务谈判人员对照分析框架

商务谈判人员的心态、谈判前的准备工作、谈判过程中的协商能力与讨价还价能力、谈判结束后对谈判的评价以及对合同执行的态度受以下方面影响，如图 15-1 所示。

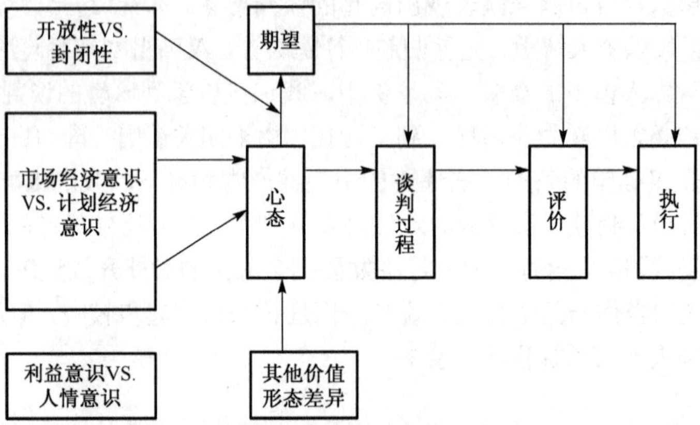

图 15-1　商务谈判人员行为及价值观念的比较框架①

（一）心态

影响谈判者心态的因素有四个方面，这四个方面又受众多因素影响。

1. 开放性与封闭性

开放性越高，谈判人员就越容易跨越文化带来的障碍。开放性与封闭性受下列因素的影响：

（1）文化程度；

（2）外语水平；

（3）工作经历；

（4）商务谈判经历；

（5）国外旅行经历；

（6）对外来文化和外来生活方式的接受性。

2. 市场经济意识与计划经济意识

市场经济意识强的谈判人员在参与商务谈判时表现出的合作性和冒风险程度比计划经济意识强的人高。这种意识的差别性表现为以下方面：

（1）竞争意识；

① 摘自陈维政，J.Paltiel，黄登仕的课题研究：中国、北美企业家商务谈判行为及其价值观的比较，刊于《中国社会科学》，2000，7（2）：74-86。

（2）风险意识；
（3）对权威和上级的态度；
（4）国家和政府的影响；
（5）对个人利益和责任的认识。

3. 利益意识与人情意识

利益意识和人情意识受下列因素影响：
（1）亲友关系；
（2）人际关系；
（3）面子意识。

4. 其他价值形态差异

其他价值形态差异表现在：法律意识，合同意识，商业道德意识，等等。

（二）期望

商务谈判者的期望有对谈判对手的期望，对谈判效率的期望，对建立合作关系的期望和对谈判目标、结果的期望。不同文化对以上方面的期望度不同。

（三）谈判过程

谈判过程包括：了解对方情况的方式和方法，原则与细节的讨论，对口头协议的态度，谈判日程安排，谈判技巧与方法和决策方式。

（四）谈判结果评价

谈判结果评价包括：对谈判终止的态度，对合同协议的态度，对对方的态度。

（五）合同执行

合同执行涉及合同的保障，执行是部分执行、基本执行还是完全执行，守时观念，合同纠纷处理方式。

第二节　国外理论界对中国谈判人员行为的研究

随着中国改革开放进程的不断扩大和加深，中国参与国际社会事务的程度也在加深，许多国外学者开始研究中国人的谈判方式。

1. 比尔·斯考特的研究

英国学者比尔·斯考特（1981）在《贸易洽谈技巧》一书中以专章分析了在不同的文化背景下商务谈判人员的不同谈判行为方式。他认为中国谈判人员有三个突出特点：顾面子、具有专门知识、对西方人不信任。重视面子是中国传统文化强调的；具有专门知识源于建国后我国从事外经贸战线的同志具有高的政治觉悟和专业知识；对西方人不信任源于帝国列强侵略中国的屈辱历史。

2. 卢西恩·派伊的研究

美国的卢西恩·派伊（1985）对中国商务谈判人员行为分析后指出中国商务谈判人员：

（1）重原则，轻细节；

（2）注重“意向性”协议；

（3）重对方的威望和名声；

（4）善用拖延战术；

（5）反对妥协而喜欢强调共同利益；

（6）合同的签订是双方维持长期关系的开始等。

派伊的著作在西方影响极大，已成为与中国打交道的人的必备指南。但是，他在书中主要分析了中国谈判者的行为特点，而较少分析社会文化与这些特点的联系，因而不能很好地说明中国人为什么有如此的谈判行为。

3. 斯考特.D.塞雷格曼的研究

斯考特.D.塞雷格曼（Scott D. Seligman，1990）指出：

（1）受儒学思想影响，中国人注重诚、信、礼、义和人际关系，与中国人谈判成败的关键是建立良好的人际关系和相互信任；

（2）由于中国“官本位”思想严重，因此恰当的“接待单位”和官方渠道是进入中国市场的必要条件；

（3）新中国成立后的社会体制使每个的集体归属观念强，中国谈判者是代表集体表达意见，而不是代表他个人；

（4）中国人的“面子”观念极强，不仅能“伤面子”、“丢面子”、还能“给面子”、“赏面子”，掌握此点对谈判结果影响很大。

4. 卡洛琳·布莱克曼的研究

澳大利亚学者卡洛琳·布莱克曼（Carolyn Blackman，1997）在《Negotiating China》书中总结了中西方谈判人员在行为和价值观念上的显著差异：

（1）无论是在市场、在工作单位，还是与政府机构的交往，中国人有着长期而普遍的讨价还价的传统（Haggling Tradition）。他们在讨价还价方面表现出惊人的执著；

（2）中国是一个群体性很强的社会，每个人都属于某个群体，如亲友、同事、同学、同乡、战友等，并且认同和依赖于所属群体，区别对待己群和他群（In-group vs. Out-group）；“内外有别”成了中国人行事的一条普遍的准则；

（3）中国人在谈判时受政府官僚机构的影响较大，既要考虑政府有关部门的看法，又需要他们审批，故决策较慢；与此同时，中国人也常以取得政府部门的审批作为有效的谈判策略，迫使西方人让步。

（4）中国人在谈判中比较注重人际关系和情面，常常表现的含蓄、委婉和模棱两可；

（5）中国人在谈判中注意非正式的接触，以便在正式谈判之前充分了解对方并建立相互信任，而西方人倾向于开门见山、公事公办。

第三节　外国商人眼中的中国商务谈判人员

本节分析的内容是国外进口商同中国出口企业多年交往中所总结出的。虽然，现在的商务谈判并不仅限于进出口贸易。

一、自尊心强

大多数外国商人认为中国谈判人员具有自尊心强和多疑的特点。“士可杀不可辱”、“不食嗟来之食”是中国流传了几千年的美谈。在商务谈判中，西方商人往往很难理解中国人甚至宁肯牺牲经济利益也要顾全“面子”的做法。除此之外，中国人把自己的权力、地位看得很重要，总是在名片上印上自己的所有头衔。虽然近些年来中国谈判者强调了经济利益的重要性，但这种根深蒂固的传统思想还时常在谈判中表现出来。在谈判中，如何既使其让步而又不失“面子”，是外国谈判者同中国人谈判时的技巧所在。

中国人多疑的特点也与历史背景有关。中国人对近代屈辱的历史，尤其是各国列强在中国的行为记忆犹新。所以当中国人首次与英国人面对面坐在谈判桌前时，我们心中所想的不是谈判的内容，而一定是鸦片战争和《南京条约》。中华人民共和国成立以来，中国人由于缺乏现代商务知识，受到蒙骗的例子不少，这使本已保守的中国人变得更加小心。中国人保守、排外、不愿冒风险、对西方国家有着天生的不信任感。但中国人重交情、讲义气，一旦与中国人建立起友谊，他们会非常珍惜。中国人的热情好客是许多外国人都亲身感受到的。中国人请客，豪华而大方的程度，让许多外国人吃惊。中国人总是以宴会做润滑剂，越丰盛越表明主人的热情，客人酒喝得越多表示越有诚意。在中国人看来，饭菜不剩下就意味着不够，是很令人难堪的。这种做法使许多外国人难以适应。

阅读材料 15-1

“热情”与“冷淡”

一位来自马来西亚的商人对山东省某县的一投资项目表示感兴趣。县长在会客室热情地接待了外商，作陪的还有 15 位县里各部门的领导同志。县长礼节性地向外商的到来表示欢迎并详细介绍了投资的有关情况。之后，县长陪同外商参观了项目所在地以及周围美丽的地理环境。外商看了地址后非常高兴，对该合资项目的前景表示满意。当时的气氛对双方来说都是令人振奋的。大约在 11 时 30 分，他们开车一起来到县城最好的一家饭店并在装饰豪华的餐厅就座。几分钟后，上了一道菜，接着上了第二道、第三道。当第三道菜即将被撤下的时候，外商开玩笑地说了一句：“这顿饭足够一个军队吃的了!”但县长误把此玩笑当作了赞赏，就得意地告诉外商还有两道菜。听罢，外商有些不安，说他已经吃饱了。可是县长却让他慢慢吃，以便品尝精心为他准备的美味佳肴。虽然陪同马来西亚商人的中国翻译提醒过县长不要热情过度或太铺张了，可饭菜依然是一盘接着一盘地往桌上端，而且在座的其他人的热情简直让外商受不了。到了下午两点钟，外商礼貌性地向县长的热情招待表示感谢并离开了。

使县长感到迷惑不解和失望的是，这是外商到此县的第一次，也是最后一次。其中的缘故请读者思考。

二、商务中的“重合同，守信用”

中国商人在“重合同，守信用”这一点上做得还不够。在计划经济时期，我国外贸出口的准时、高质赢得了西方商人的高度认可；改革开放后，有些出口商见利忘义，常常在损害进口商利益的同时也给国家形象造成损失；随着我国对外开放步伐加快，守信的意识已开始深深地植入企业经营人脑海中。毋庸置疑，我国有的企业在履行合同时存在短见行为，明知是自己的责任而拒不承认，工作马虎，数量以“打”代“个”等事情并非少见。外国商人在同中国商人做生意时，要有足够的耐心，因为他们几乎不可能指望中国商人会按时交货。

据德国批发商协会20世纪90年代初的民意调查，中国出口公司存在的问题有：

（1）按时交货几乎不可能；

（2）货款还能支付，但及时支付的很少；

（3）履约率较以前更为下降，合同签订后往往改动比率较大；

（4）商品质量与合同要求不符现象严重，索赔找不到负责的人，外贸公司、厂家相互推诿，令人哭笑不得；

（5）商品出口检验不严，商检证书不可信任；

（6）售后服务差。

所有这些，影响了中国商人在国际上的信誉。所幸的是，随着改革开放和市场经济体制逐步建立和完善，重合同、守信用意识已深入我国企业人员思想意识中了。

三、层层审批的管理体制

美国商人凯文·肯尼迪对中国人经商的特点做过较深入研究。他指出：中国禁止国内居民独立与外国商人接触，如果需要引进某个项目，在国内首先经过主管机构的层层审批，办理一系列烦琐的程序，并要提出项目的可行性报告。这一切将耗费很长的时间，然后才得以与外国的供应商见面。由于外汇是中央控制，引进项目所需外汇必须与其他的项目竞争。如果一个项目被批准，中国经贸部门会进行技术讨论，这仅仅是开始，离变成真正的合同还差得很远，不管是谁首先采取的主动，都不能指望很快成交。中国谈判人员有着层层的上级主管，他们谈判时政策性、原则性强，灵活性差，变通余地小。谈判人员对自己签订合同并无“拍板”决定的权力，还要请示上级后方可最后签字确认。

需指明的是，所有上述现象正随着我国市场经济体制的建立而发生重大的变化。例如2013年中国（上海）自由贸易试验区的设立以及中美关于双边投资协议（BIT）谈判的进行，我国对外资采取国民待遇原则。党的十八大三中全会提出了要放宽投资准入，加快自由贸易区建设，扩大内陆沿边开放。

阅读材料 15-2

一个美国商人的中国奇遇记

Simon先生是一位美国自由投资人。他投资目光十分敏锐，眼光也十分独到。投资的项目几乎没有失败的。年仅五十多岁的Simon先生从事投资业二十余年，投资了数十个案子，但失败的例子只有两例。1992年，受中国G省政府邀请前往考察。一路上，Simon先生详细地观察了中国人的收入和消费水平，甚至跑到广州的一家商店门口去数进商店的人数，还计算柜台前一小时的消费金额。当来到了G省的一个小县城，县长很高兴地接待了Simon先生。首先参观了新兴的开发区，这里有很多中国香港和中国台湾来的投资人在开办工厂。参观几个工厂后，Simon先生对县长说：“我想在这里投资一个工厂，一定会赚钱”。果然，在临回美国前，Simon先生和中国达成了投资意向，双方并约定一周内进行具体事宜的安排。过了半个多月，

Simon 先生又飞到中国，这次可不是他一个人了，此次是带着四位美国专家来到了中国。在中国待了一周，Simon 先生发现中国地方政府的效率实在是高，甚至比美国更好。在一周的时间里，不仅办理了执照，还将土地使用手续都办好了。美国人员马上就与中国方面的人员一起进行了厂房设计和机器设备的选定。看着计划进行地如此顺利，Simon 先生说，中国根本就不是美国人想象的那样，她简直是个投资天堂。过了一个月，Simon 先生再次返回了中国，这次他带着十多位美国投资人前去的。原来，他在回到美国的一个多月中说服了很多美国投资人。

中国当地政府一看，Simon 先生带来了这么多的美国投资人，很高兴。政府首脑很快就接见了 Simon 先生带来的美国投资考察团。在餐桌上，当地政府首脑当众宣布要给 Simon 先生更优惠的政策，同时也要给 Simon 先生带来的投资人们投资的企业更优惠的政策。美国投资人听了很是感兴趣，但也很奇怪地看着 Simon 先生。Simon 先生听了当地政府首脑的决定也很是困惑，但又不好当面发问，遂决定等晚饭吃过后与当地政府首脑面谈。面对 Simon 先生的要求，当地政府官员很爽快地答应了。晚上在酒店，Simon 先生和当地政府首脑见了面。一见面，当地政府首脑就告诉 Simon 先生说："非常感谢你对我县招商引资的贡献。我决定再奖励你们一些好处，明天我通知一下土地局，将你们买的地价在目前的价格上再降 50%。" Simon 先生一听更加困惑了。原来想说的话也没有讲出来。只好闲谈了一些其他的事情。当地政府首脑见 Simon 没有讲什么实际问题，心中觉得可能是优惠的条件还不十分多，于是又说："只要你能将美国的客户引到当地，你来一个我们就可以给你一个更好的优惠待遇。你放心，我说话算数，绝对不骗你。" Simon 先生小心试探着问："我找了很多中国政府的文件，你讲的优惠政策可是都没有的。万一……" 没有等 Simon 先生问完，当地政府首脑就笑着对 Simon 先生说："你真是美国人啊，在这块地盘，我说了算，我说你不用交税，你就不用交税。中央政府想查你的账还要看我愿不愿意让他查，来了人也要通过我当地政府。再说，税务局的人是在我的领导下，今天让他当局长，他就可以当，明天不让他当局长，他今天晚上就得回家。不信，你去问问来这里来的其他投资人，看看我说的话是不是算数。"美国人的实在是很出名的。作为专业投资人，Simon 先生当然更是认真。第二天一早，他就带着翻译前往其他外国投资人的企业。可惜的是，这里除了台湾来的企业家外，只有香港的企业。唯一的另一家美国企业还是美籍华人开的。Simon 先生马不停蹄地到各个外资企业跑了一遍。还别说，当地已投资的企业家对这位美国来的"黄毛"还真是很好，一五一十地将当地的情况介绍了一遍。大家一致称赞当地政府首脑开明能干，还真没有一个说他不好的。一家中国台湾工厂的老板还这样称赞当地政府首脑："我的企业来这里投资已经六年了，一分钱的税都没有交过。只要你给政府交一万人民币的政府赞助就能抵税。海关税也不要你交，政府有人帮你办理，只要你肯花小钱，你一定有便宜占。"过了几日，Simon 先生提前回美国了，到了美国的第一件事情就是通知中国当地政府："我决定撤销我在中国的投资……"

Simon 先生说："中国人很会谈判，也会耍阴谋，世界上没有像中国人那么聪明的人了，我很怕。""在中国，我发现中国地方政府办事效率高，并不代表中国政府效率高，当地政府政策开放也不代表中国政府政策开放。我看到的只是一个局部，当我看到真正的中国时，我忽然感到了一种恐惧。"

Simon 先生认为："第一，中国中央政府没有办法执行他的法律，地方政府可以自由发挥，中央没有办法管理。这就造成各个地方政府都有自己的特殊优惠政策，而这种优惠政策是一种不平等的待遇。我在开始的时候得到的优惠和我后来得到的优惠相差很大，仅土地价格每亩就相差4千美元，免税期相差5年。而且得到的优惠政策并不是最好的。同是投资人，台湾来的就比我更优惠。这样一来就人为地造成竞争条件的不平等。第二，地方的优惠政策并没有得到中央政府的认可，是私下的约定，没有法律的保护。这样实际上是一种虚假的优惠，不真实。第三，地方政府是以欺骗中央政府进行招商，这样在实际中就是强迫企业一同违法。事实上任何中央政府都不可能容忍国税的流失。一旦中央政府发现这样的问题，企业就会陷入困境。第四，我是以投资为生，我不能欺骗未来的买主，一个连我都不能把握的企业，谁会买？我也无法预测中国未来的政策，也无法保证我熟识的当地政府首脑永远执政。”

Simon 先生坚决认为：“投资的最大风险不是利润的多少，也不是一时的优惠待遇多少，而是企业生存的环境和稳定的法律，有没有公平合理的游戏规则。你是投资专家，你应该知道这是投资的最重要的原则。”

摘编自：北大《商学评论》，2002（32）.

四、中国商务谈判人员的讨价还价

中国谈判人常用的压价方法是：如果对方降价，他们就会大量购买对方的产品，否则订单极小。外国谈判者对此情况只有在降价和放弃交易中做出选择。于是外国商人针对中国人的这种方法也想出了相应的策略：虚报价格，然后慢慢降低。中国商人还经常使用的一种方法是使用竞争权力，让供应商们互相竞争降价，最终选择报价最低的供应商。如要购买某项重要商品，就会向几家供应商发出报价邀请，再从商品性能、质量方面进行综合考虑，有时甚至让供应商们面对面地进行降价竞赛，直到出现满意的结局。

五、固定的进出口合同格式

中国进出口商品和引进技术设备都有固定的合同格式，签约时只需就品名、公司名称、合同金额、支付期限和交货期限、支付方式、装运港、目的港等事项在合同空白处填写，中国人一般不会同意外国商人修改合同格式的要求。

六、中国人的交友价值观

自周朝礼制规范以来，至孔子的四书，再到程朱理学，中国人在交友中的价值体现为：上下级关系要求下级对上级要忠诚，平级间关系讲求相互平衡；一方对另一方的忠诚和诚实又以“相互责任”来加以平衡。换言之，中国人对你诚实的前提是你必须也要诚实待人，否则，我就没有义务对你诚实了。联想到前文博弈论中提及的“以牙还牙”策略是连续博弈中的最优选择，因此不难理解中国人一旦解下“梁子”，就难以消解的现象了，除非有蔺相如的胸怀。

七、外国谈判人员的对策

总起来看，中国人在谈判中表现出的特点有：

（1）自尊心强，爱面子，历史感强；

（2）谈判时政策性、原则性强，灵活性差；

（3）谨慎多疑，条件苛刻，“防人之心不可无”；

（4）重视友请、讲义气，热情好客；

（5）善于讨价还价；

(6) 有时表现为缺乏商业知识，办事效率低、履约率低。

针对以上特点，外国谈判者常用的对策有：

(1) 态度谦恭，顾全面子，勿伤其自尊；

(2) 要有耐心，“一切都需要等待”；

(3) 注意联络感情，建立长期友好关系，取得其信任；

(4) 适当报高价格，步步为营，不轻易降价。

本章思考题

1．外国商人如何看待我国谈判人员？

2．中国古代商人如何将“诚信”二字用到经营实践中的？

第十六章

哈佛谈判法则

哈佛谈判法则是美国哈佛大学教授罗杰·费希尔和威廉·尤里提出的。哈佛谈判法则可以说是市场经济国家——美国谈判学的研究者对商务谈判所做的贡献。本章介绍哈佛谈判法则的目的是给读者提供一个看问题的、分析问题的视角。

第一节　哈佛谈判法则与传统谈判方式的比较

一、谈判方法好坏的评价标准

费希尔和尤里认为，任何谈判的方法都可以通过三个标准进行比较：谈判如果达成协议，结果是否是明智的；谈判是否有效率；谈判结果能否增进或至少不损害双方的友情。好的谈判是指谈判结果可以保障双方的利益，公平地解决了双方的矛盾冲突，并考虑双方长期关系。

按照以上三个标准，哈佛谈判法则认为，传统式谈判——阵地式谈判无法达到上述标准。

二、哈佛谈判法则与传统谈判的区别

哈佛谈判法则认为，传统谈判——阵地式谈判的双方往往站在各自的阵地，为达成各自目的而讨价还价，最后找到双方都能接受的折中办法。在阵地式谈判中，人们也许会达成共识，但很多情况下双方很难达成一致意见。

阵地式谈判无法做到前述的三个标准（明智、有效、友善）。此外，阵地式谈判结果不够理想，没有效率，还会损坏双方的友谊。阵地式谈判完全是一种意志的较量。每个谈判者都坚持己方立场，希望通过显示力量使对方退却。当多方参与谈判时，阵地式谈判的谈判结果更难尽人意。

表 16-1 分析了“软磨”和“硬泡”两种阵地式谈判和哈佛谈判法则的区别。同哈佛提倡的价值分析式谈判相比，传统的软磨型谈判强调建立和保持友谊的重要性，由于双方力求做到宽容大方，协议达成通常不成问题，但谈判的结果却不一定明智；传统的硬泡型谈判中，强硬者主导着软弱者，当强硬者坚持自己的标准并威胁对方，软弱者被迫让步时，结果当然有利于强硬者一方。

表 16-1　哈佛谈判法则与阵地式谈判比较

阵地式谈判		哈佛谈判法则
软	硬	理性
把对方视为朋友	对方是对手	对方是解决问题者
目标在于共识	目标在于胜利	目标在于有效、愉快地得到结果
为了友谊做出让步	为了友谊要求让步	把人与问题分开
对人和事采取温和态度	对人和事采取强硬态度	对人软、对事硬
信任对方	不信任对方	谈判与信任无关
容易改变阵地	坚守阵地	集中精力于利益，而非阵地。
给予对方恩惠	给对方以威胁	探讨相互利益
为达成协议，愿意承受单方面损失	把给予己方的单方优惠作来达成协议的条件	为共同利益寻求方案
改变最低界限	对最低界限含糊其辞	避免最低界限
寻找对方可接受的单方面解决方案	寻找自己可接受的单方面解决方案	寻找有利于双方的方案，以后再做决定
坚持达成共识	坚守阵地	坚持使用客观标准
避免意志的较量	坚持在意志的较量中取胜	达成公平协议
迫于压力而妥协	给对方施加压力	坚持理性并欢迎理性，向道理低头，而不向压力低头

三、哈佛谈判的四个基本原则

既然阵地式谈判有许多缺点，那么能否找到一种谈判风格避免冲突，通过强调达成共识的必要性，而不是以胜负来开展谈判？对此，哈佛谈判法则设计了一种周密又能产生最佳结果的谈判方法，称之为理性谈判，它有四个基本点。

1. 把人与问题分开

区分人与问题是指在谈判中把对谈判对手的态度和所讨论问题的态度区分开来。双方谈判人员应肩并肩工作，一起对待问题而不是相互攻击，所以，第一点是把人和事分开。笔者曾经参加中美教育服务机构在山东纺织学院举办的一学期的课程学习班，按照中美合同规定，该次培训班是为大四的学生举办的；因为我已经参加工作，在第一堂课上，美国老师就要求我离开教室。美方负责人 Mick 手中拿着合同，指着上面的条款对我讲："这是合同条款让您离开，而不是我让您离开。"

2. 集中精力于利益，而不是阵地

在阵地式谈判中，谈判者的精力往往集中于各自的阵地上，为了捍卫各自的阵地，而给谈判带来困难。为了克服阵地上讨价还价的弊端，明智的做法是将谈判者的精力集中于利益而不是阵地。谈判中的阵地掩盖了谈判者的实际利益需求；所以第二个基本点是集中精力于利益而不是阵地。

3. 在最终决定以前，分析所有可能性

第三点针对的是在阵地式谈判压力之下设计最佳解决方案的困难性。谈判者需要以双方利益为前提，比较各种可能的方案，从而减轻压力。所以第三个基本点是在达成协议之前，为相互利益寻求选择方案。

4. 坚持以客观标准分析谈判结果

在商务谈判中，双方不可避免地会出现利益冲突，有的谈判者认为只要强硬就有可能得到满意的结果。因此，面对这样的谈判对手，要明确解决双方利益矛盾的途径，是坚持使用客观标

准。这种方式旨在根据原则而不是根据压力进行谈判，把双方的注意力放在价值上，而不是双方的意志的较量上。

理性谈判的四个基本点从开始谈判，到达成协议或是决定使谈判破裂，都与谈判者个人有所联系。这个过程可分为分析、计划、磋商三个阶段。在分析阶段，谈判者只需判断形势，收集、整理和分析信息，考虑对方对问题的认识、敌意程度以及双方交流障碍所在、双方的利益所在。谈判者需要认清选择以及作为协议基础的明显标准。在计划阶段，同样要寻找方案，开动脑筋思考问题。例如怎样处理人际关系问题？你的利益是什么？为此要找到其他方案和参考标准。在磋商阶段，当双方为达成协议相互交换意见时，四个基本点又成为讨论的最佳主题，双方可以解决意见的分歧、情绪的冲动，以及交流过程中的障碍。每一方都应理解对方的利益所在，双方可根据共同的利益提出方案，并根据公平的原则寻找利益冲突上的共识。

第二节　哈佛谈判法则的内容

一、把人际关系与实际利益分开

谈判人员有着不同的背景和看问题的角度。通过信任、理解、尊敬积累起来的友谊和良好工作关系会使谈判变得愉快、顺利。

每位谈判者都有两方面需求：实际利益和友谊。在谈判中，人们不仅希望满足实质性利益，而且也希望双方有和谐的关系。保持这种友谊，不仅彼此能相互尊重，而且有助于推动未来关系的发展。谈判以有利于友谊而不是有损于友谊的方式展开是非常重要的。事实上，对于长期客户，维持友谊的意义远远高于谈判的结果。

谈判中经常出现的问题是把实际利益和人际关系混淆。我们总倾向于把人和事联系起来看待。如果谈判双方准备把实际利益与友谊分开对待，并愿为之付出努力，那么解决实际利益问题与维护良好的友谊应该不是矛盾的，这不是说要通过牺牲实际利益来换取友谊，商务谈判者可以通过以下方式增进友谊。

1. 理解对方

了解对方需要十分重要。

（1）试着穿一下别人的鞋子。在商务谈判中，当提出建议和方案时要站在对方的立场上考虑，站在对方的角度看问题，会较好地克服想当然的推断所造成的偏见，从而正确地分析理解双方对问题的看法。

理解对方与赞同对方不同。虽然更好地了解对方后，谈判者有可能改变自己的观点，但这并不是理解的代价而是理解的受益，它减少了双方的冲突，并帮助谈判者进一步认清了自己的利益所在。

（2）切忌猜疑对方。谈判人员常会怀疑对方的说法和做法，这是人们最容易犯的错误，猜疑对谈判有负面影响。谈判中分歧的类型有三：一是想象的分歧；二是实际的分歧；三是人为的分歧。人为的分歧表明一方在实施某种技巧或手段；实际的分歧表明双方利益诉求存在差距；而想象的分歧的根源不是别人，正是谈判者自身。

（3）不要因自己的问题指责对方。自己的问题让对方负责是一种不明智的做法。当对谈判中某些问题不满意时，就归罪于某一方或某一个人，对对方进行指责、攻击，这种做法虽维护了个人立场，但却引起对方的反感，产生相反的效果。而且对方在你的攻击下，会采取一定的防卫措施来拒绝接受你的指责。指责往往把人与问题纠缠在一起。当谈判者谈论问题时，不要涉及对方的缺点。

（4）公开各自对问题的看法并与对方讨论。沟通时要坦率、诚恳，这样的讨论有助于理解你的真正意图是什么。在谈判中，圆满地把谈判者想说的表达给对方是很重要的。

（5）寻找可以不依赖对方观点而谈判的机会。也许改变对方观点的最好方法是提供对方一条完全预料不到的信息，改变他的认识，让对方明白谈判结果对他们有利。

有时，谈判协议的内容很有利，但因为对方没有真正参与进来，所以他们会因此怀疑而拒绝接受。如果双方对协议都抱有主人翁的态度进行，那谈判就轻松了。谈判者对提案的批评和让步都是对谈判的贡献。一个充分考虑了双方意见的结论会让人有成就感。让对方参与进来，越早越好。除了实际利益之外，参与感是决定一个谈判者是否接受结果的一个最重要的条件。可以说，参与就能增进交流，参与就是胜利。

（6）给谈判对方留足面子。有时谈判出现僵局不是因为谈判人员不能接受谈判者的提议，而只是因为在感情上过不去，即使是出于无奈而让步，也会耿耿于怀。因此，在商务谈判中要顾及对方的面子。

2. 稳定情绪

在谈判特别是极端对立的争执中，谈判者的情绪感觉往往比交谈更重要。

（1）首先了解自己和对方的情绪。在谈判过程中要时刻留意自己的情绪，是否感觉紧张？或者生气？或者激动？同时注意观察对方的情绪如何。试问自己是什么因素导致了现在的情绪？对方为什么生气？这样的情绪是否会从这个议题传递到另一个议题？

（2）把自己的情绪表白出来。谈判者只有把自己情绪宣泄出来，才能集中精力思考问题。把情绪表白出来有助于降低会议的紧张气氛。

（3）通过一定方式疏通对方情绪。当谈判对手产生不愉快的情绪时，有效的办法是使其发泄出来。一般随着感情的爆发，怒气也会慢慢消失。但在对方发泄怒气时，要学会控制自己，允许对方对你诉说不满。否则，除了会引起双方的争执外，不会得到任何好处。

（4）不要对感情冲动给予反击。对于对方的冲动给予还击，是很危险的，如果不加控制可能导致激烈的争持。

3. 加强交流

谈判的本质是交流。相互交流并非易事，即使是双方有共同背景与人生经历也是很难的事情。因此，相互不了解的人存在交流障碍是很正常的。在交流中应注意以下问题。

（1）努力地听别人讲话并理解其内容。

（2）让别人理解。谈判者要把对方当作自己的同事对待，双方的目的是做出共同的决定。由此看来，在谈判中指责对方显然是不对的；反之，则有助于让你认识到对方是与你共同处理问题的合作者，只不过他们的认识角度不同罢了。

（3）谈判时应言简意赅，建立良好的合作关系；针对问题，不是针对人。

二、集中精力于利益，而不是阵地

下面的阅读材料“图书馆里的分歧”是典型的例子。因为问题的产生是由于双方立场的差距，所以，要解决问题就必须在立场上达成协议。坚持自己的立场，往往会使谈判陷入僵局。假如管理员的精力总是集中于两人所坚持的开窗或者关窗的阵地上，就不可能想出办法。但是管理员注意到的是两个人关心的根本问题是：新鲜空气和没有穿堂风。这样就集中精力于利益，而不是阵地。因此，留心分辨立场与利益的本质区别是极为重要的。

阅读材料 16-1

图书馆里的分歧

两个人在图书馆发生分歧，一个要把窗户打开，另一个要把窗户关上。两人为窗户是否应该开以及开多大而争执不休，是露条缝、半开还是打开四分之三？没有一种方案能让两人都满意。

这时图书馆管理员走了进来，她问其中一个人为什么要开窗户，回答说："为了呼吸新鲜空气。"她又问另一个人为什么要关窗户，那人说："怕有穿堂风。"

管理员想了一下，把离两个较远的一扇窗户敞开了，这样既有了新鲜空气，又避免了穿堂风。

（一）利益决定谈判的问题

谈判时的基本问题并非表面的立场问题，而是谈判双方愿望、关切与担心的冲突。这些愿望和关切的实质是利益。利益对人的影响很大，它是隐藏在立场争吵背后的原动力。表面的立场是谈判者决定做出的结论，但是，利益却是导引出谈判者做决定或结论的诱因。

在商务谈判中，不要只注意或协调双方表面上的要求或立场，应该试着去调节双方基本的利益。原因是：第一，任何一种利益都有多种满足关系，但是人们通常选择眼前的立场与方案；第二，在对立的立场背后，除了冲突的利益，还有共同利益和互补利益。

（二）寻求对立立场背后的利益

在商务谈判中，双方的利益是矛盾的，立场是对立的，谈判双方通常都会坚持自己的立场保证利益不受损失。如果正当防卫自己的立场或利益，对方会持相反的意见。在许多谈判中，仔细观察隐藏的利益，就会发现彼此共同的利益多于对立的利益。

有时候利益不同，反而能得到彼此的妥协。例如，鞋店的老板与顾客，都对价钱和鞋子比较关心。二者的对立关系则是鞋店老板对价钱的关心比鞋子多，而顾客则相反，他对鞋子比较关心。因此，交易便很容易成立。

（三）如何辨认双方利益

谈判双方的立场具体而明显，但是隐藏在背后的利益却可能是不明显的，甚至很可能和表面的利益互相矛盾。发现对方隐藏的利益和发现自己本身真正的利益同样重要。那么，如何去发现谈判中的利益呢？

1. 探求对方的利益

探求对方的利益，最简单的做法就是站在对方的立场考虑问题，然后问自己"为什么"。

2. 分析对方的意图

这要先界定对方对己方要求所了解的程度，然后回答，为什么对方不同意？想了解己方的要求对对方的利益有怎样的影响？如果想改变对方观点就应该以推测对方目前的心境或想法为出发点。

3. 了解双方都有多方面的利益

在谈判中，谈判双方往往有多重利益。但是在商务谈判中，谈判人员容易认定双方利益完全相同，事实并非如此。

4. 谈判者的基本需求应首先得到满足

探求公开的立场背后真正的利益时，必须留意会影响人们的最基本问题与诱因。如果能满足或照顾到对方的基本需求，那么，谈判就容易达成协议。而且达成协议后，还能促使对方遵守这项协议。关于这方面的论述，我们在第二章谈判需要理论中已做过详细讲解。

（四）清晰列出双方利益

1. 讨论共同的利益

谈判最好的结果是双赢、双方的利益都能够满足，因此，彼此能够针对利益进行讨论的话，谈判目的就更容易达成。对方原先不知道你方利益是什么，而你也不清楚对方的利益。但是，经过讨论沟通之后，谈判的一方或双方将会认为未来的利益实现不会有问题。如果谈判者希望对方把自己的利益列入考虑，就得先向对方表明己方的利益。

2. 重视对方的利益

谈判者往往只关心自己的利益，对别人的利益很少留意。如果想让对方重视你的利益，首先要先向对方表示你对他们的利益也很重视。这样不但表示你了解对方的利益，并且承认对方的利益也是解决问题的重要部分，并且还是很重要的一部分。尤其是谈判者双方有共同的利益时，更容易表达。

3. 对利益强硬，对人柔和

在谈论利益时，可以用强硬的态度，就像谈判者在说明自己的立场一样。不要对立场固守，但应坚守利益。

最好的解决方法就是让对方损失减至最低限度的情形下，而己方却能得到最大的利益。双方将利益明确地表现出来，激发新的创意，产生使双方均得到利益或好处的解决方案。谈判者必须把谈判者人为因素和问题分开讨论，分析问题而不要攻击谈判者本人。对问题要硬，而以尊敬对方的态度去听对方的见解，并礼貌地对对方所花的时间和劳动表示感激。此外，还需注意要满足对方的基本需求。对问题的本质采取强硬的立场，能够增强有效解决问题的压力。支持与攻击组合起来，才能够迈向谈判成功之路。只选择其中一种，则很难有结果。

为了自己的利益，采取强硬的态度，并非表示要忽视对方的见解与利益。如果不考虑对方的利益，也未表现出倾听对方提议的态度，不可能期待对方会考虑你的意见。强硬的谈判态度和认真倾听对方意见的有效结合即是一门艺术，也是取得谈判成功的不二法门。

三、就共同利益设计方案

在商务谈判中，最终解决问题的方案往往形式多样，然而，谈判双方往往意识不到多种选择方案的必要性。在协商中，人们总是认为自己是正确的。

（一）影响判断的四种障碍

在多数谈判中，谈判者设法提出多种选择方案的障碍有四个：过早的判断；寻找唯一的答案；注意力集中在一点上；只关心自己的问题。

1. 过早的判断

过早的判断是指不经分析就断定某种方法是否可行。解决问题的方案是不会自然而然地被创造出来的。人的天性是因循守旧，对创造性最有害的就是批判性的眼光，这会妨碍谈判双方的想象力。谈判者一方的创造性可能由于对方的存在而受到扼制。在笔者给 MBA 学员上课的课堂上，组织学生进行案例讨论，当一名同学提出解决方案时，其他同学往往马上讲出该方案的不足之处，显然这犯了过早判断的错误。

2. 寻求唯一的答案

在多数谈判者的脑海中，创造并不是谈判工作的核心。他们认为谈判工作就是缩短双方阵地的间隔，而不是增加一切可能的方案。实际上，谈判是件创造性工作，只有开动脑筋才能得出多种选择。面对棘手的困难，我们是否应牢记这句话："只要思想不滑坡，办法总比困难多"。

3. 注意力集中在一点上

谈判双方往往把谈判结果看成是非此即彼的选择——不是我赢就是你赢，从而把分配模式固定化了。但是双方把利益只集中在一点上（如胜负之争）是有害的。如果从寻找彼此有利的解决方法入手，就能发展互利关系，满足双方利益。

4. 认为对方的问题应该由对方解决，与己无关

最后的一个障碍是谈判双方仅考虑自己的利益，而忽略了双方的共同利益。缺乏长期的目光，只顾自己，导致了谈判者单方面的解决问题。其实，如果谈判者希望最终结果能够满足自己的利益需求，那么他必须找到也让对方满意的解决方案。

（二）解决问题的方法

为了寻求创造性的方案，谈判者需要做到以下几点。

1. 把设计从决定过程中分开

由于判断阻碍了想象，应把创造性思维与批评性思维分开，把思考可能方案的过程与选择方案的过程分开，先设计方案，然后再决定是否采用。

谈判者要想创造出新的想法就必须与他人交流想法，这种交流可以有效地将创造与判断过程分开。

思想交流的目的是对当前面对的问题找到更多的解决方案，其根本规则在于把批评和对方案的仔细斟酌放到以后，大家要做的就是创造各种想法，而无须停下来评价它们的好坏或者现实性。当自由讨论的氛围形成后，一个想法引出另一个想法，就像雨后春笋般冒出。思想交流没有什么具体的原则可言，谈判者可以根据自己的需要进行设计。

（1）在思考交流之前

①明确谈判者的目标。

②寻找几个交流对象。交流对象可以是己方人员，也可以由谈判双方构成，人员的规模应大到足以相互交流，小到可以鼓励个人的参与以及自由的思考，通常为 5～8 个人。

③改变环境。找一个时间和地点，使交流不同于正式的讨论。交流越是不同于正式会谈，人们也就越容易相互表达思想。

④让气氛活跃。在轻松活跃的气氛下交谈，可以解下领带，互相亲切地打招呼。

⑤选一个主持人并安排专人记录。谈判双方自由交流时需选择一个主持人，主持人要保证交流不跑题，保证每个人都有说话的机会，遵守一定规则，通过发问鼓励大家讨论等。

（2）在交流期间

①谈判双方坐在一起共同面对问题，这可以保证每个人在心理上有共同解决问题的平等感。哈佛大学的尤里教授创建了一个叫“Abraham path.com”的项目，旨在组织中东冲突的各方肩并肩走当年亚伯拉罕走过的路径。目前已有200万人参与了该项目，人们肩并肩行走在祖先走的路上，自然就加深了了解、增进了友谊。我们在此希望这个项目能为人类和平做出贡献。

②明确规则，防止互相批评。如果参加交流的人不认识，会议可以以相互介绍开始，然后明确会议规则，防止批评等与自由交流不符的现象出现。

③开动脑筋。一旦会议的目标明确后，让双方思路无限地遨游！

④记录。把所有的想法都记在黑板上，这在给谈判者成就感的同时，增加透明度，还可引发其他的设想。

（3）在思考交流之后

①把最可能的方案标记出来。此时，为了找出最实际可行的方案，应放弃不准批评这条规则。谈判者仍然是在思考，而不是决定；你只是选出那些应进一步研究的方案，把它们标上记号。

②改进实际可行的方案。改进一个可行的方案，让它变得更现实。

③留出分析评价建议的时间。在散会以前，把会议选出的方案列出来，并计划何时商定用哪些方案进行谈判以及怎样谈判。

（4）与对方设计建设性的方案

虽然设计建设性方案面临困难，但付出努力是值得的。互相交流可以充分考虑对方的利益，从而营造合作解决问题的氛围，以便达成共识。

当与对方交流思考建设性方案时，为了保护自己，应该把交流思考与谈判区别开来，后者需要双方陈述观点并随时记录。人们习惯于以达成协议为目的的谈判，因此任何其他目的必须明确说明。

为避免显得过于倾向某一方案，谈判者可以同时对一个建议准备两个或多个选择。但无论你是否与对方一起开动脑筋设计方案，把寻找方案与决定方案区别开，对于任何一次谈判都是非常有效的。

2. 扩大选择的范围

参与交流设计方案的人会抱着寻找最佳方案的想法来考虑问题。交流设计方案可以让谈判者创造性地思维。设计方案的任务包含了四种类型的思维。第一种是考虑一个特殊问题——谈判双方争论的焦点；第二种是描述型分析——从总体中分析存在的情况，谈判者把问题分类并试着寻找原因。第三种思维方式还是从全局出发，考虑应该做什么和具体做什么。通过得出的判断结果，采取何种办法来解决；第四种是得出一些详细、可行的行动建议。

3. 设计不同力度的协议

下面列出的形容词代表了不同力度的可能协议：

强	弱
实质性	程序性
永久	临时

综合	独立
无条件	有条件
有约束力	无约束力
首要	次要
最后的	前瞻性

4. 改变原定协议的范围

商务谈判中，谈判者不仅可以改变协议的力度，也能改变协议范围。比如，可以把问题分割成若干个小的单元。

（三）寻求共同利益

1. 发现共同利益

共同利益有助于达成共识。

（1）共同利益潜藏在谈判之中，往往不是显而易见的。你应该问自己：是否存在共同利益？是否存在合作以及实现共同利益的机会？谈判破裂的损失是什么？谈判双方的共同原则是什么？

（2）找到共同利益并作为双方的共同目标，有助于谈判的进展。

（3）强调共同利益可以使谈判变得愉快顺利。

2. 不同利益的吻合

可以让谈判双方得以吻合的差异是利益上、信仰上、时间价值观念等方面的差异。利益上有何差异呢？下面列举了通常的一些利益上的不同。

一方关心：	另一方关心：
形式	物质利益
经济问题	政治问题
表面问题	深层次问题
表征性问题	实际性问题
短期利益	长期利益
结果	关系
物质基础	意识形态
进步	传统
前例	现例
名望	结果
政治上的支持	自己的福利

双方在利益、考虑问题的次序、信仰等各方面的差异使双方的吻合成为可能。我们给予谈判者的座右铭可以是：“差别万岁！”和“理解万岁！”。

（四）让对方决策变得更容易

既然谈判成功与否取决于对方制定出让己方满意的解决方案，那么，谈判者应尽己所能让对方在几个备选方案中轻松地做出选择。一位英国大使把自己的工作描述为“帮助我的对手得到新的任务。”

四、坚持运用客观标准

（一）客观标准的作用

在商务谈判中，能运用公正、有效、科学化的先例、惯例、案例、客观标准或模式作为标准，以处理特定问题，是达成公正、明智谈判的最佳途径。根据原则而不是压力进行谈判能使对方易于接受。例如，国际贸易销售合同书的规定通常基于国际贸易惯例，双方签约后，不会出现上当的感觉，事后解约的情况也较少。

（二）发展客观标准

采用哈佛谈判法则要考虑两个问题：如何确定客观标准和运用客观标准？

无论使用哪一种谈判法，都必须事先做准备。因此，事前要准备几项可以作为替代的标准，并且构想在谈判时如何运用。可以作为协议的客观标准，通常有两种以上。

举例而言，假设你的家庭轿车被撞，你向保险公司请求赔偿。在此情况下，可以用下列方式衡量车价：

（1）由购买价扣除使用期的折旧；

（2）车子未受损前的价格；

（3）同年份、同类型车子的市价；

（4）购买同样的车子所需要的价款；

（5）由法院裁定该车的价格。

一般而言，可以作为协议基础的客观标准有以下几种：市场价格、先例、科学判断、专业标准、成本、法院裁定、道德标准、公平待遇、习惯、互惠原则等。

客观标准必须尽可能地抛开当事人意志而独立。为使明智的协议更易于接受，客观性标准不但要离开意志而独立，而且要合乎实际。例如，当两国划分边界时，选择地理上易划分的目标，如河流之类，要比河岸以北 500 米作为界限更清楚，也较容易达成协议。为了产生一项独立、不受意志力左右的谈判结果，谈判者可以运用公平标准处理实质问题，或使用公平程序去消除双方利益对立。

在做共同决定时，可让第三者扮演仲裁与关键性角色，这也是经常被采用的程序性解决方法。有关这类方法非常多，例如为了某个特定问题，双方可以让专家表示意见或做决定，也可以请仲裁者或裁决，或者交由裁判，做成具有约束力或权威性的裁定。把解决不了的问题，委托有权限的仲裁人，也是一个好的选择。在此，留下一个问题供读者思考：一个老人有 17 头羊要分给自己的三个儿子，大儿子可分得总数的 1/2，二儿子分得 1/3，小儿子分得总数的/1/9。三个儿子苦思冥想不知道如何分割这 17 头羊的家财。请读者以第三者身份帮助他们解决困难。

（三）客观标准谈判法的三点注意事项

（1）解决每个问题时，双方都要寻求客观标准；

（2）理性地说服对方哪种标准最适合；

（3）只根据客观标准来做决定，不屈从于任何压力。

（四）寻求客观的标准

在谈判中，双方共同寻求客观标准的方式要极力提倡。最恰当而客观的标准是什么？谈判双方当事人的利益是对立的，但为实现共同的目标，那就决定合理价格。买卖双方为一栋房屋谈判，买主可以先报出折旧率及通货膨胀前的房价，或举出附近类似房屋的价格，或根据不动产经纪公司的鉴定标准，然后，再请卖主说出他的提案，以此来确定客观标准。

第三节　哈佛谈判法则的应用条件

实践表明，哈佛谈判法则能大大提高谈判效率，是一种科学的、理性的谈判方法。那么哈佛谈判法则是否是一切谈判的行为准则？

对此问题的理解因人而异。哈佛谈判法则是市场经济发达的美国谈判专家对商务实践的总结，它的成功实施依赖于谈判双方对谋求一致的方针具有同样的价值理解，有赖于谈判者在谈判前对谈判信息进行充分准备。从某种程度上讲，哈佛谈判法则要求谈判者对谈判信息的了解尽可能地达到“对称”。

如果己方按哈佛谈判法则的理念开展谈判，而对方不配合怎么办？对此，有三种方法可使对方集中精力于哈佛谈判法则所提倡的理念。首先，要明确谈判双方究竟要得到什么，这是哈佛谈判法则的原则。哈佛谈判法则为那些愿意谈论利益、选择标准的人找到打开成功的大门。其次，如果此点不生效，谈判者可将谈判分析的重点放在对方能做什么上，方式是将对方注意力转移到理性谈判的思维上。最后，借助于第三方帮助来使谈判取得成功。

如果对方使用“下三滥”的诡计怎么办？答案是：在运用哈佛谈判原则的基础上，采取以牙还牙的对策。

诚然，没有任何一本书告诉我们如何在沙漠里种植百合，也没有一本书教我们如何在水塘里种植仙人掌。哈佛谈判法则也有其应用的前提条件。

本章思考题

1．哈佛谈判法则的内容有哪些？
2．谈谈你对哈佛谈判法则局限性的认识。

附录

谈判模拟训练练习

谈判模拟演练是谈判课程中重要的一环，可是要找一个合适的案例却不容易，因为许多演练的案例都是“演”多于“练”。比如说有的演练要我们假装是中国某企业与美国某企业进行贸易谈判。但是，我们无法知道真实环境下的双方如何进行的？也不了解双方手中有多少筹码？如果都不知道，那么这个演练就只是在“演”而无法“练”了。

为此，美国霍普金斯大学札特曼教授特别设计了这个模拟演练的练习，让大家真正“练”起来。札特曼表示：其好处在于不需要任何专业背景知识，适合各行各业的人玩，而且每一个玩的人只要演他自己就好了，不必假装他是谁。因为他演的是自己，所以可以充分去练习每一种技巧，而达到理论和实际相互印证的效果。

札特曼负责美国国务院训练外交官谈判的课程。这个案例的重点在于怎么把七份东西除以二。怎么分割才讲得出道理？怎么分割才能皆大欢喜？在 2003 年至今十多年的 MBA 课堂教学上，根据我国学生的实际，在原案例基础上进行了一定修改，并给出了该案例演练时的评价方法和标准。案例内容如下：

一、谈判情境

图附-1 是一块营地的简图（注意各设施之间的相关位置）。谈判双方方必须合作才能买下这块营地（双方各付一半的钱）。买下营地之后，一方不能合伙经营，必须分开经营两独立的营地。这样在谈判中不仅是合作关系，同时涉及如何分配的问题。至于经营什么样的营地，完全靠谈判人员的想象力，重要的是必须研究出一个方法，使七除以二得到一个双方均认为公平的答案。有一点需要说明，双方没有任何资金来改变或添加任何设施。（例如：您不可能取得露营区后，再在中间盖一栋活动中心）。还有，在设计己方方案式，最好结合谈判演练时的季节来制定经营计划，这样会使你的经营计划有针对性。营地中现有设备的情况如下。

<table>
<tr><td>医务室</td><td>活动中心</td></tr>
<tr><td>餐厅</td><td>球场</td></tr>
<tr><td>野餐区</td><td>湖</td></tr>
<tr><td colspan="2">露营区</td></tr>
</table>

附图-1　一块营地的简图

注：美国约翰霍普金斯大学札特曼教授设计

- 医务室：有医生、护士，但仅能做紧急医疗处理。
- 活动中心：有室内活动场地，并可以住宿。

- 餐厅：有一般露营区餐厅的一切设备及厨师，但不可能如观光饭店般豪华。
- 球场：有篮球、排球、网球的设备。
- 野餐区：位于一小山坡上，有数个小亭、烤肉架。野餐区不能露营。
- 湖：湖中有船、小艇，可划船、脚踏船、钓鱼、游泳。湖边有小沙滩，湖边不能露营，也不能野餐。
- 露营区：标准营地。露营区能不能野餐，则由经营者自己决定。露营区设有营火场。

二、谈判方法

（1）铃声响后，谈判开始，各方代表坐定，主谈者猜拳后开始谈判。各队必须准备记录，详细记下双方战术及谈判过程。谈判时间为一小时，当然如果时间允许可以延长，我们的经验是 1.5～2 小时比较理想。

（2）谈判者受到谈判小组计划的约束。谈判计划决定用强硬战术，谈判者就只能用强硬的战术；谈判计划决定用软的，谈判者就只能用软的战术。这样在实施时需要先把计划交给指导老师。

（3）谈判中间可以叫停，叫停可以由主谈叫停或由双方队员提出要求，叫停时间长短由双方协议，并指定专人计时。叫停次数不限。

（4）谈判时可以修订立场。

（5）双方都可以退出谈判来威胁对方。

三、谈判总结

谈判结束后，由各队派代表到台上，依次解说谈判的战术及立场的改变经过，双方通过在台上互揭底牌，让大家都明了不同战术所导致的不同效果。通常我们比较关切的是：

（1）各组内部可有不和？立场如何决定？

（2）谈判之前共准备了几套计划？

（3）取舍的原则是什么？

（4）立场为什么改变？

（5）可有时间的压力？

（6）什么战术最有用？

在进行演练时，一定要想：议题该怎么切割？比如说，这七块地方是该按室内、室外做一分割（比如说“活动中心”和“露营区”性质相同，但一室内一室外；“餐厅”和“野餐区”也是性质相同，但一室内一室外）；还是按土地的连接性作一分割；还是随机的，“你先选第一块，就该我选第二块了”。还有，我们到底要办什么“营”？冬令营？夏令营？还是乡村俱乐部？不同的营有不同的需求，因此这七样东西的分法才会变化无穷。

这个演练的重点是最后的“拆招”。一般在最后选择各方代表先后说明谈判的底牌，谈判过程中的得意、困惑；然后谈判双方进行印证。这样才可以知道为什么谈判中有的战术会成功，而有的会失败？为什么欺骗不了对方？这种拆招的机会是整个演练的压轴。

预祝读者通过辛勤的努力，取得成功。

四、模拟谈判练习评分标准

模拟谈判练习评分标准如附表-1 所示。

附表-1　模拟谈判练习评分标准

姓名	语言陈述 5	倾听能力 5	讨价还价 5	策略使用 5	战术使用 5	礼仪形象 5	小组协调 5	准备工作 5	程序谈判 5	沟通策略 10	合计 50

参 考 文 献

[1] Bill Scort. The skills of Negotiating . England: Gower Publishing Company Limited, 1981.

[2] Gerard.I.Nierenberg. The art of negotiating: psychological strategies for gaining advantageous bargains.Barnes & Noble Books, 1995.

[3] P. D. V Marsh. Contract Negotiation Handbook. England: Gower Publishing Company Limited, 1984.

[4] Roger Fisher, William Ury. Getting To YES (Negotiating Agreement Without Giving In). Second Edition. Penguin Books , 1991.

[5] Burce Rnssett, Harvey Starr. World Politics: The Me for Choice.W.H.Freeman, 1989.

[6] Max H.Bazerman , Margaret A.Neale. Negotiating Rationally.The Free Press, 1992.

[7] Herminia Ibarra, Deborah M. Kolb, Robert J.Robinson, James K. Sebenius, Lyle Sussman, Michael Watkins, Michael A. Wheeler, Judith Williams, George Wu. Negotiation (Harvard Business School Case Selections Business Fundamentals Series). Harvard Business School Publishing , 2001.

[8] Kitty O.Locher Business and Administrative Conmmunication.5th ed. McGraw-Hill Companies, Inc, 2000.

[9] Munter, Mary. Guide to managerial Communication. Effective Business Writing and Speaking, Sixth Edition. Prentice Hall Series in Advanced Business Communication, USA.2003.

[10] Frank Gibney. The Real Reasons Behind Japan's Economic Success. New York :Times Books, 1982.

[11] Scott D. Seligman Dealing with the Chinese: A Practical Guide to Business Etiquette. Mercury, 1990.

[12] Carolyn Blackman. Negotiating China: Case Studies and Strategies. Allen & Unwin, 1997.

[13] Sebenius, James K, Qian, Jason Cheng. Cultural Notes on Chinese Negotiation Behavior, Harvard Business School, December 24, 2008.(http://www.hbs.edu/faculty/Publication%20Files/09-076.pdf).

[14] Shulman. China: The Case for Negotiations, Selected Reading in Business, 2003. (http://www.press.umich.edu/elt/compsite/srb/case-12.pdf

[15] Sham, Raymond. Negotiation Styles: Chinese vs. American, Raymond Sham, PC Law Corporation, July 14, 2010. (http://www.rslawpc.com/law-blog/negotiation-styles-chinese-vs-american)

[16] Chidambaram, L.Jones, B. Impact of communication medium and computer support on group perceptions and performance: A comparison of face-to-face and dispersed meetings.MIS quarterly, 1993, 17(4):465-491.

[17] Desanetis G., Gallupe, R.B. A Foundation for the Study of Group Decision Support Systems. Management Science, 1987, 33(5):589-609.

[18] Gregory.E.Kirsten, Gordon Lo. Aspire: Integration of Negotiation Support System and Software Agents for E-Business Negotiation. International Journal of Internet and Enterprise Management, 2002, l(3):293-315.

[19] Gregory E. Kersten, Hsiangehu Lai. Negotiation Support and E-negotiation Systems: An Overview.Group Decision Negotiation, 2007(16):553-586.

[20] 王孝通. 中国商业史. 北京：团结出版社，2007.

[21] (法)克里斯托夫·杜邦. 谈判的艺术. 孙廷元，熊志勇，译.北京：中国文联出版公司，1992.

[22] 汪福祥，马登阁. 文化撞击. 北京：石油工业出版社，1999.

[22] 丁建忠. 国际商业谈判. 北京：中信出版社，1991.

[23]（美）凯文・肯尼迪. 怎样在国外做生意. 王燕然，等译.北京：中国对外经济贸易出版社，1989.

[24]（美）米切尔.P.多伊奇. 怎样与日本人做生意. 王平，译.北京：春秋出版社，1989.

[25] 黄克梅，徐高林. 怎样与俄国人做生意. 北京：北京工业大学出版社，1994.

[26] 狄承锋，游光荣. 怎样与英国人做生意. 北京：北京工业大学出版社，1994.

[27]（美）罗杰•费希尔，威廉•尤里. 理性谈判制胜术. 李小刚，李宝屏，译.成都：四川人民出版社，1995.

[28]（美）亚当.L.佩恩伯格，马克•巴里.经济间谍探密. 史明明，文艳，译.北京：机械工业出版社，2001.

[29]（美）赫伯·科恩.人生与谈判. 王佩玺，译.北京：旅游教育出版社，1989.

[30]（美）理查德•康尼夫.办公室里的大猩子：职场丛林的生存法则.容冰，译.北京：中信出版社，2007.

[31]（美）杰勒德.I.尼尔伦伯格.谈判的艺术.曹景行，陆延，译.上海：上海翻译出版公司，1986.

[32] 王全胜.电子商务原理.北京：北京大学出版社，2002.

[33] 曾子命，孟波. 基于 MAS 的电子商务谈判支持系统.计算机工程，2005(7):1-3, 17.

[34] 李绍英. 基于代理技术的在线商务谈判研究.法制与社会，2006(8):169-170.

[35] 袁其刚. 跨文化商务谈判的策略分析. 商场现代化，2006(25):69-70.

[36] 袁其刚. 从一起纠纷案谈“口头承诺效力”. 对外经贸实务，1998(6):14-15..

[37] 袁其刚. 略论企业出口定价艺术. 国际商报，1998(6)

[38] 袁其刚. 借用海外代理商开拓国际市场. 对外经贸实务，1996(6):14-15.

[39] 袁其刚. 国际商务谈判.北京：高等教育出版社，2007.

[40] http://www.globalnegotiationresources.com/cou/China.pdf.

[41] http://www.ventureoutsource.com/contract-manufacturing/benchmarks-best-practices/executive-management/china- how-to-negotiate-and-other-chinese-business-practice.

[42] http://baike.baidu.com/link?url=p7GEcZSHAPBaOyfsSraK83rTReCClTM_xY9wsFkf3InXa1bzGuWOIkuL1Xwr-ScCaSpj2HSgnLJo1VhV0J3bGhq.

[43] 360 百科，http://baike.so.com/doc/6004990.html.

反侵权盗版声明